# 零基础学炒股

关俊强◎编著

入门基础——洞悉交易探本质

买卖时机——低买高卖赚价差

选股策略——找准个股定逻辑

实战经验——立体操作防陷阱

中国财富出版社有限公司

**图书在版编目（CIP）数据**

零基础学炒股／关俊强编著．—北京：中国财富出版社有限公司，2024.2
（富家益股市新手系列）
ISBN 978-7-5047-8123-9

Ⅰ.①零…　Ⅱ.①关…　Ⅲ.①股票投资—基本知识　Ⅳ.①F830.91

中国国家版本馆 CIP 数据核字（2024）第 047838 号

**策划编辑** 杜　亮　　**责任编辑** 杜　亮　　**版权编辑** 李　洋
**责任印制** 尚立业　　**责任校对** 卓闪闪　　**责任发行** 董　倩

---

**出版发行** 中国财富出版社有限公司
**社　　址** 北京市丰台区南四环西路 188 号 5 区 20 楼　**邮政编码** 100070
**电　　话** 010-52227588 转 2098（发行部）　010-52227588 转 321（总编室）
010-52227566（24 小时读者服务）　010-52227588 转 305（质检部）
**网　　址** http：//www.cfpress.com.cn　**排　　版** 宝蕾元
**经　　销** 新华书店　**印　　刷** 宝蕾元仁浩（天津）印刷有限公司
**书　　号** ISBN 978-7-5047-8123-9/F·3726
**开　　本** 710mm×1000mm　1/16　**版　　次** 2024 年 10 月第 1 版
**印　　张** 17.25　**印　　次** 2024 年 10 月第 1 次印刷
**字　　数** 255 千字　**定　　价** 49.00 元

---

# 前　言

炒股赚钱的一个重要前提，就是“多算者胜”。

《孙子·计篇》中有一句名言：“多算胜，少算不胜，而况于无算乎?”意思是说，思虑周详的一方往往会取胜，而少于计算的，自然容易落败，更别说那些根本就不去计算的。股市如战场，在股市中想要赚钱，也是同样的道理。

现实生活中，大家都知道在从事某项工作之前，需要先学好相关知识。例如，想当医生要学习医药知识，想当律师要学习法律知识，想开车，就要先在驾校好好学习，即使拿到了驾照，在开车上路时也是小心翼翼的，知道自己还是个新手，要非常谨慎。可在股市中，大家却忘记了这个常识。很多投资者在一无所知的情况下，莽撞地冲进股市，迫不及待地想要赚到钱。就好比一个不会开枪的士兵，直接闯入了激烈的战场，那么这个士兵的生存概率有多大呢?

初入股市的投资者首先需要“武装”的，不是自己的资金账户，而是自己的头脑。

为此，我们推出“富家益股市新手系列”图书，以帮助新入市的投资者轻松掌握炒股知识，尽快精通炒股技能，建立正确的投资心态，最终不仅能“多算”，还能“会算”，从而实现稳定的盈利。

《零基础学炒股》正是“富家益股市新手系列”中的一本。

炒股，看似简单，却需要具备系统性的知识和能力，包括了解股市、看懂行情、洞察先机、避免陷阱、选股选时等。很多新入市的投资者在电脑上打开行情分析系统后，都不知道该从哪里开始了解股市信息，也不知道应该重点关注什么内容，更不知道怎样根据盘面信息去进行低买高卖的操作。正是因为无法通过市场信息寻找到合适的操作机会，很多股民才盲目地买卖股票，最终亏损甚至被套牢。

针对新手的这些困惑，本书介绍了炒股的入门知识、找买卖点的方法，以及选股策略、操盘原则等；此外，本书还介绍了投资者在短线操作和中长线操作时可能经常用到的技巧。

在本书的写作过程中，为了更好地为新手讲解各种炒股方法和技巧，我们特别注意以下几个方面。

第一，实战图例丰富。本书对大多数知识点辅以实战图例进行说明。读者可以看到各种 K 线形态、分时盘口、成交量变化、技术指标走向、基本面变化等相关信息，在实际操盘过程中再看到同类信息时，可以马上做出反应。

第二，给出具体买卖点。对于看盘中遇到的各种形态，本书尽量指出具体的买卖点，必要时还介绍了这些形态的止盈和止损时机。投资者阅读本书后，一旦遇到类似形态，就可以判断出应该在什么位置买卖股票。

第三，贴近新手实战。本书除了给出具体的买卖时机，还特别针对新手讲解了一些实战问题，包括新手应该怎么选股，新手常犯的错误，新手操盘应遵循的重要原则，新手获取信息的渠道，新手怎么做短线，新手怎么做中长线，等等。

本书适合刚进入股市的新手阅读，也适合有一定炒股经验但一直没找到稳定盈利方法的股民参考。

股道漫漫，只有那些不断上下求索的投资者，才有可能笑到最后，收获丰收的果实和成功的喜悦。相信本书能够为广大新手投资者的股市求索，提供实实在在的帮助。

# 目　录

# 第 1 章

# 新手炒股入门必知

# 1.1　了解股票和股票交易

股票作为一种有价证券，是股份有限公司在筹集资本时向出资人发行的、用以证明出资人权利和义务的凭证。股票代表着其持有人（即股东）对股份有限公司的所有权，每一股同类型股票所代表的公司所有权是相等的，即“同股同权”。股票可以公开上市，也可以不上市。在股票市场，股票也是投资和投机的对象。

## 1.1.1　股票与上市公司

投资者持有一家公司的股票，就等于拥有了这家公司的股权。

如果一家公司的股票能够在证券交易所集中交易，这家公司就被称为上市公司。所以投资者在交易所买卖的股票都是由上市公司发行的。

公司获得在交易所交易股票的资格后，首次在交易所发行股票的行为叫作上市（IPO，首次公开发行）。上市公司为了获得更多资金再次发行股票的行为叫作增发。

股票和上市公司的关系如图 1－1 所示。

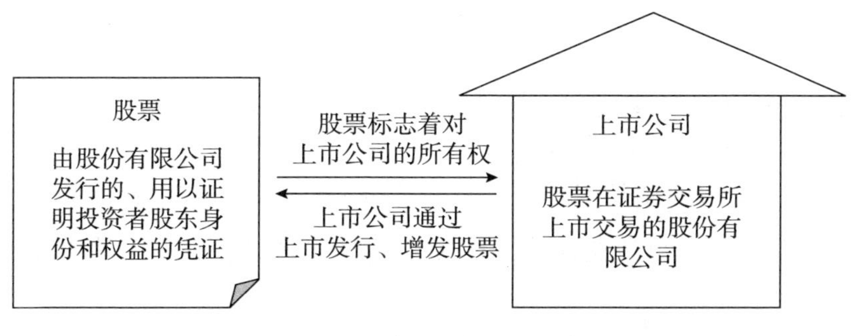


图 1－1　股票和上市公司的关系

## 1.1.2 股票与证券公司

证券交易所是上市公司股票集中交易的场所。目前，我国内地共有三家证券交易场所，分别是北京证券交易所、上海证券交易所和深圳证券交易所。

我国的证券交易所实行的是会员制，即只有获得会员资格的机构或者个人才有资格在交易所直接买卖股票。普通投资者是无法获得证券交易所的会员资格的，投资者要想交易股票，只能通过交易所的会员（证券公司）来买卖交易。

因此可以认为，证券公司是普通投资者在证券交易所开户交易股票的中间人。普通投资者的股票买卖交易委托，要通过证券公司传递给证券交易所，最终在证券交易所交易，投资者交易成交的步骤如图 1－2 所示。

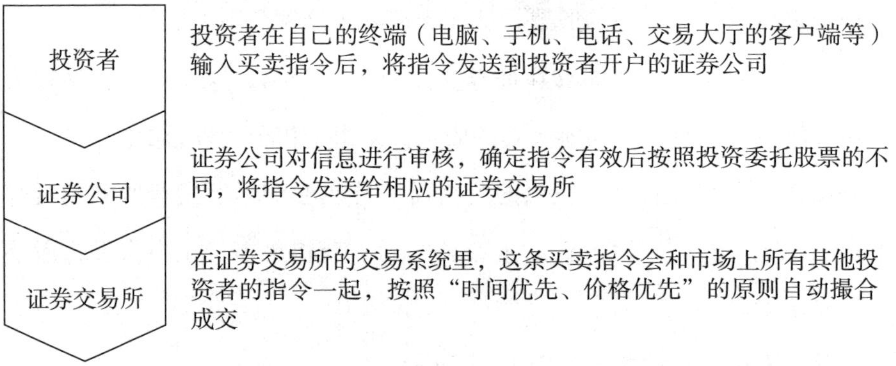

|  |  |
| --- | --- |
| 投资者 | 投资者在自己的终端（电脑、手机、电话、交易大厅的客户端等）输入买卖指令后，将指令发送到投资者开户的证券公司 |
| 证券公司 | 证券公司对信息进行审核，确定指令有效后按照投资委托股票的不同，将指令发送给相应的证券交易所 |
| 证券交易所 | 在证券交易所的交易系统里，这条买卖指令会和市场上所有其他投资者的指令一起，按照“时间优先、价格优先”的原则自动撮合成交 |

图 1－2 投资者交易成交的步骤

## 1.1.3 股票价格指数及其计算

股票价格指数是描述股票市场总的价格水平变化的指标。它是选取有代表性的一组股票，把它们的价格进行加权平均，通过各自不同的公式计算得到的。

股票价格指数主要有上证指数、深证指数、上证 50、上证 180、沪深 300、中小板指、创业板指、B 股指数等。

图 1－3 所示为上证指数（上海证券综合指数）的走势。该指数反映了整个上海证券交易所所有股票的涨跌情况。因为上证指数发布时间早且主要统计大盘蓝筹股的走势，受小盘股波动影响较小，现在已经成为国内股市中最重要的股票价格指数。当投资者讨论大盘指数时，一般指的都是上证指数。

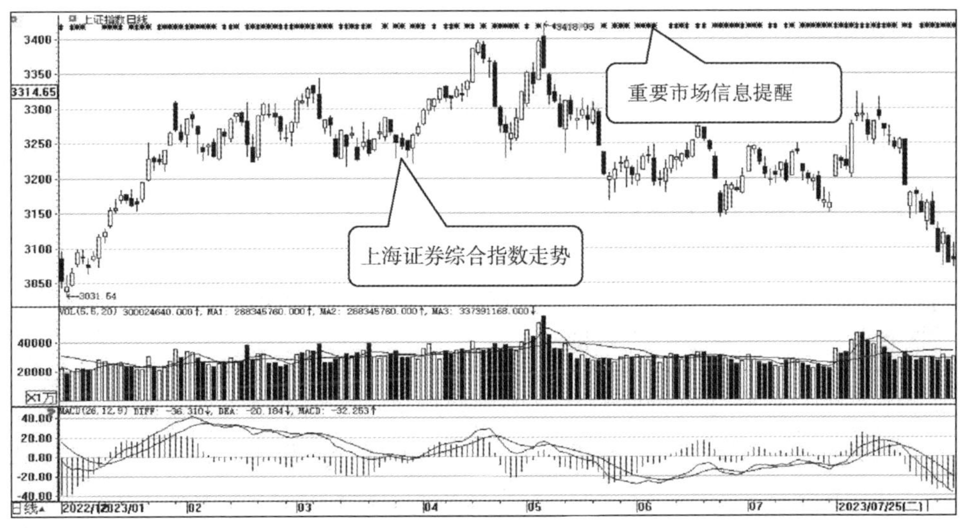


图 1－3　上证指数走势

## 1.1.4　上市公司为什么发行股票，投资者为什么购买股票

发行股票是公司常用的融资方式之一。上市公司通过向投资者发行股票，可以在短期内获得大量资金。投资者购买上市公司股票后，就拥有了上市公司的一部分所有权。这种所有权具体表现在几个方面，如图 1－4 所示。

对企业的经营参与权

持有股票后，投资者就有权出席股东会议，并且在会议上有表决权和选举权，可以选出公司的董事会或监事会，从而对公司的经营有一定的参与权

盈余分配权和资产分配权

持有股票后，投资者就有权享有公司分派的红利；在公司解散或清算时，还有权参与分配公司的财产

股份转让权

当投资者不想持有股票时，可以在规定的时间内将股票拿到股票市场上进行交易。在证券交易所的交易系统中，股票会以当前市场上买卖双方都认可的最优价格成交

图 1－4　投资者持有股票可以享有的权利

## 1.1.5　股票的两种收益

股票投资收益的来源主要有两个方面：一是股票派现、送股和转增股票；二是通过低买高卖来赚取价差收益。

**1. 派现、送股和转增股票**

派现是指将每股可分配利润以现金形式发放给投资者。送股是指将每股可分配利润以股票形式发放给投资者。转赠股票是指将每股资本公积金以股票形式发放给投资者。

这三种方式中，送股和转增股票均表现为投资者账户上股票数量增加，只是增加的股票来源不同，对投资者来说并没有太大区别。

派现后，公司的总资产会减少，总股数不变，每股净资产会减少。送股和转增股票后，公司总资产不变，股票总数量会增加，每股净资产同样会减少。因此，无论是派现、送股还是转增股票后，公司每股净资产都会减少。

为了应对这种状况，公司每次派现、送股和转增股票后，股价就要除权除息，即按照派现、送股和转增股票的数量，调低股票价格。因为派现造成的股价下调叫作除息，因为送股和转增股票造成的股价下调叫作除权。

如图1－5所示，2023年4月27日，双汇发展（000895）实行“10股派10元”的大比例派现。这说明如果不考虑税收的因素，投资者在之前一个交易日即4月26日收盘时，每持有10股双汇发展的股票，到4月27日股票账户上就会增加10元。

分红的同时，双汇发展要对股价进行除息。4月27日开盘，双汇发展的每股基准价格要比4月26日收盘价低1元。

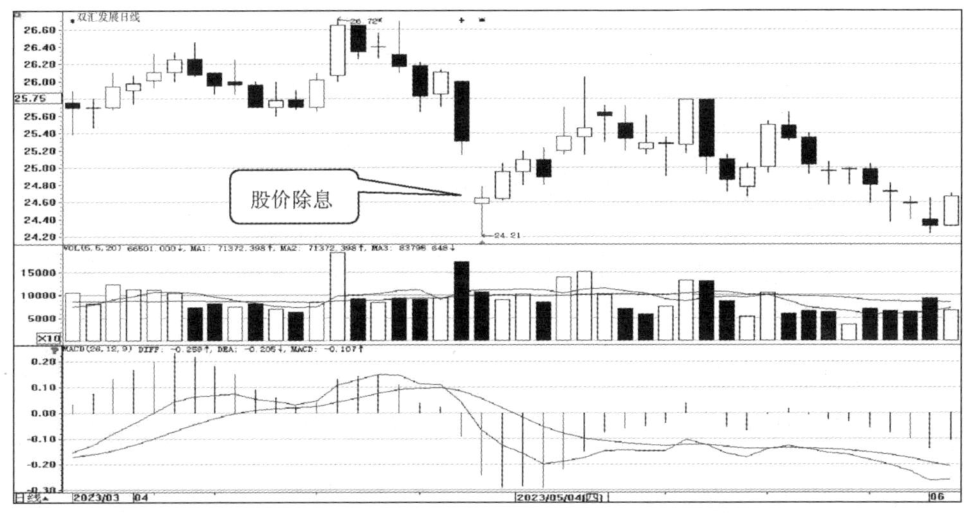


图1－5　双汇发展日K线

如图1－6所示，2023年5月25日，德马科技（688360）实行“10股转增4股，派现2.9元（税前）”的分红送股政策。这说明如果不考虑税收因素，投资者在之前一个交易日即5月24日收盘时，账户上每持有10股股票，5月25日开盘时就会增加4股股票，另外增加2.9元。

与之对应的，该股还要进行除权除息，在5月24日收盘价的基础上，首先要减去0.29元，之后再按照10/（10＋4）的比例折算，才能得到5月25日开盘的基准价格。

通过以上说明投资者可以知道，股票派现、送股和转增股票虽然能够带来账户上资金增加或股票数量增加，但是投资者持有股票的价格也会因此而

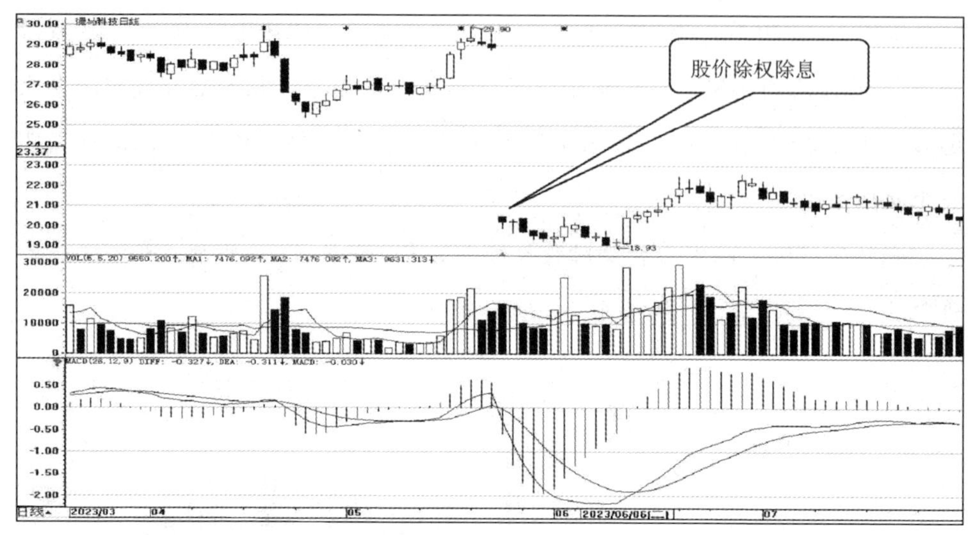


图 1-6　德马科技日 K 线

下降。所以对于靠买卖赚取价差盈利的投资者来说，派现、送股和转增股票并不是他们主要的盈利途径。

2. 买卖赚取价差

投资者的股票可以在市场上自由交易，而股票市场上的价格又在不断变化。因此投资者可以通过低买高卖的办法，在股票市场上赚取价差收益。

要想赚取价差收益，需要对股价走向进行分析。目前常见的股价分析方法主要有以下几类。

（1）趋势交易

趋势交易是指投资者抓住股价的涨跌趋势。

当股价处于上涨趋势时，股价未来会有很大概率继续上涨趋势，这时投资者可以买入股票。当上涨趋势结束时，投资者就应该卖出股票。

当股价处于下跌趋势时，有很大概率股价未来会继续下跌趋势，这时如果投资者手里有股票，应该尽快卖出，没有股票则不能再买入。直到下跌趋势结束时，投资者才能考虑选择买入股票。

为了判断趋势，投资者可以借助技术分析手段，如 K 线形态、均线、成交量和 MACD 指标等。

如图 1－7 所示，2022 年 10 月 25 日，昊海生科（688366）的 10 日均线突破其 30 日均线。此时 5 日均线在 10 日均线上方，10 日均线在 30 日均线上方，三条均线形成了多头排列形态。这个形态说明该股已经处于上涨趋势中，未来这种趋势还会继续下去。因此，这时投资者可以买入股票。

11 月 15 日，该股 5 日均线跌破了 10 日均线，三条均线不再保持多头排列形态。这个形态说明股价的上涨趋势已经结束，投资者应该卖出股票。

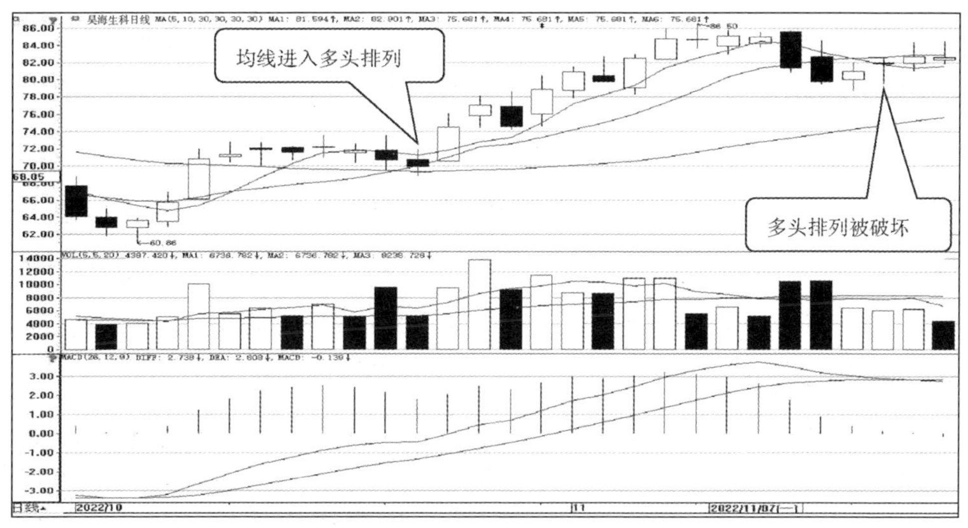


图 1－7　昊海生科日 K 线

如图 1－8 所示，2022 年 8 月 31 日，工大高科（688367）的 10 日均线跌破其 30 日均线。此时，该股的 5 日均线已经位于 10 日均线下方，10 日均线也位于 30 日均线下方。三条均线形成了空头排列形态。这个形态说明股价处于持续的下跌趋势中，随后只要这个趋势继续，投资者就不应买入股票。

10 月 14 日，该股 5 日均线突破了 10 日均线。此时空头排列被破坏，下跌趋势结束。该形态出现后，投资者可以考虑择机买入该股。

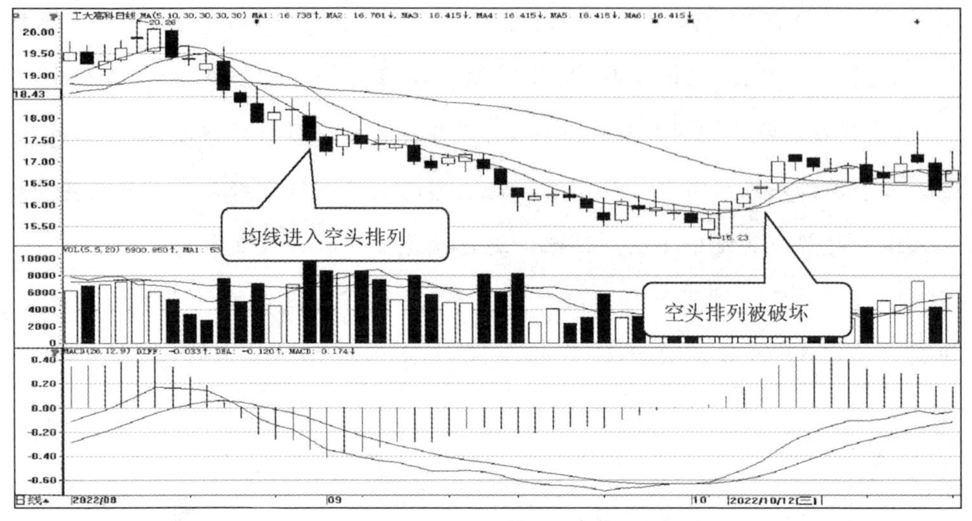


图 1－8　工大高科日 K 线

（2）概念炒作

概念炒作是指市场资金利用投资者对新兴产业或概念缺乏了解的信息差，炒作相关股票价格，以获取短期收益的行为。当某只股票因为新闻、事件或者其他一些重要消息成为市场热点时，会有众多投资者关注。大量买盘会带来股价持续上涨。

在进行概念炒作时，分时线、分时盘口、成交量等都是辅助投资者判断短期市场人气的重要指标。

如图 1－9 所示，从 2022 年 11 月开始，西安旅游（000610）股价在“新冠疫情结束”概念的炒作下大幅上涨，该股放量涨停，成交量放大。这个形态说明受到概念炒作影响，大量投资者买入该股。之后，该股在短暂回调后再次大幅上涨。在整个概念炒作的过程中，投资者有多个买入股票的机会。

（3）价值投资

股票的价格与上市公司的盈利能力有密切关系。如果从较长时间来看，那些盈利能力持续增强的上市公司，其股票价格也会在较长的周期内处于整体上涨的趋势。因此，投资者可以在熊市选择那些盈利能力持续增强的上市

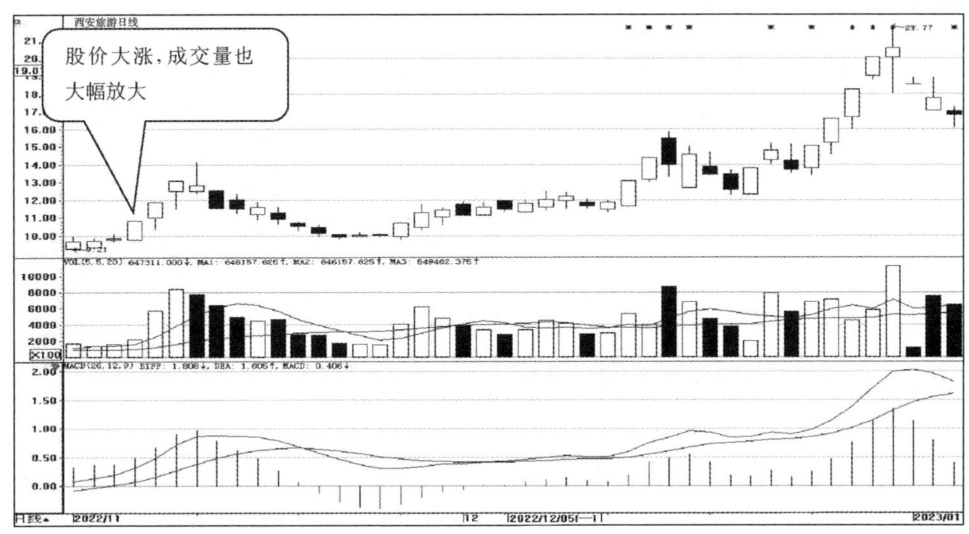


图 1－9　西安旅游日 K 线

公司的股票，买入后长期持有，一旦牛市出现就能赚取远超市场平均涨幅的收益。这种投资模式就是价值投资。

如图 1－10 所示，贵州茅台（600519）股票上市后，其盈利能力一直较强，属于价值投资的典范。在 2022 年 10 月底开始的新一轮牛市行情里，其上涨幅度远超大盘同期涨势。

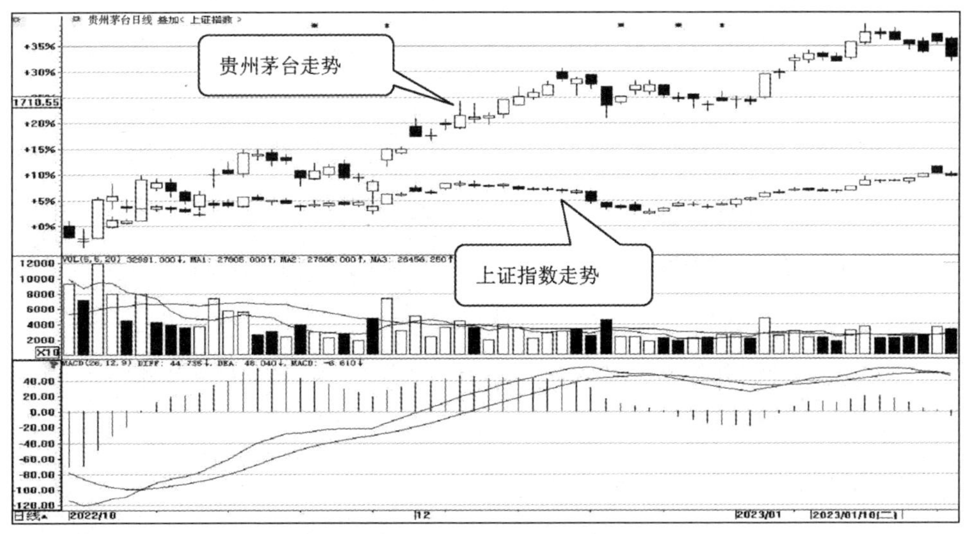


图 1－10　贵州茅台日 K 线

## 1.2 了解股价涨跌的核心驱动逻辑

在图1－10中，贵州茅台的股价涨跌不定，虽然从2022年10月底开始的两个多月里涨幅超过35%，但在此之前也曾出现显著的下跌。那么，是什么原因造成了股价涨跌，又是什么力量推动了这种涨跌呢？

### 1.2.1 称重机、投票机

“股神”巴菲特有句名言：“从短期来看，股市是一个投票机；而从长期来看，股市是一个称重机。”从巴菲特这句话可以看出，从短期和长期来看，推动股价涨跌的因素是不同的。

**1. 称重机：称称利润有多少**

长期来看，股市是为上市公司称重的地方。这里所称的重量就是公司的盈利能力，而表盘上的数字就是股价。也就是说，长期来看，股票价格可以反映公司的盈利能力。

通过前面的解释我们知道，如果投资者买入一只股票后一直没有卖出，那么持有期间的收益就只是上市公司的分红，而这个分红与公司的盈利能力息息相关。

长期来看，影响股价涨跌的因素是一家公司的盈利能力。比如，公司每股收益从0.8元涨到8元，虽然其间可能会经历熊市暴跌，但是有8元的每股收益做支撑，公司如果能按照这样的速度发展下去，其股票价格的长期趋势必定是上涨的。

这里投资者需要注意，在实际操作中，所谓长期，可能指几年或者十几年的时间。

**2. 投票机：“买入”票和“卖出”票**

短期来看，股市是投票的地方。所谓投票，就是投“买入”票或“卖出”票，是一种选择。当很多人买入时，股价就上涨；当很多人卖出时，股价就会下跌。所以说，短期来看，股价是由市场上买入和卖出的资金量来决定的。

在前面的案例中，当贵州茅台涨到每股 1800 元时，市场上出现了赚钱效应。这个时候，大量的买入者出现，而持有的人更加不愿卖出。于是，投“买入”票的人数大大超过投“卖出”票的人数，股票价格就上涨了。

## 1.2.2　怎样通过炒股赚钱

股票市场上有不同立场和身份的投资者，他们的炒股方法和策略不同。

**1. 大股东**

大股东通常是指持股比例较大的投资者，其持股量可能不占绝对多数，但与其他股东相比占比最大。为了保持对公司的控股权，大股东在一般情况下是不会卖出股票的，其所追求的是公司经营带来的利润。

注意，这只是一般情况。股市中的特殊情况有很多。

每当股价大幅上涨时，特殊情况就来了。例如，某公司股价上涨到历史最高点时，大股东可能就会卖出部分股票。因为对他来说，持股比例为 30% 与 28% 或者 25% 可能没有多大区别。他仍然是公司最大的股东，说话仍然是最有分量的。但卖出这几个百分点的股票可以为他带来巨大的收益。而且当股价下跌时，他还可以再将股票买回。

当然，这种大股东卖出股票虽然可能使股价下跌，但并不会影响公司的长期盈利能力。

也有更贪婪的大股东。比如，当股价从 1 元上涨到 100 元时，大股东开始动歪脑筋，他想：如果自己把手中的股票全部卖出，就有资金开好几家同类型的公司，再以同样的方法发行这些公司的股票，自己的资产又可以翻很多倍。

如果他真的这样做，其他股东可就惨了。因为大股东在卖出股票前，肯定会想办法把公司所有值钱的东西都倒腾到其他同类型的公司或关联公司。等他卖出股票，该上市公司只剩个空壳了。

在股市中，这样狡猾的大股东也有不少。投资购买股票时一定要小心这种“被掏空的上市公司”。

2. **原始股东**

原始股东最大的特点就是持股成本很低。他们可以与创始人同样的价格买入股票。因为买入成本很低，即使不用什么投资技巧，也可以获得不错的收益。在股市中，我们也可以找到类似的投资方式，那就是所谓的“打新股”。

其实严格来说，“打新股”和原始股东买入股票是不同的，但本质是差不多的。公司股票刚上市发行时，一般来说股价都比较低，上市之后都能有不错的涨幅。当然也有上市后就跌破发行价的股票，但那毕竟是少数。

因此，如果投资者不想冒太大风险炒股，可以考虑在牛市中参与“打新股”，同样能获得不错的收益。

3. **价值投资者**

价值投资者的投资策略前面略有所述，综合来看，一位伟大的价值投资者应该具备“价格虚高时卖出”“价格被低估时买入”“判断公司的成长性”三个基本能力。

“股神”巴菲特曾经说自己的投资理念是“85%的格雷厄姆+15%的费雪”。格雷厄姆的投资理念主要是以当前盈利能力衡量公司价值，在价值被低估时买入股票，当价格虚高时卖出。而巴菲特在费雪处学到的是衡量公司价值时应该看到公司的成长性，这种理念无疑具有重要的实践价值。

4. **投机者**

投机者买股票，并不是看重公司的盈利。公司一年盈利80%或者亏损80%跟他们没有太大关系。他们关注的是股市上的赚钱效应。也就是说，当市场上的每个人都在赚钱时，会有更多的人受到吸引买入。这时自然不用愁无法以更高价将手中的股票卖出。也就是前边提到过的“博傻理论”。这种在市场“博傻”的人，就是投机者。

股票市场上多数投资者都可以划入投机的范畴。相信没有哪个股民是为了每年分红才购买股票的。大家的目的都是低买高卖，赚取价差。

当然，作为一个投机者也应该具备很强的分析能力。这种分析能力包括技术分析、基本面分析、资金管理和看盘能力等。只有具备这样的能力，才能成为股市中轻松获利的投机者。

## 1.3　如何开户和通过炒股软件进行交易

### 1.3.1　选择证券公司

#### 1. 考察证券公司的综合服务

股票并不是随便就能炒的。在炒股之前，投资者必须到证券公司开立一个股票账户。在证券公司开户的流程非常简单，只要去证券公司，找到客户经理，他就可以指导投资者完成操作。

当然，投资者也可以打电话给证券公司让客户经理上门服务，多数证券公司都可以在网上直接开户。在开立股票账户时，有几点是需要注意的。

（1）选择信誉可靠的证券公司

选择信誉可靠的证券公司是保证资产的安全进而能够盈利的重要前提。一旦证券公司出现问题甚至被托管，虽然自己的交易资金不至于损失，但是会极大地影响到正常交易。因此，选择证券公司是非常重要的一步。

（2）选择硬件系统先进、服务水平高的证券公司

券商的硬件系统和服务的好坏是一个很重要的方面。当看到好股票想买入时，万一网上委托突然出故障，或者电话打不通，那将是十分痛苦的事情。

对于希望在营业部看盘交易的投资者，这一点更加重要。投资者应该关

注营业部内的交易设备是否齐全，能否容纳较多投资者同时使用。这些设备主要包括：大盘显示系统、分时走势系统、成交回报系统、自助委托系统、自助交割系统等。

（3）选择交通便利的证券公司营业部

投资者应该找一家交通便利的证券公司营业部，即使是通过网上交易和电话委托交易的投资者也最好选择当地营业部。虽然有些外地的证券营业部可以提供更多的优惠服务或者低佣金，但是销户、转户等业务，往往都需要投资者亲自去开户营业部办理，如果在异地开户会非常不便。

**2. 确定每笔交易的手续费**

有一定交易经验的投资者可能会产生这样一种困惑：明明自己在 3 元价位买入股票 100 股，但实际花掉的钱大约是 305 元。当自己在 5 元价位卖出 100 股时，最终只得到了 494 元。这是因为我们在股票买卖过程中被扣除了一定的费用。

现在国内买卖股票时需要收的费用主要有印花税、佣金、过户费和其他费用，如表 1－1 所示。

**表 1－1　股票交易的费用**

| 费用名称 | 买入费用 | 卖出费用 |
|---|---|---|
| 印花税 | — | 交易金额的 0.1% |
| 佣金 | 证券公司自定，最高为交易金额的 0.3%，每笔交易佣金不足 5 元的，按 5 元收 | |
| 过户费 | 上交所、深交所股票按成交金额的 0.002% 收取，北交所按成交金额的 0.0025% 收取 | |
| 经手费 | 按成交金额的 0.05% 收取，仅北交所收取 | |

注：表中费率是 2022 年 8 月的收费标准。

对于交易佣金，不同券商会有不同的收费标准。即使是同一家证券公司，不同交易方式下收取的佣金也会不同。如果是网上交易，营业部收取的佣金标准一般在 0.1% 左右，而其他方式交易的佣金在 0.15% 到 0.2% 之间。投资者还可以根据自己的资金量和交易频繁程度，与证券公司的客户经理讨价还价，最大限度减少交易成本。不过投资者还是应该综合考虑各种因素做出选择，不能仅追求低佣金。

## 1.3.2　开立股票账户

### 1. 到证券公司开户

开户即投资者开设证券账户和资金账户的行为。

要进行股票交易，投资者就要有炒股专用账户。首先，投资者需要办理一个由交易所发放的，用来进行股票交易的账户。我国实行的是无纸化股票交易，股票投资者虽然是股票的拥有者，但不占有股票实物，所有的股票都采取记账式，且都按规定托管在证券登记公司或券商处。所以需要先开设一个股票账户作为股票的“保管箱”，以便准确地记录股票的数量及股票的交易情况等。

投资者办理了股票账户以后，还需要选择一个证券营业部代理股票买卖并开设资金账户。办理资金账户主要是因为投资者的资金在不用的情况下是存在银行系统的，当投资者买股票时就交给券商，卖出后的第二天就交给银行。所以投资者在证券公司需要开立一个资金账户以便保护资金安全。

实际上，股票账户和资金账户是两种金融资产的存在形态，其中资金账户（卡）与银行账户（卡）之间的互动构成“银证转账”；股票账户与资金账户之间的互动关系表现为投资者买卖股票的过程，如图 1－11 所示。

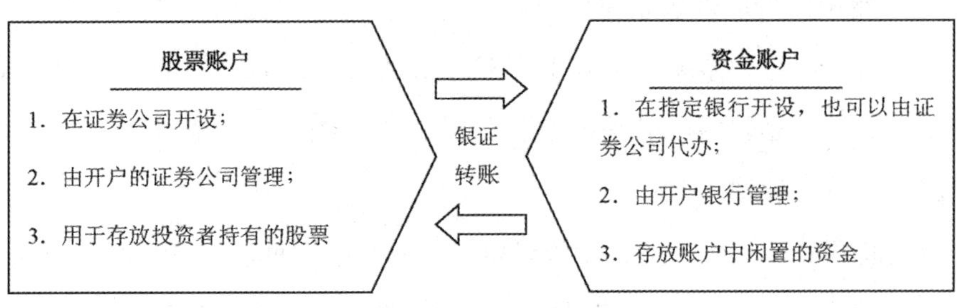


图 1－11　股票账户和资金账户

2. **到银行关联第三方存管银行**

“第三方存管”是指证券公司客户证券交易结算资金交由银行存管，由存管银行按照相关法律法规的要求，负责客户资金的存取与资金交收，证券交易操作保持不变。该业务遵循“券商管证券，银行管资金”的原则，即投资者的股票由券商管理，资金由银行管理，将投资者的证券账户与证券保证金账户严格进行分离管理。

投资者办理第三方存管的流程如图 1－12 所示。

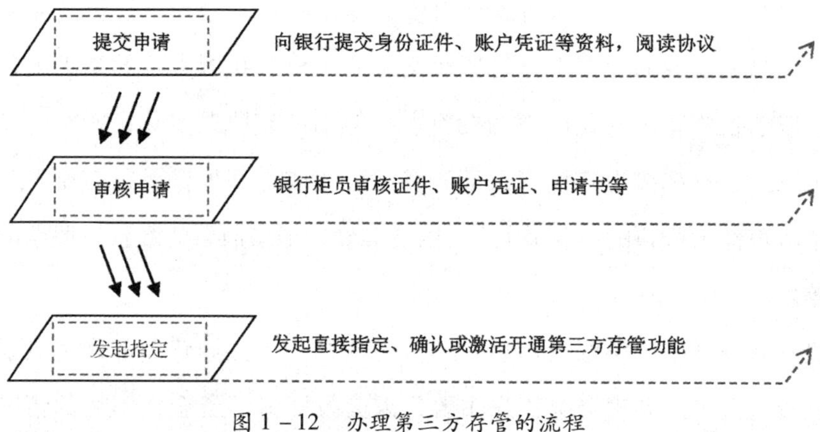


图 1－12　办理第三方存管的流程

对于以上开户和办理第三方存管的程序，投资者可以委托证券公司的证券经理办理相关手续。

## 1.3.3　安装炒股软件

1. **在电脑上安装炒股软件**

投资者开户后，需要在电脑上下载、安装一个股票交易软件才能开始股票交易。股票交易软件可以是证券公司提供的定制软件，也可以是投资者自己下载的第三方软件。

以安装同花顺软件为例，投资者可以从同花顺主页进入下载页面 http：//download. 10jqka. com. cn/，把软件下载到电脑上。下载后双击安装程序进入安装界面，按软件提示操作。

投资者需要注册一个免费账号，单击免费注册，输入账号信息，设置好密码。注册完成后，在登录界面输入账号和密码，单击登录（见图 1 – 13）。

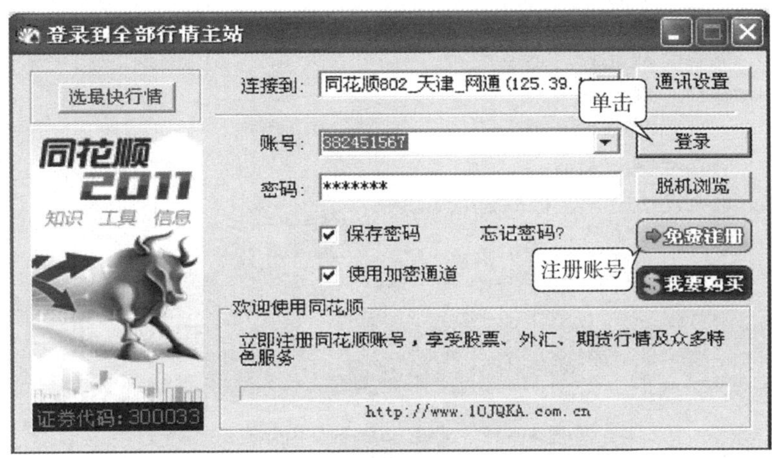


图 1 – 13　登录界面截图

登录后，会显示如图 1 – 14 所示的自选报价界面。要想买卖股票，投资者可以单击“买”键或“卖”键进入交易登录界面，也可按键盘上的 F12 键。

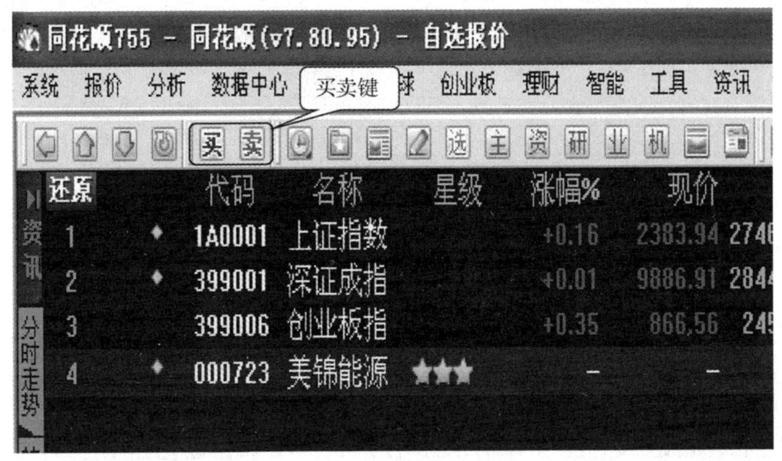


图 1 – 14　自选报价界面截图

切换到如图 1－15 资金账户登录界面。此时投资者可以单击“添加主站”，选择“添加”，将自己的营业部添加到委托程序中。

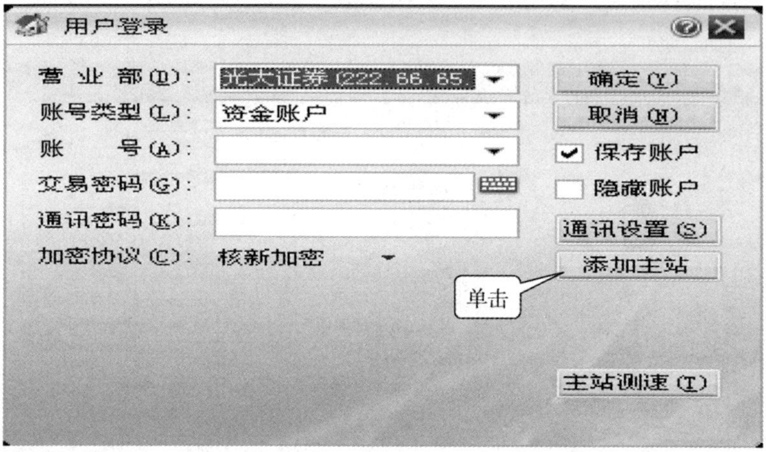

用户登录
营 业 部(D)： 光大证券(222.66.65.
账号类型(L)： 资金账户
账 号(A)：
交易密码(G)：
通讯密码(K)：
加密协议(C)： 核新加密
确定(Y)
取消(N)
保存账户
隐藏账户
通讯设置(S)
添加主站
单击
主站测速(T)

图 1－15　资金账户登录界面截图

如图 1－16 所示，投资者可以设置自己开户的券商和营业部，单击“确定”。

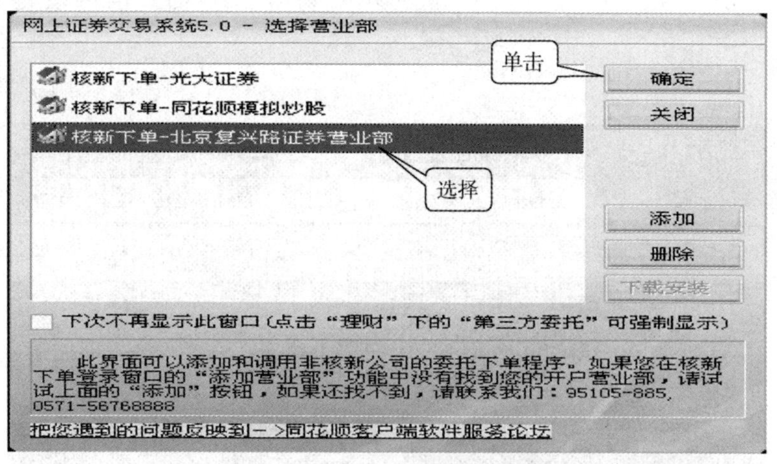


图 1－16　选择营业部界面截图

确定后即可进入如图 1－17 所示的界面，登录自己已经在营业部开设的账户。

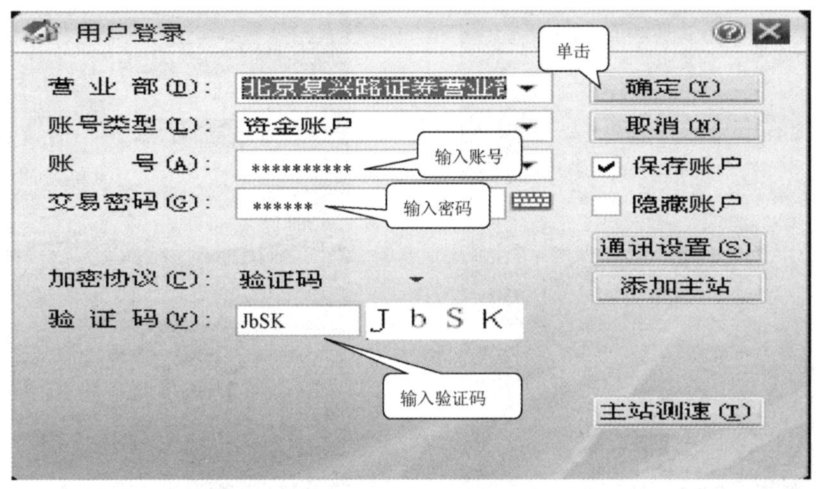


图 1－17　委托登录界面截图

完成以上步骤后，该证券公司交易软件便嵌入在同花顺软件里面。以后再交易时，投资者可以直接打开同花顺软件按 F12 键，进入委托登录界面，并在输入账号、密码、验证码后开始交易。

**2. 安装手机炒股软件**

如果投资者不方便用电脑交易，还可以下载手机炒股软件。在应用市场中，投资者可以找到同花顺、大智慧等应用并下载，具体下载安装方法与电脑端的炒股软件类似。

通过手机炒股软件，投资者同样可以查看股票行情，如图 1－18 所示。

此外，投资者还可以在手机炒股软件里委托下单，如图 1－19 所示。

## 1.3.4　下单买卖股票

**1. 下单买入股票**

投资者安装炒股软件后，就可以打开软件进行交易。打开软件后，按 F12 键即可进入登录界面。投资者输入账户、交易密码、验证码，单击“确定”，即可以进入交易系统。

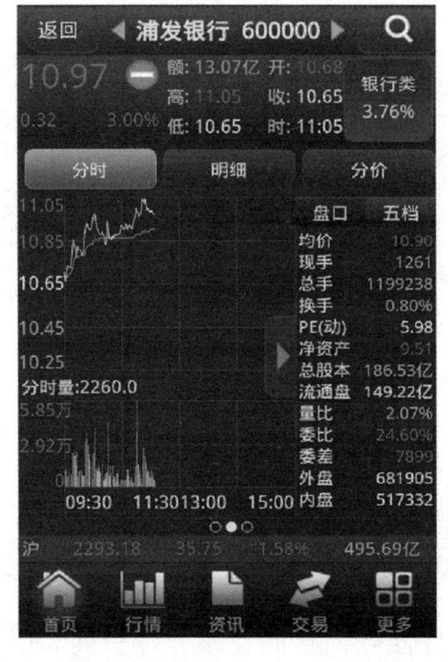


图 1-18　手机炒股软件中行情界面截图

图 1-19　手机炒股软件下单界面截图

如图 1-20 所示，在该界面左侧单击“买入”，进入买入股票菜单。在证券代码处输入想买的股票代码，例如，输入股票代码 600093，此时证券名称

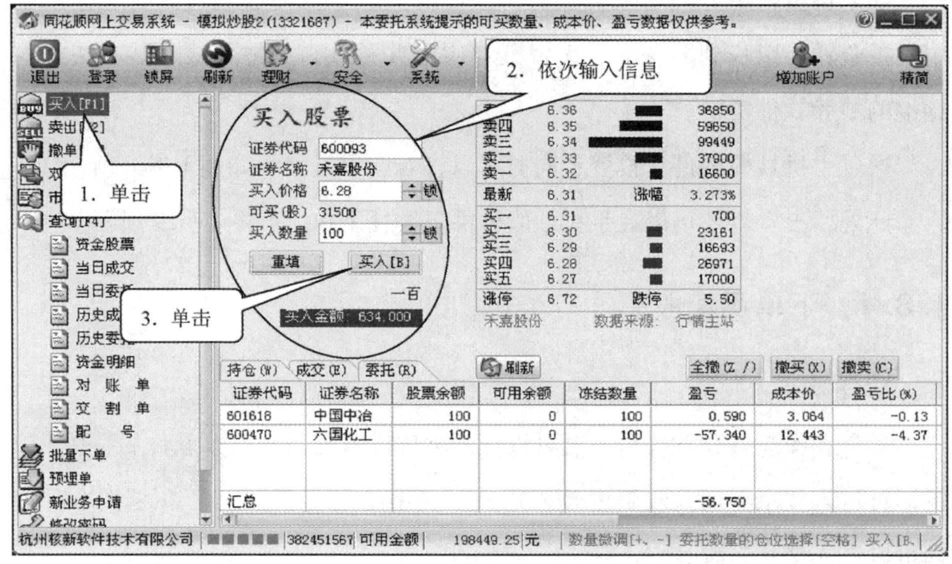


图 1-20　买入交易界面截图

自动变为禾嘉股份。资金余额为198449.25元，设定委托买入价格6.28元，可买入数量为31500股。暂定买入数量为100股，买入总金额634.00元，此金额为扣除手续费后的所有支出金额。

单击“买入”后，出现如图1－21所示界面。这个委托确认界面是为了防止投资者输入信息错误，再次确认。将信息一一核对后，单击“是”，可以进入下一界面。

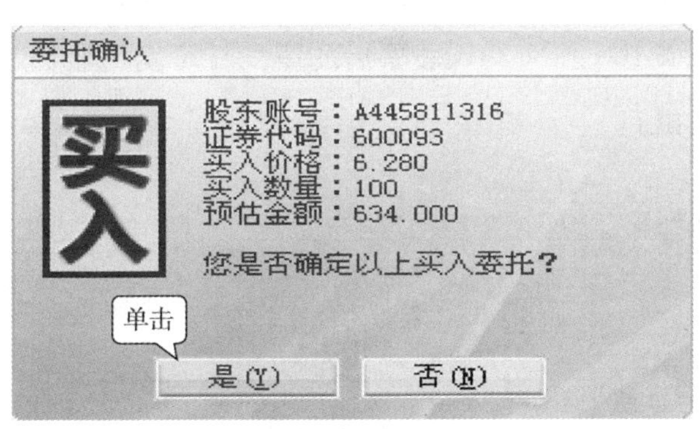


图1－21　买入委托确认界面截图

如图1－22所示，提示买入委托已成功提交，再次单击“确定”。

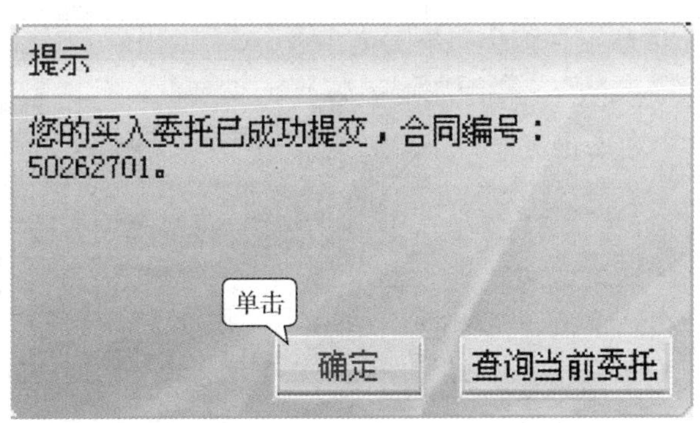


图1－22　买入委托提示界面截图

委托成功提交后，交易界面会出现如图1－23所示信息：委托时间14：22：44，委托价格6.28元，未成交状态。

委托成交后，如图1－24所示，会出现如下信息：成交数量100股，手续费0.63元，印花税单向征收。

| 委托时间 | 证券代码 | 证券名称 | 操作 | 备注 | 委托数量 | 成交数量 | 撤消数量 | 委托价格 | 订单类型 | ▲成交均价 | 合同编号 |
|---|---|---|---|---|---|---|---|---|---|---|---|
| 明细 14:22:44 | 600093 | 禾嘉股份 | 买入 | 未成交 | 100 | 0 | 0 | 6.280 | 限价 | 0.000 | 50262701 |

图 1－23　买入委托下单界面截图

| 成交日期 | 证券代码 | ▲ 证券名称 | 操作 | 成交数量 | 成交均价 | 成交金额 | 发生金额 | 手续费 | 印花税 | 合同编号 |
|---|---|---|---|---|---|---|---|---|---|---|
| 20110928 | 600093 | 禾嘉股份 | 买入 | 100 | 6.280 | 628.000 | 628.730 | 0.630 | 0.000 | 50262701 |

图 1－24　委托成交界面截图

如图 1－25 所示，买入股票后，股价下跌，出现亏损 4.73 元，跌幅为 0.75%，可用余额 100 股（买入股票后的第二日可卖出股数，一般以 100 的整数倍买入或卖出）。

| 证券代码 | 证券名称 | 股票余额 | 可用余额 | 冻结数量 | 盈亏 | 成本价 | 盈亏比(%) | 市价 | 市值 | 交易市场 |
|---|---|---|---|---|---|---|---|---|---|---|
| 600093 | 禾嘉股份 | 100 | 100 | 0 | -4.730 | 6.287 | -0.75 | 6.240 | 624.000 | 上海A股 |

图 1－25　禾嘉股份持仓界面截图

## 2. 下单卖出股票

当投资者卖出股票时，操作步骤与买入股票类似。

如图 1－26 所示，投资者在交易系统中，选择左侧的“卖出”选项，在

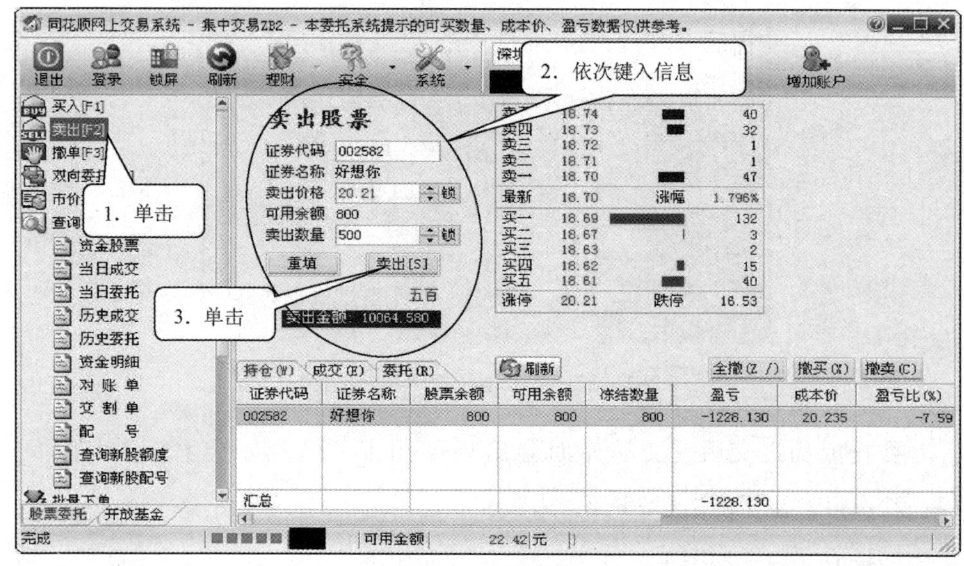


图 1－26　卖出交易界面截图

弹出的窗口中输入需要卖出的股票代码 002582、卖出价格 20.21 元、卖出数量 500 股，最后单击“确认”即可完成卖出下单。

如图 1－27 和图 1－28 所示，投资者依次确认，就可以最终完成下单。

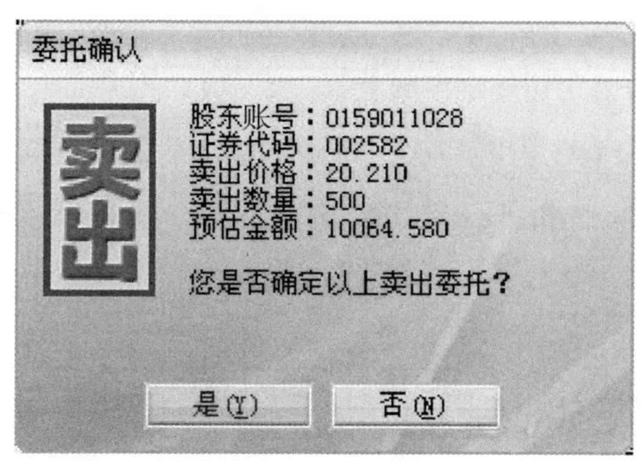


图 1－27　卖出委托确认界面截图

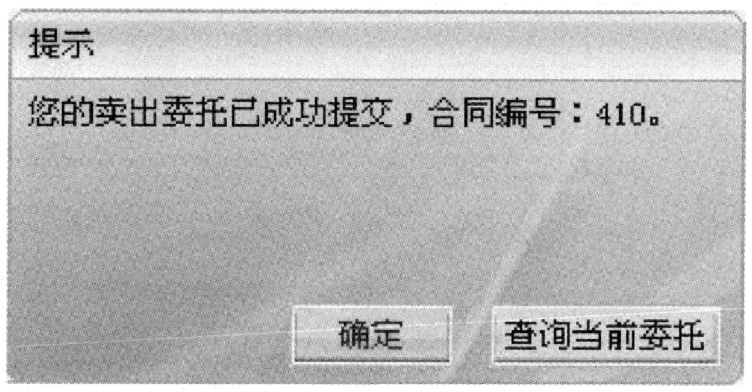


图 1－28　卖出委托提示界面截图

如图 1－29 所示，投资者完成以上步骤后，就可以查到刚刚发出的卖出委托。等股价上涨到投资者预期的价格时，就可以卖出股票。

| 委托时间 | 证券代码 | 证券名称 | 操作 | 备注 | 委托数量 | 成交数量 | 成交金额 | 委托价格 | ▲成交均价 | 合同编号 |
|---|---|---|---|---|---|---|---|---|---|---|
| 明细 08:52:41 | 002582 | 好想你 | 卖出 | 未报 | 500 | 0 | 0.000 | 20.210 | 0.000 | 410 |

图 1－29　卖出委托查询界面截图

### 3. 新股申购

现阶段，我国证券市场正处于加速扩容阶段，新股不断涌现。即使在股票交易疲软的时候，新股申购也能给投资者带来不错的收益。这里简要讲解一下如何打新股。

前面讲述了如何进行委托交易，其实新股申购也是同样的原理，只是申购的代码有所区别，申购数量和申购单位也有特别规定。沪市主板、科创板及深市规定每一申购单位为500股，申购数量不少于500股，或者是500股的整数倍。有的上市公司还规定申购上限。

单一证券账户只能申购一次，一经申报不能撤单。同一账户的多次申购委托，除第一次申购外，均视为无效申购。新股申购流程如图1－30所示。

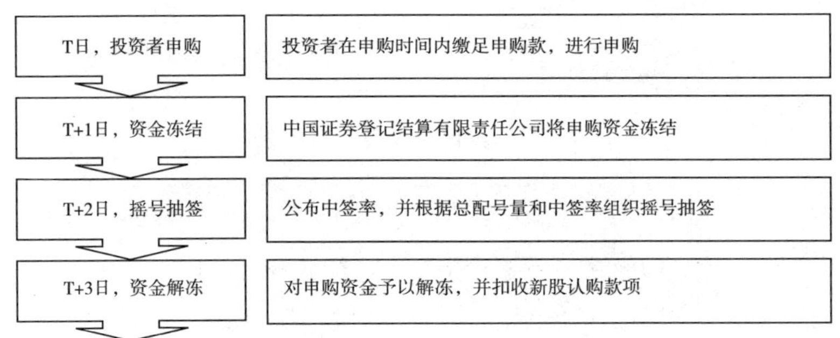


图1－30　新股申购流程

那么申购新股后，何时才能看到有没有中签呢?

如图1－31所示，凤凰传媒申购价为8.80元。如果投资者申购3000股，将被冻结资金26505.60元。投资者可以获得配号，在T＋2日摇号抽签后，投资者可以知道自己的号码有没有中签。在T＋3日，这些资金会被解冻。如果申购成功，在新股上市当日投资者就可以将账户中的股票卖出。

在新股频繁发行时，投资者可以不断进行打新股交易，这也是稳健投资者投资股市的一种选择。打新股过程中投资者要注意坚持不懈，不贪不躁，理性交易。

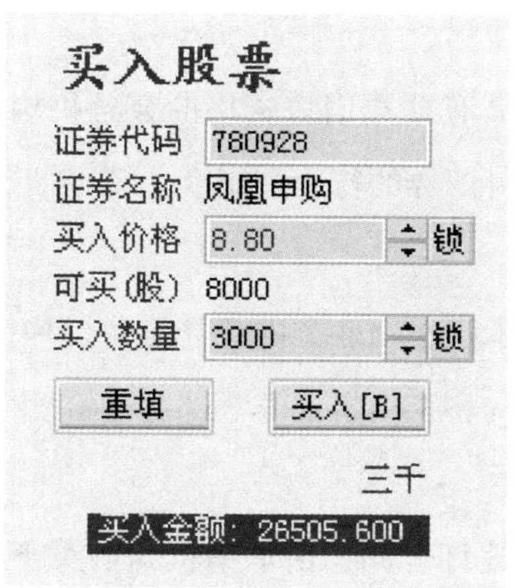


图 1－31　凤凰传媒申购界面截图

# 1.4　常用炒股术语

## 1.4.1　股票发行术语

### 1. 法人配售发行方式

指发行人在公开发行新股时，允许一部分新股配售给法人的发行方式。

### 2. 上市公告书

指发行人在股票上市前向公众公布的重要信息披露资料。

### 3. 两地上市

指一家公司的股票同时在两个证券交易所上市，例如，同时在中国内地的证券交易所和中国香港、中国台湾或者其他国家的证券交易所上市。

### 4. 超额配售选择权

指发行人授予主承销商的一种选择权，获此授权的主承销商按同一发行价格超额发售不超过包销数额 15% 的股份，即主承销商按不超过包销数额 115% 的股份向投资者发售。

5. **承销**

指证券发行人委托具有证券销售资格的金融机构，按照协议由金融机构向投资者募集资金并交付证券的行为和制度。

6. **证券代销**

指证券发行人委托承担承销业务的证券经营机构代为向投资者发售证券。发售期结束后，承销机构将未出售证券全部退还给发行人。

7. **证券包销**

发行人与承销机构签订合同，由承销机构购买下计划发行的全部或部分证券，向投资者发售。未销出部分由承销机构持有。

8. **承销团**

对于发行量特别大的证券，一家承销机构往往不愿意单独承担发行风险，这时就会组织一个承销团，由多家机构共同担任承销人，以减少每一家承销机构单独承担的风险。

9. **公开发行**

指发行人通过中介机构向不特定的社会公众广泛发售证券。

10. **私募发行**

指面向少数特定的投资人发行证券的方式，又称不公开发行。

11. **平价发行**

指发行人以票面金额作为发行价格的发行方式，也称等额发行或面额发行。

12. **溢价发行**

指发行人按高于票面金额的价格发行股票，目前我国深市、沪市股票发行都是溢价发行。

13. **折价发行**

指发行人以低于票面金额的价格发行股票，即按面额一定折扣后的价格发行，折扣的大小主要取决于发行公司的业绩好坏和承销商的能力高低。

14. **股票上市**

指已经发行的股票经证券交易所批准后，在证券交易所公开挂牌交易的行为。

## 1.4.2　股票价格术语

1. **开盘价**

又称开市价，指某种证券在证券交易所每个交易日开市后的第一笔交易的成交价格。

2. **收盘价**

又称收市价，指某种证券在证券交易所一个交易日交易活动结束前的最后一笔交易的成交价格。

3. **最高价**

指某种证券从开市到收市的交易过程中所产生的最高价格。

4. **最低价**

指某种证券从开市到收市的交易过程中所产生的最低价格。

5. **涨（跌）停**

证券在一个交易日内的交易价格涨（跌）幅达到上（下）限，一般称为股价涨（跌）停。

在 A 股市场中，一般而言，当日股价相较于上一个交易日收盘价格的涨跌幅不超过 10%，ST 股票的涨跌幅限制为 5%。

6. **集合竞价**

沪深两市股票的开盘价是由集合竞价产生的。在每个交易日上午的 9：15—9：25，由投资者按照自己所能接受的心理价格自由地进行买卖申报，电脑交易主机系统对全部有效委托进行一次集中撮合处理。在集合竞价时间内的有效委托保单未成交，则自动进入 9：30 开始的连续竞价阶段。一般而言，9：25—9：30 不允许撤单。

7. **复权价**

对股价和成交量进行权息修复，使复权后的股价可以更好地反映股票的实际涨跌。

8. **除权**

上市公司对股票持有者进行送股或者配股后，每股股票代表的企业实际价值减少，造成股票价格下跌的现象。

9. **除息**

上市公司对股票持有者发放股息或红利，造成股票价格下跌的现象。

10. **填权**

在除权除息后的一段时间里，如果多数人看好该股后市，该股交易市价会逐渐弥补除权除息造成的价格缺口，称为填权。

11. **贴权**

在除权除息后的一段时间里，如果多数人不看好该股后市，股票交易市价会低于除权（除息）基准价，这种行情称为贴权。

### 1.4.3 股票交易术语

1. **看多买入**

投资者看好某只股票的未来行情，所以买入该股票。

2. **看空卖出**

投资者不看好某只股票的未来行情，所以卖出该股票。

3. **建仓**

指投资者第一次买入某只股票的行为。例如，某投资者之前手中没有民生银行的股票，第一次以 5 元/股买入 1000 股，可称其在民生银行上建仓。

4. **补仓**

指投资者分批买入股票的行为。例如，投资者先建仓买入民生银行 1000 股，再次买入 5000 股，这就是补仓。

5. **全仓**

指买卖股票不分批次，而是一次性建仓或一次性斩仓的行为。例如，投资者一次性买入民生银行 6000 股，卖出时，一次性卖出 6000 股。

6. **斩仓（割肉）**

指投资者买入股票后，股价开始下跌，造成亏损后卖出股票的行为。例如，第一天投资者以每股 10 元的价格买入民生银行 1000 股，第三天股价下跌，投资者认为股价还可能继续下跌，于是当天以每股 9 元的价格卖出 1000 股。此行为称作斩仓。

7. **止盈**

指投资者买入股票后，股价开始上涨，当股价上涨接近投资者的心理预期价位时，果断卖出股票的行为。此时投资者盈利。

8. **止损**

指投资者在买入股票的同时就确定好斩仓时机或者价位，一旦条件达到就卖出股票，防止亏损继续扩大的行为。

9. **移动止损**

又叫浮动止损，指投资者买入股票后，股价开始上涨，当股价上涨突破第一止盈价位后，投资者应将第一止损价位上调，上调后的止损价位即为移动止损价位。当股价再次下跌时，移动止损价位不变，当股价跌破移动止损价位时，投资者应卖出股票。

如图 1－32 所示，某投资者以每股 37.00 元买入东阿阿胶（000423）1000 股，买入该股票时的预设第一止盈价为 40.00 元，止损价为 35.00 元。当股价涨至 42.40 元时，投资者将止损价设在与股价相差 2 元处，此时的移动止损价为 40.40 元。随后股价没有跌破 40.40 元就再次上涨至 47.48 元，则移动止损价为 45.48 元。之后股价从 47.48 元见顶下跌，因为下跌时移动止损价不会降低，所以投资者应在股价跌破 45.48 元时卖出股票，此时，投资者盈利仍为（45.48 元－37.00 元）×1000 股＝8480.00 元。

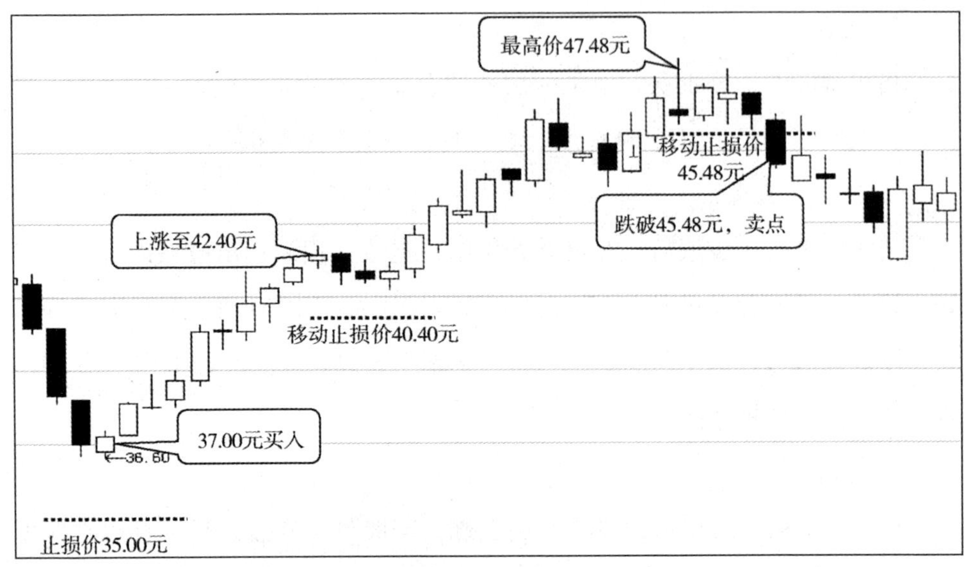


图 1－32　东阿阿胶日 K 线

10. **套牢**

指投资者买入股票后，股价下跌造成账面损失的现象。例如，投资者以 8 元买入民生银行 1000 股，股价下跌至 3 元，此时投资者没有卖出股票，一般称之为股票套牢。

11. **解套**

指投资者买入股票后股价下跌暂时造成账面损失，但是后来股价又涨回来的现象。例如，投资者以 6 元买入民生银行 500 股，该股后来跌到 5 元，之后又涨到 10 元，此时为解套。

12. **抢帽子**

又称高抛低吸，是指投资者先低价买进，等股价上升后再卖出相同种类和相同数量的股票，或先卖出股票，然后再以低价买进相同数量和相同种类的股票，以获取价差利益。

13. **多杀多**

指投资者普遍认为股价要上涨，于是纷纷买进，然而股价未能如期上涨时，投资者竞相卖出而造成股价大幅下跌。

**14. 空翻多**

指空头确信股价已经跌到尽头，于是大量买进股票而成为多头。

**15. 多翻空**

指多头确信股价已经涨到顶峰，于是大批卖出手中股票成为空头。

**16. 踏空**

指投资者认为股市会继续下跌没有买入，结果股市一路上涨，失去获利的机会。

**17. 坐轿**

指投资者预期股价将会大涨，或者知道有主力在炒作而买进股票，让别人去抬升股价，等股价大涨后卖出股票，自己可以不费多大力气就能获利。

**18. 抬轿**

指投资者认为目前股价处于低位，上升空间很大，于是积极追高买进，结果股价涨了自己却没有获得这段涨幅的收益，白白给别人提供了出货良机，替别人“抬了轿子”。此时投资者会亏损或很小幅盈利。

**19. 委卖手数**

指已经输入证券交易所主机电脑欲卖出某股票的委托手数。营业部的终端电脑显示前五档委卖手数，后边的委卖手数投资者一般看不到。如投资者看到的卖盘一、二、三、四、五，就是揭示在不同价位欲卖出股票的手数。

**20. 委买手数**

指已经输入证券交易所主机电脑欲买进某股票的委托手数。营业部的终端电脑显示前五档委买手数，后边的委买手数投资者一般看不到。如投资者看到的买盘一、二、三、四、五，就是揭示在不同价位欲买入股票的手数。

## 1.4.4 股票退市术语

1. **退市**

上市公司由于未满足交易所有关财务等其他上市标准而主动或被动终止上市的情形，即由一家上市公司变为非上市公司。退市可分为主动性退市和被动性退市，并有复杂的退市程序。

2. **ST 股票**

境内上市公司连续两年亏损，出现财务状况或其他状况异常，被进行特别处理的股票。ST 股票的日涨跌幅限制为 5%。

3. ***ST 股票**

境内上市公司连续三年亏损、被进行特别处理、有退市风险的股票。*ST 股票的日涨跌幅限制为 5%。

4. **三板市场**

又称代办股份转让系统，是指经过中国证券业协会批准，由具有代办非上市公司股份转让业务资格的证券公司采用电子交易方式，为非上市公司和退市公司提供特别转让服务，其服务对象为中小型高新技术企业。

# 第 2 章

# 看分时盘面找买卖点

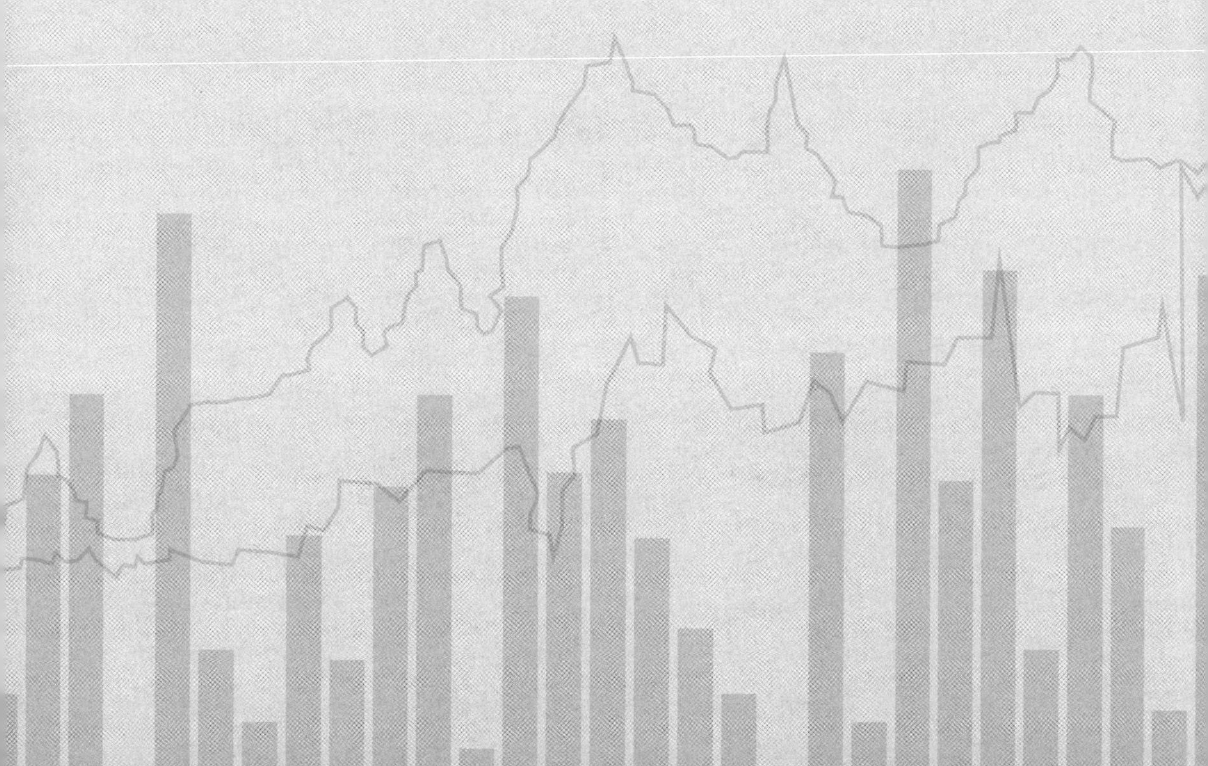

盘面是指投资者查询股票在一个交易日内走势和交易情况的界面。在股票交易软件中，盘面信息可以分为分时形态和盘口两大部分，如图 2－1 所示。

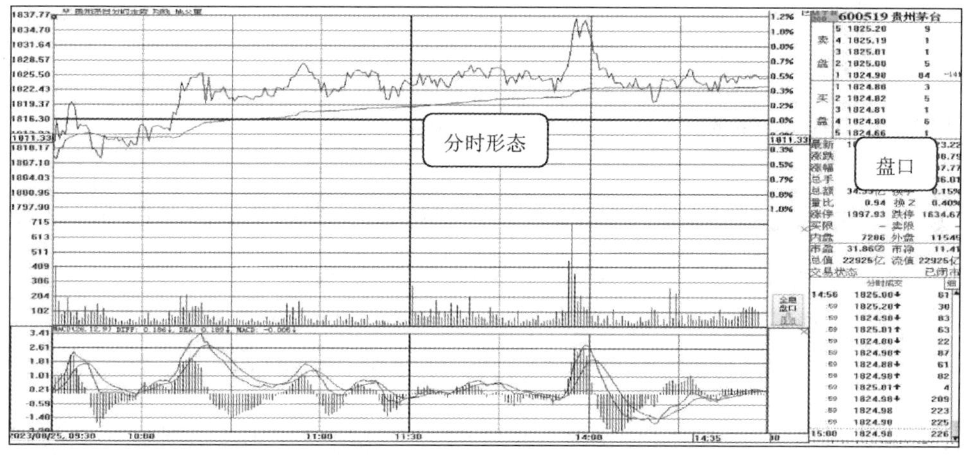


图 2－1　股票走势盘面信息

## 2.1　按分时线形态买卖

分时形态是在盘面信息中左侧的区域。这个区域包含分时线、分时均线、分时成交量和分时技术指标等，如图 2－2 所示。

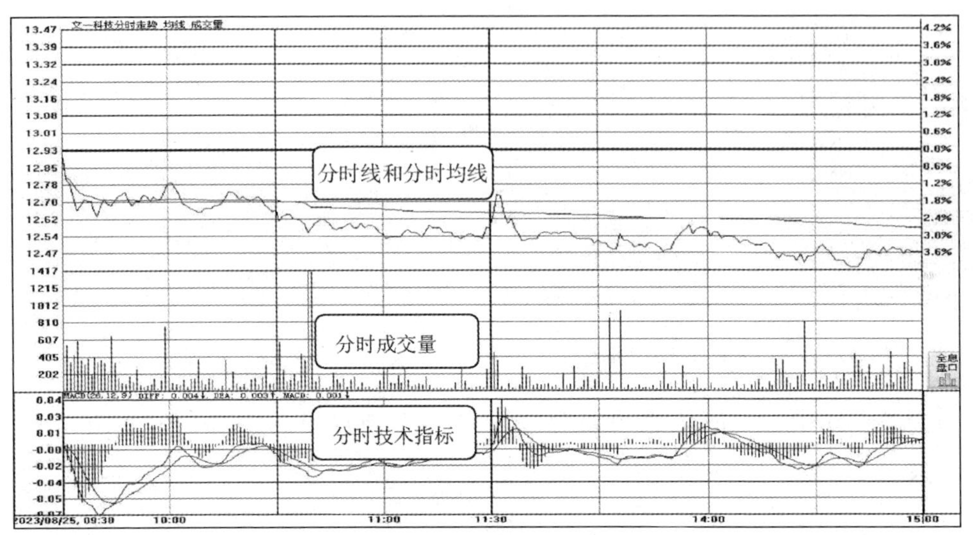


图 2－2　分时形态部分的构成

## 2.1.1　买入形态 1：分时线突破分时均线

分时线显示股价在一个交易日内的走势，即股票的实时成交价格。分时均线显示截至当前时刻的平均成交价格，其计算公式为：

平均成交价格 = 当日总成交金额 ÷ 当日总成交手数

从计算公式中我们可以看出，分时均线代表一个交易日内所有投资者的平均买入成本。这条曲线对股价有重要的支撑或压力作用。当股价向上突破分时均线时，表示有投资者愿意以比其他人更高的价格买入股票，这是多方力量占优、股价即将上涨的信号。

当股价向上突破分时均线时，投资者可以积极买入股票。有时股价完成突破后会小幅回抽，当回抽到分时均线时会再次获得支撑反弹，此时投资者可以加仓买入。

如图 2－3 所示，2023 年 8 月 25 日，上海三毛（600689）开盘后快速下跌，约 20 分钟之后，股价向上突破分时均线，形成看涨买入形态。此时投资者可以积极买入股票。

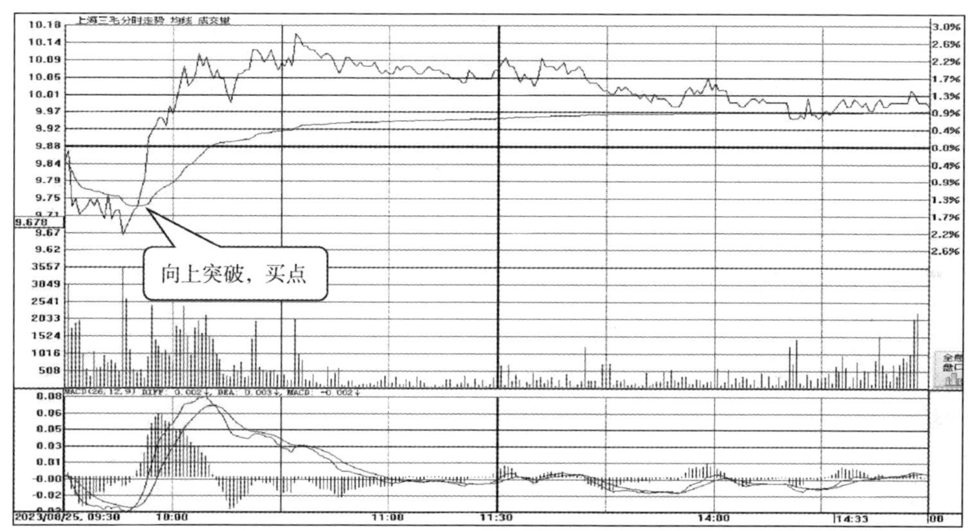


图 2－3　上海三毛分时形态

1. 股价突破分时均线的同时成交量越大，该形态的看涨信号就越可靠。

2. 有时股价会围绕分时均线反复波动，这是市场上观望气氛浓重，股价走向不明确的表现。此时，股价突破分时均线不能作为有效的买卖信号。

3. 分时均线既是股价上涨的阻力，也是股价下跌的支撑。一旦股价成功向上突破，未来再次下跌到分时均线位置时会获得较强支撑。

4. 股价突破前一交易日分时均线后可能回抽，也可能不会回抽。

## 2.1.2　买入形态 2：分时线在分时均线处获得支撑

分时均线既是股价上涨的压力，也是股价下跌的支撑。当股价下跌到分时均线位置时，表示投资者有机会以低于当日其他投资者交易均价的价格买入股票。这时往往会有很多投资者买入股票，股价有望获得支撑反弹。

因此，当股价下跌到分时均线位置获得支撑时，显示有大量投资者看好后市，正等待机会买入股票，未来股价会持续上涨。

如图2－4所示，2023年3月1日开盘后，广电网络（600831）的股价在分时均线上方站稳。上午9：50左右，股价下跌到分时均线位置时获得支撑反弹。这是看涨买入信号，此时投资者可以积极买入股票。

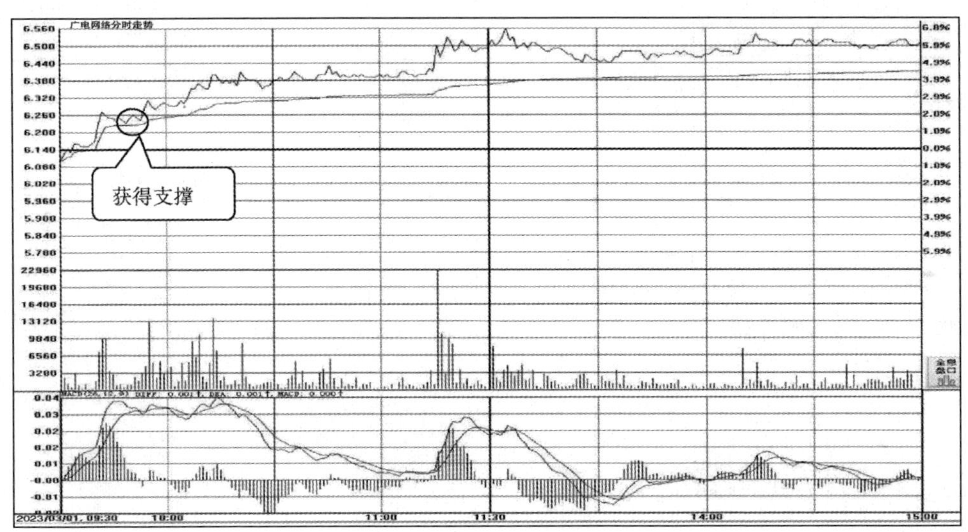


图2－4　广电网络分时形态

## 实战经验

1. 因为分时均线并不是水平线，所以并不一定要等股价下跌后才能在分时均线位置获得支撑。有时股价上涨过程中也会与分时均线相交，这时股价获得支撑后会加速上涨。

2. 当股价在分时均线位置获得支撑时，如果成交量放大，则验证了有投资者伺机买入股票的判断。这样的情况下该形态的看涨信号会更加可靠。

3. 股价可能在分时均线附近获得支撑后马上上涨，也可能持续沿分时均线上方整理。为了规避风险，投资者最好等到股价开始上涨，脱离分时均线附近后再买入股票。

## 2.1.3　买入形态 3：分时线形成上涨持续形态

当分时线上涨一段时间后，形成收敛三角形整理、矩形整理等整理形态时，如果成交量也持续萎缩，就说明多方正再次积攒力量，消化刚刚拉升带来的获利盘。

一旦横盘整理的过程结束，股价就将再次被向上拉升。因此，当投资者看到股价向上突破一个高位的横盘整理平台时，可以积极买入股票。

如图 2－5 所示，2023 年 5 月 4 日，申通地铁（600834）股价开盘后分时走势冲高回落，在一个矩形区间内不断横盘震荡，持续时间约 2 个小时（上午盘除了前 10 分钟冲高，其他时间都在震荡盘整理）。下午盘开盘后不久，分时走势突破矩形上边线并站稳，这是股价延续上升趋势的信号，买点出现。

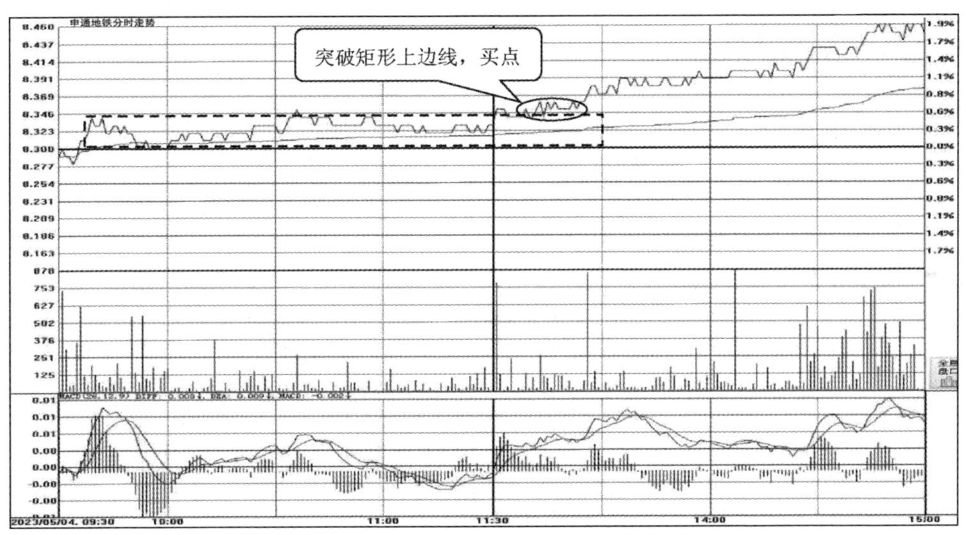


图 2－5　申通地铁分时走势

如图 2－6 所示，2023 年 5 月 4 日，维远股份（600955）开盘后迅速上涨，然后开始回调整理。整理过程中股价每次上涨的高点逐渐降低，低点也逐步抬高，形成了收敛三角形形态。当股价向上突破三角形的上边线时，就表明股价延续早盘的上涨趋势，投资者买入股票的信号出现。

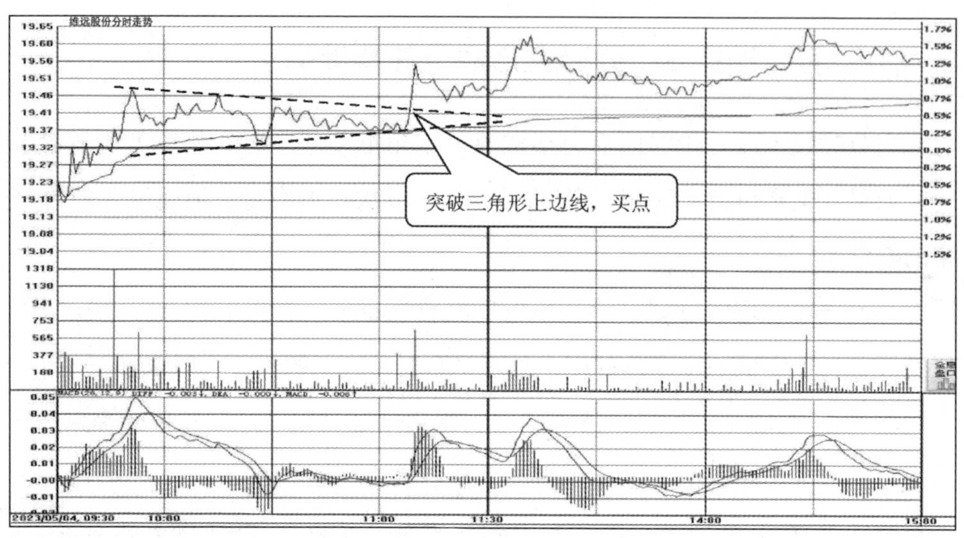


图 2－6 维远股份分时走势

实战经验

1. 股价横盘整理只有在高位进行才是有效的看涨信号。投资者可以以股价是否高于分时均线判断股价是否处于高位。

2. 如果在横盘整理过程中成交量萎缩，而股价突破时成交量放大，则该形态的看涨信号会更加可靠。

3. 当整理平台是三角形形态时，三角形必须是收敛的，即股价波动幅度越来越小。如果是扩散三角形，则买入股票的风险会大大增加。

4. 在股价持续上涨过程中，可能会有多次横盘整理。每次股价放量突破整理平台时，都是投资者加仓买入的机会。

## 2.1.4 买入形态 4：分时线形成底部反转形态

当分时线下跌到低位后，形成 W 底、三重底、头肩底等底部反转形态时，就说明股价下跌获得较强支撑，逐渐由下跌行情进入上涨行情。一旦股价突破该形态的颈线，就说明上涨行情已经开始，形成买入信号。

股价突破这类形态的颈线时，可能出现回抽，但回抽不跌破颈线就会获得支撑再次向上。回抽是对突破形态的确认，当股价获得支撑时，投资者可以加仓买入股票。

如图 2－7 所示，2023 年 6 月 27 日，北矿科技（600980）开盘后出现一波上涨走势。10：00 后股价冲高回落，跌破分时均线，并在低位形成了 W 底形态，这个形态说明股价下跌获得了较强支撑。当股价突破 W 底形态的颈线时，就是投资者买入股票的机会。

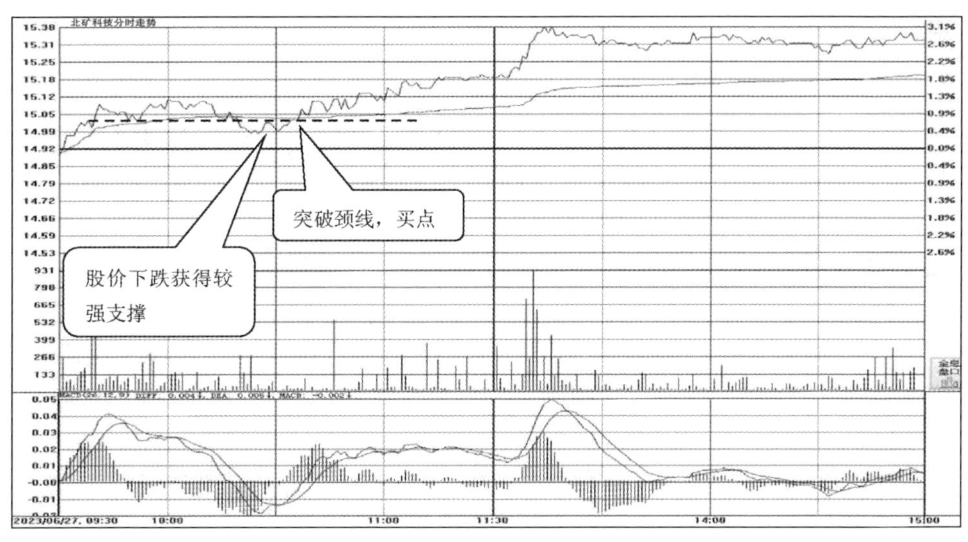


图 2－7　北矿科技分时走势

1. 如果在底部形态形成过程中成交量萎缩，而股价突破颈线时成交量放大，就是对多方力量强势的验证。这样该形态的看涨信号会更加强烈。

2. 有时分时均线会与颈线重叠，股价突破颈线的同时也突破了分时均线。在这种情况下，该形态的看涨信号会更加强烈。

3. 三重底和头肩底形态的颈线可能是水平线，也可能有一定倾斜幅度，这并不影响该形态释放的看涨信号。

4. 股价突破颈线后可能有回抽的过程，也可能没有。

## 2.1.5 买入形态5：分时线突破前期高点

在分时走势图中，如果股价上涨到一定高度后遇阻回落，就会形成一个阶段高点。这个高点是股价上涨的重要阻力位。未来股价再上涨到这个位置时一旦能够成功向上突破，就是多方强势的信号。看到这个信号后投资者可以积极买入股票。

如图2-8所示，2022年9月21日，厦门空港（600897）开盘震荡一段时间后突然放量上涨，形成上涨趋势。之后，股价上涨一段时间后连续多次在几乎同一个位置遇阻下跌。这显示上涨高点是一个比较强烈的压力位。11：00过后，股价再次上涨，一举突破了之前的高点。这是多方开始发力拉升股价的信号。看到这样的形态，投资者可以积极买入股票。

13：30—14：24，股价再次出现高位震荡，之后股价突破前期高点，买点出现。

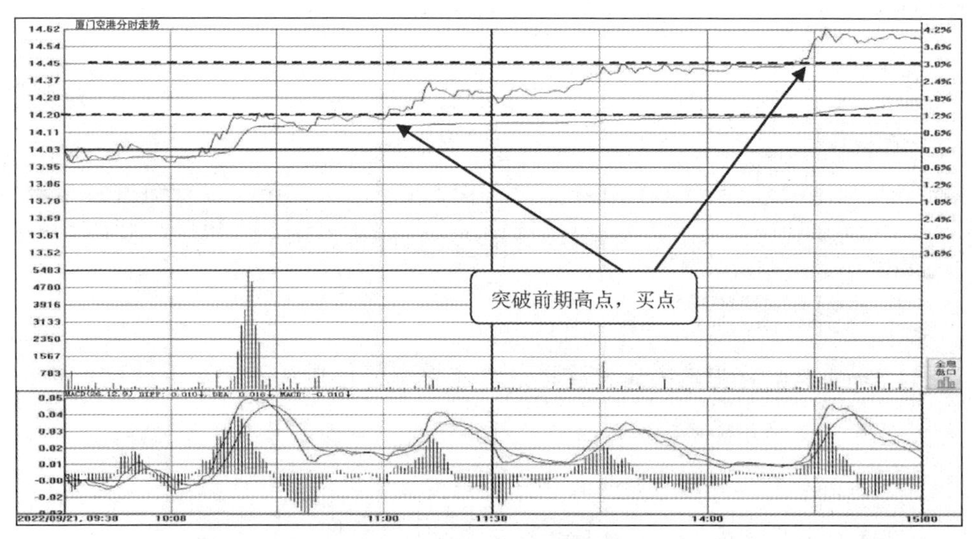


图2-8　厦门空港分时走势

实战经验

1. 股价向上突破时的成交量应该高于前期遇阻回调时的成交量。否则即使完成突破，股价也可能会再次下跌。

2. 如果股价多次在同一个价位遇阻回调，这个阻力持续的时间越长，说明上方的压力就越大。而未来多方一旦准备充分将股价向上拉升，股价的上涨空间也就越大。

3. 如果股价第一次上涨的涨幅过大，如6%以上，则未来即使股价突破这个高点，后期上涨空间也会十分有限。这样的获利机会投资者最好不要冒险参与。

### 2.1.6　买入形态6：分时线缩量回调后放量止跌

当股价下跌时如果成交量逐渐萎缩，说明打压股价下跌的力量正在逐渐减弱，市场看空氛围正在逐渐退去。此后一旦股价放量止跌，就说明投资者开始看好后市，纷纷买入股票，未来股价有见底回升的可能。这种形态可能出现在上涨过程中的回调或者是持续下跌行情的尾端。

如图2－9所示，2023年7月28日，国金证券（600109）股价开盘后不久出现小幅放量上涨走势，之后股价明显缩量回调。

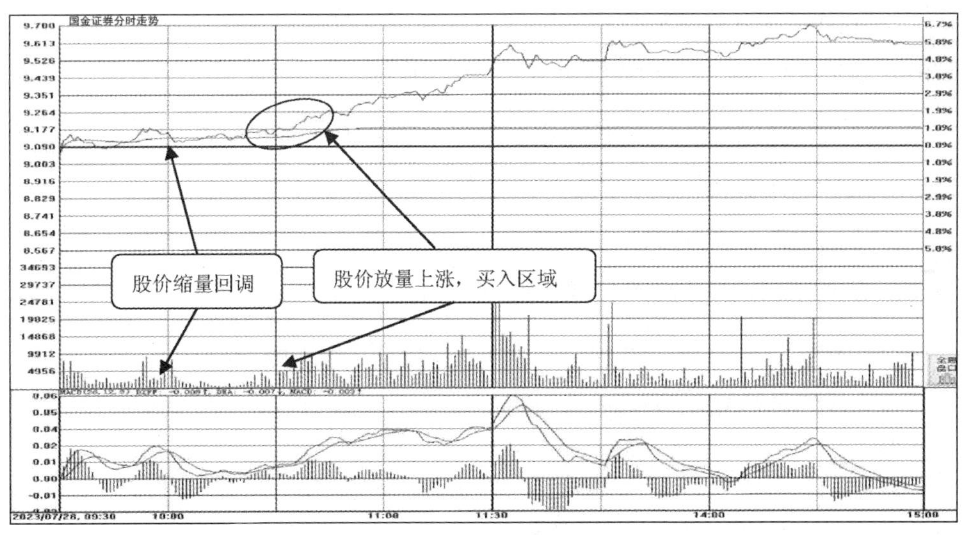


图2－9　国金证券分时走势

上午10：30前后，该股的成交量开始放大。并且随着成交量持续放大，其股价也开始快速上涨。这个形态说明之前的回调行情已经结束，股价开始再次上涨。此时是投资者买入股票的机会。

1. 经过持续缩量下跌后，可能在成交量再次放大的同时股价开始上涨，股价从下跌到上涨的过程并没有一个明显的过渡。

2. 在股价上涨一段时间后，如果股价没有缩量回调而是缩量横盘整理，一旦成交量再次放大，同样是看涨买入信号。

## 2.1.7 买入形态7：分时线与MACD指标底背离

MACD指标由两条曲线和一组柱线组成，分别是DIFF线、DEA线和MACD柱线。其中DIFF线是通过两条不同周期的EMA线（指数平滑移动平均线）之差计算得来的。而DEA线是DIFF线的移动平均线。因此在MACD指标的两条曲线中，波动比较频繁的是DIFF线。

DIFF线是测算股价运行速度的曲线。如果股价在震荡中下跌，且每次下跌的底部越来越低，而DIFF线的底部却逐渐升高，两者就形成了底背离的形态。底背离形态说明虽然股价还在下跌过程中，但是其下跌速度已经逐渐变慢，未来股价有见底反弹的可能。

如图2-10所示，2023年5月9日，北方稀土（600111）股价在开盘后出现一波下跌走势。但此时其DIFF指标线却开始逐渐上涨，再创新高。DIFF指标线与股价形成了底背离形态。这个形态说明股价的下跌速度正在减慢，未来有止跌反弹的可能。

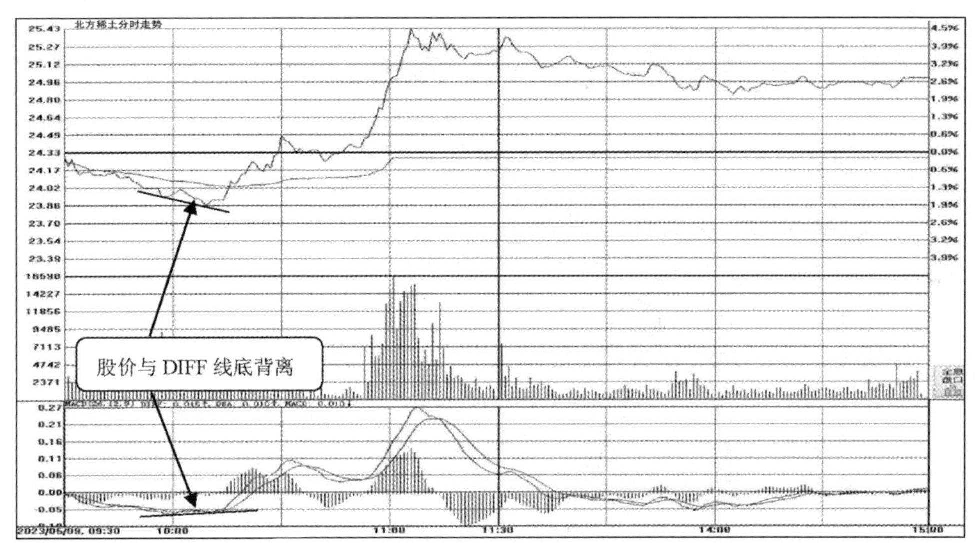


图 2－10　北方稀土分时走势

1. 当背离形态完成时，DIFF 线的位置越高，该形态的看涨信号就越可靠。当背离形态结束时，如果 DIFF 线能上涨到 0 轴附近，则该形态的看涨信号会更加可靠。

2. DEA 线与股价的底背离可能出现在持续下跌行情的尾端，也可能出现在上涨中途股价回调时。

## 2.1.8　买入形态 8：分时线突破大盘叠加线

投资者可以在炒股软件中将大盘分时线叠加到个股分时线上。以大智慧软件为例，投资者在顶部菜单中点击“图形叠加”，之后在弹出窗口中选择“上证指数”，最后点击“确定”，就可以把上证指数走势叠加到当前股价走势图中，如图 2－11、图 2－12 所示。

是否能够“跑赢指数”是投资者衡量股票获利能力高低的一个重要标准。当个股分时线向上突破大盘叠加线时，表示持有这只股票的投资者当日收益

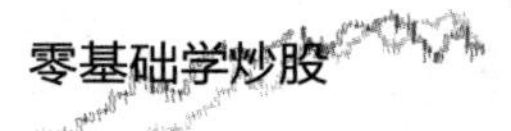

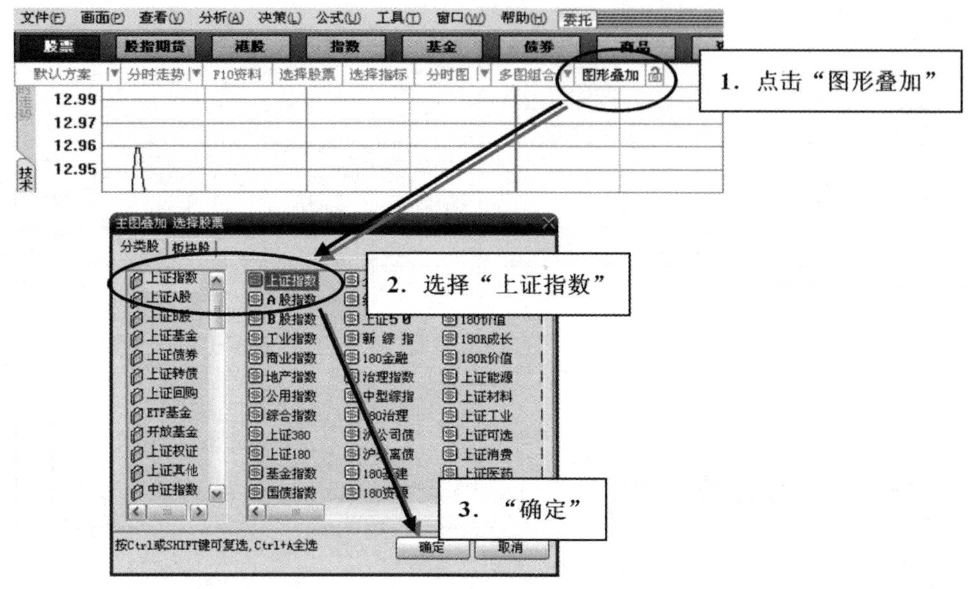


图 2－11　将大盘指数叠加到个股走势中

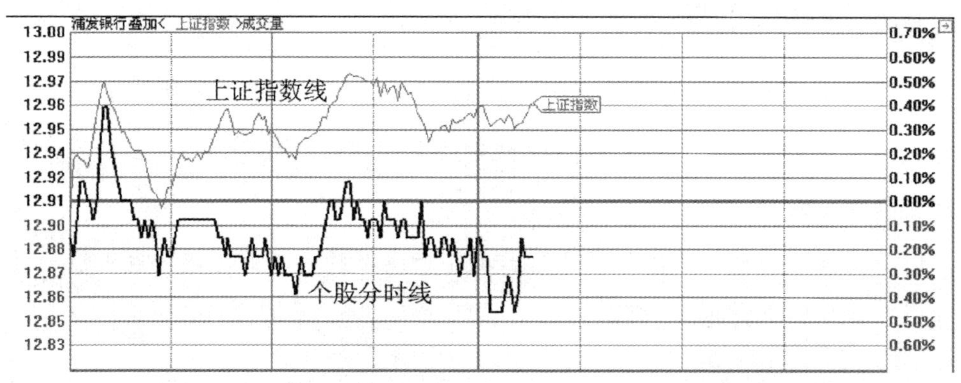


图 2－12　叠加后的分时走势

已经超过了大盘涨幅，也就超过了市场平均水平。这会给予多方极大信心，未来股价也将受此刺激而继续上涨。因此，当个股分时线突破大盘叠加线时，投资者可以积极买入股票。

如图 2－13 所示，2023 年 4 月 27 日，中国船舶（600150）开盘后股价持续在大盘线下方震荡，表明该股股价与市场平均水平相比明显呈弱势。上午 11：00 左右，中国船舶开始放量上涨，分时线突破了叠加的上

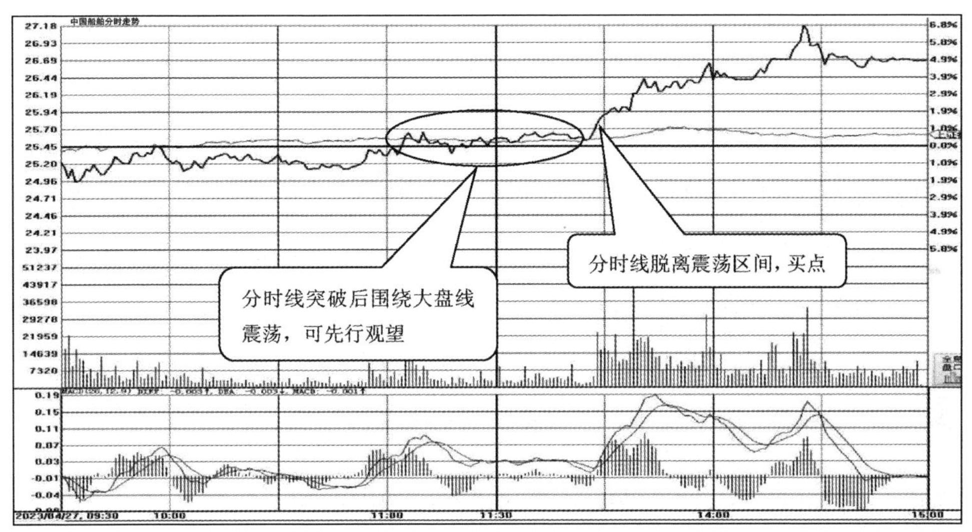


图 2－13　中国船舶分时走势

证指数线，但并没有大幅向上，而是绕着大盘线上下震荡。这说明上涨动能虽有增强，但也不过是市场平均水平。13：28 开始，分时线脱离震荡区间，大幅放量向上，这是强烈的看涨买入信号。此时投资者可以积极买入股票。

1. 分时线突破大盘叠加线时，成交量越大，该形态的看涨信号就越强烈。

2. 有时在下跌行情中因为个股跌幅逐渐小于大盘，也会出现个股分时线向上穿越大盘叠加线的形态。不过这种形态对提振投资者信心并没有太大好处，因此不能被当作有效的看涨信号。

3. 上证指数的代表性较强，因此投资者在深圳主板股票、中小板股票、创业板股票的分时图中叠加大盘线时，可以选择深证指数、中小板指数、创业板指数，也可以统一使用上证指数。

## 2.1.9 卖出形态1：分时线跌破分时均线

当分时线跌破分时均线时，表示当前交易价格低于当日平均成交价格，也就是有人愿意以比均价还低的价格卖出股票。这是市场进入弱势行情，投资者纷纷卖出股票的信号。看到这个信号，投资者应该尽快卖出手中的股票。

如图2-14所示，2023年6月19日，伊力特（600197）股价开盘后一度快速上涨，随后又快速下跌，并跌破了分时均线。这说明有大量投资者看空后市并抛售股票，此时投资者应该尽快卖出手中的股票。

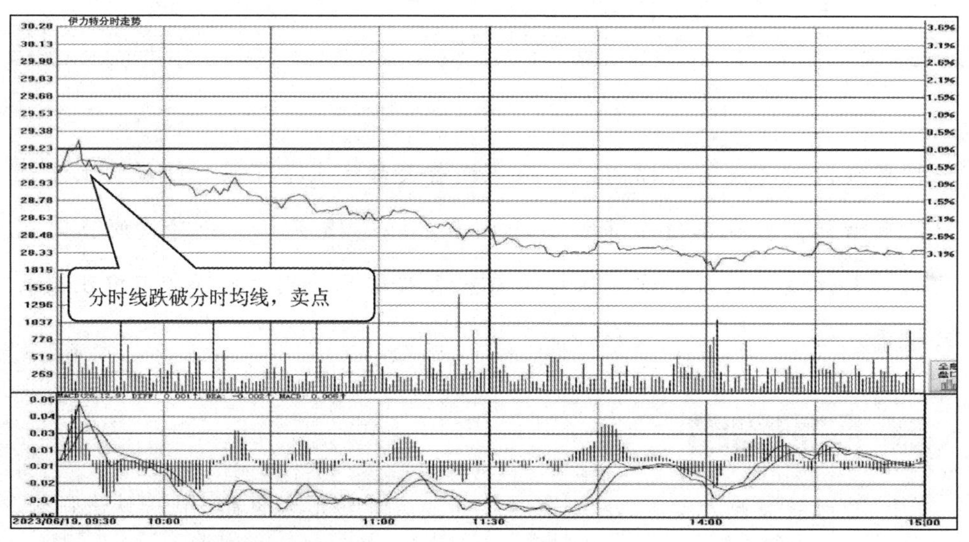


图2-14 伊力特分时走势

实战经验

1. 分时均线既是股价上涨的阻力，也是股价下跌的支撑。一旦股价跌破分时均线，未来再上涨到这个位置时可能会遇到巨大阻力。

2. 当市场上观望气氛浓重时，股价走向并不明朗，此时股价可能频繁跌破分时均线又向上突破。这样的情况下该形态不是有效的看跌信号。

3. 股价跌破分时均线后可能小幅回抽，当回抽遇阻继续下跌时是该形态的另一个卖点。但这种回抽并不一定会出现，因此不建议投资者等到回抽时才卖出股票。

### 2.1.10　卖出形态 2：分时线形成下跌持续形态

当股价下跌一段时间后，可能在低位形成一个横盘整理平台，该平台可能是收敛的三角形或者矩形形态，同时成交量也持续萎缩。

这个形态说明股价下跌一段时间后有抄底资金出现。但随着股价迟迟不能上涨，这些抄底资金的信心也逐渐丧失，因此这是一个看跌卖出信号。当股价跌破横盘整理平台时，投资者应该尽快卖出手中的股票。

如图 2－15 所示，2023 年 1 月 30 日，圆通速递（600233）开盘高开后迅速下跌，后来逐渐在 21.2 元附近企稳，形成一个收敛的三角形平台。与此同时，成交量持续萎缩。

这个形态说明有抄底资金在低位买入股票，但这些资金的力量越来越弱。横盘整理一段时间后，股价跌破了三角形平台的底部。此时投资者应该卖出股票。

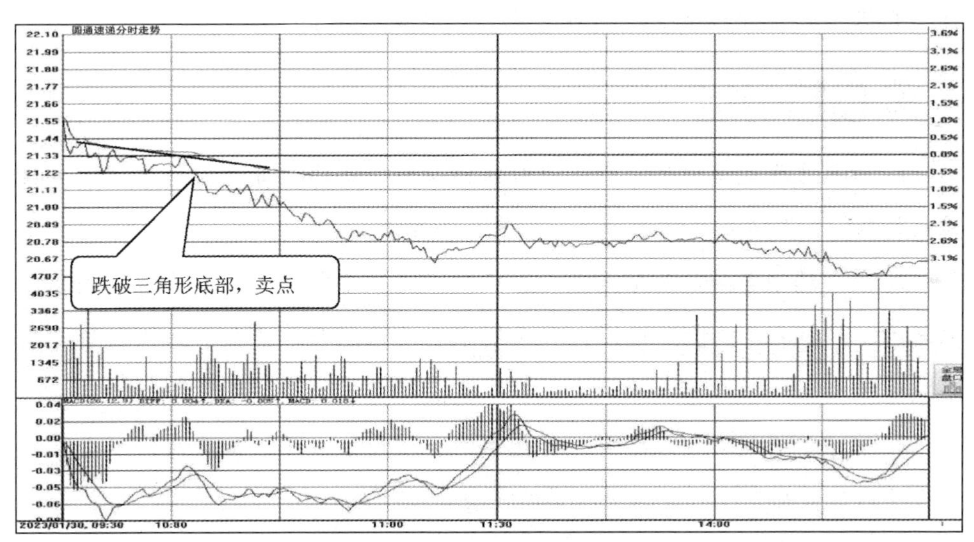


图 2－15　圆通速递分时走势

如图 2－16 所示，2023 年 2 月 16 日，铜峰电子（600237）股价小幅下跌

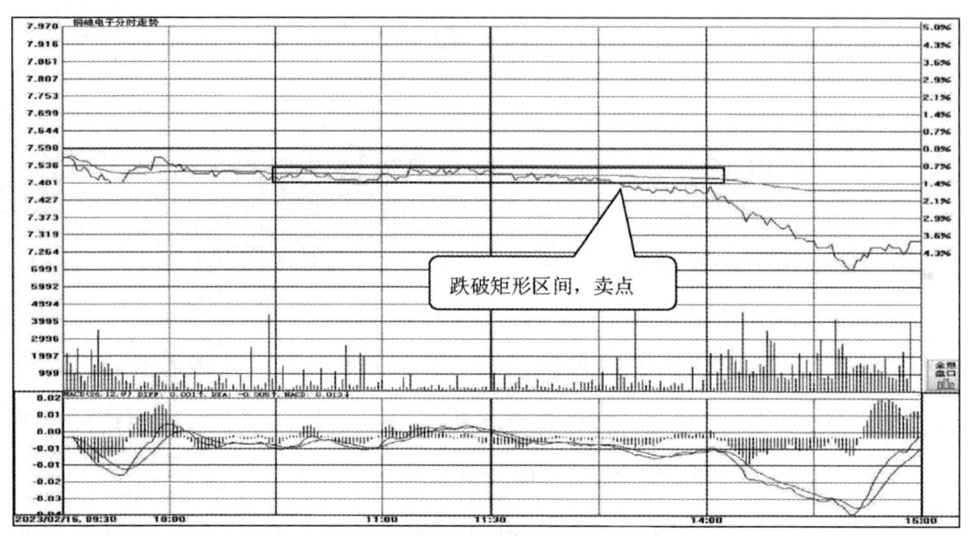


图 2－16 铜峰电子分时走势

后，在低位形成了一个矩形整理平台。与此同时，成交量也明显萎缩。

这个形态说明有抄底资金进入，但是随着股价迟迟不能上涨，这些抄底资金的信心也逐渐丧失。13：30 左右，股价跌破了平台区域。这是空方开始再次打压股价的信号，此时投资者应该卖出股票。

实战经验

1. 如果在横盘整理过程中成交量持续萎缩，说明多方对股价支撑的力量越来越弱。此时该形态的看跌信号会更加可靠。

2. 当整理平台是三角形形态时，三角形必须是收敛的，即股价波动幅度越来越小。如果是扩散三角形，则说明多空争夺越来越激烈，未来股价还有可能反转上涨。

3. 在股价持续下跌过程中，可能会有多次横盘整理。每次股价跌破横盘整理平台时，都是投资者卖出股票的机会。

### 2.1.11 卖出形态 3：分时线形成顶部反转形态

当分时线上涨到高位后，形成双重顶（M 顶）、三重顶、头肩顶等顶部反转形态时，就说明股价上涨遇到较强阻力，逐渐由上涨行情进入下跌行情。一旦股价跌破该形态的颈线，就说明下跌行情已经开始，形成卖出信号。

股价跌破这类形态的颈线时，可能出现回抽，但回抽无法突破颈线就会遇到阻力再次向下。回抽是对跌破形态的确认，当股价回抽遇阻时，是投资者另一个卖出股票的时机。

如图2－17所示，2023年4月19日，江西铜业（600362）高开高走。之后，股价连续两次在几乎同一价位遇阻回调，形成了双重顶形态。这个形态显示多方力量已经衰弱，是看跌卖出信号。当股价跌破双重顶形态颈线时，说明空方力量已经开始打压股价，此时投资者应该卖出股票。

随后，股价虽然小幅回抽，但是在颈线位置遇到阻力继续下跌，这是对之前看跌信号的确认。如果投资者手里还有股票，此时应该尽快清空。但由于前后两个信号时间间隔过小，可将其看作一个卖点。

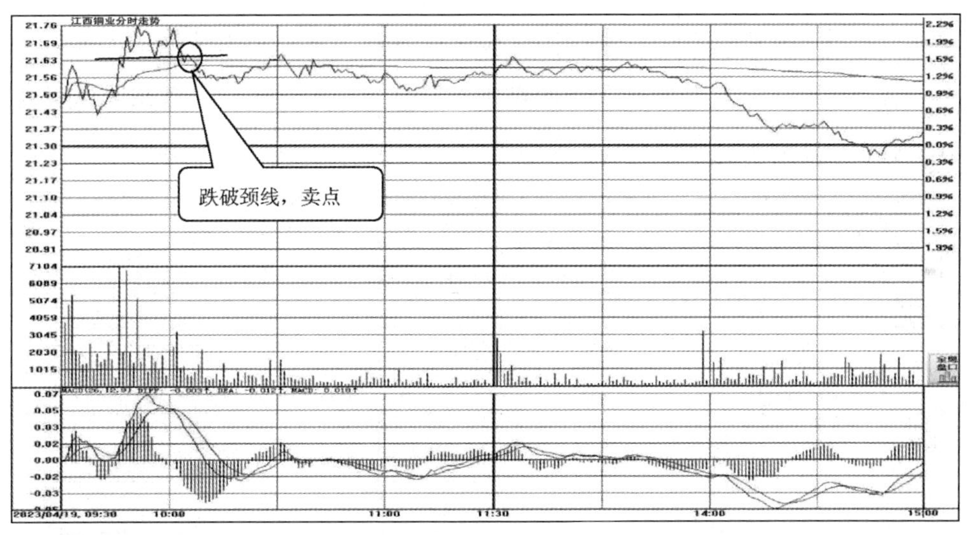


图2－17 江西铜业分时走势

1. 有时分时均线会与顶部反转形态的颈线重叠，股价同时跌破颈线和分时

均线。这相当于两个卖出信号叠加，在这样的情况下，看跌信号会更加强烈。

2. 三重顶和头肩顶形态的颈线可能是水平线，也可能有一定倾斜幅度，这并不影响形态的看跌信号。

3. 股价跌破颈线后可能有回抽的过程，也可能没有。因此，投资者不能等到股价回抽时才卖出股票。

## 2.1.12 卖出形态4：分时线缩量上涨

如果随着股价上涨，成交量不断放大，说明上涨趋势十分稳健。但如果情况相反，随着股价上涨，成交量持续萎缩，则说明股价上涨并没有引起投资者共鸣。即使股价上涨，也没有太多投资者看好后市，未来一旦成交量低迷到极点、获利盘涌出，股价将见顶下跌。

如图2－18所示，2023年4月10日，健康元（600380）股价开盘后迅速上涨，但成交量却没有同步上涨，反而有萎缩的态势，形成了缩量上涨的形态。这个形态显示多方虽然在短期内还有望推动股价上涨，但等到上涨动能枯竭时，股价会有见顶下跌的风险。

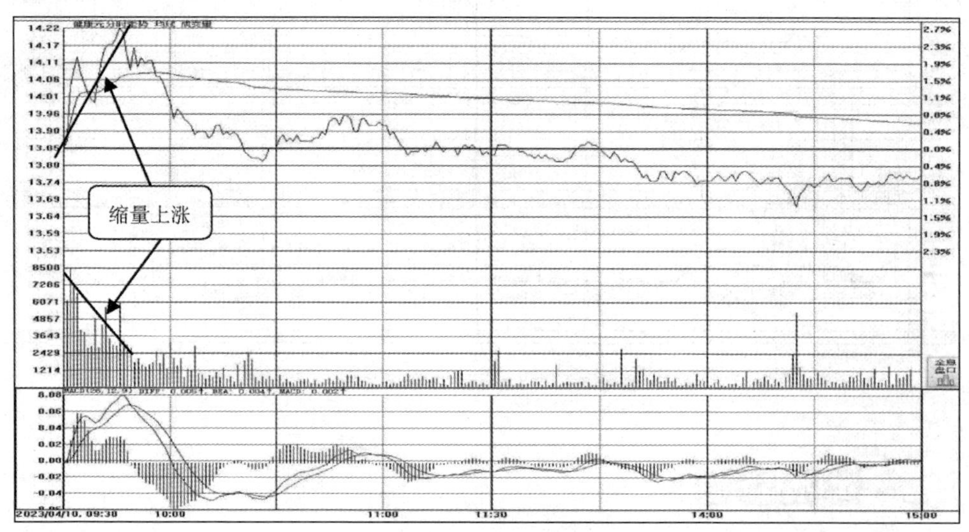


图2－18 健康元分时走势

1. 在震荡上涨过程中，股价一旦回调时跌破了前次回调低点，就说明上涨行情已经结束，此时投资者应该尽快卖出股票。

2. 该形态要求成交量在上涨过程中持续萎缩，但是最终股价见顶时成交量可以放大，也可以持续萎缩。如果在顶部成交量放大，说明空方卖盘汹涌，未来的跌势会更加强劲。

## 2.1.13 卖出形态 5：分时线与分时 MACD 指标形成顶背离

如果股价在震荡上涨过程中连创新高，走出一顶比一顶高的形态时，MACD 指标中的 DIFF 线却无法创出新高，出现了一顶比一顶低的形态，二者就形成了顶背离形态。DIFF 线与股价的顶背离说明虽然股价还在上涨，但其上涨的速度已经越来越慢，未来股价有见顶下跌的可能。

如图 2－19 所示，2023 年 2 月 23 日，盘江股份（600395）的股价开盘后

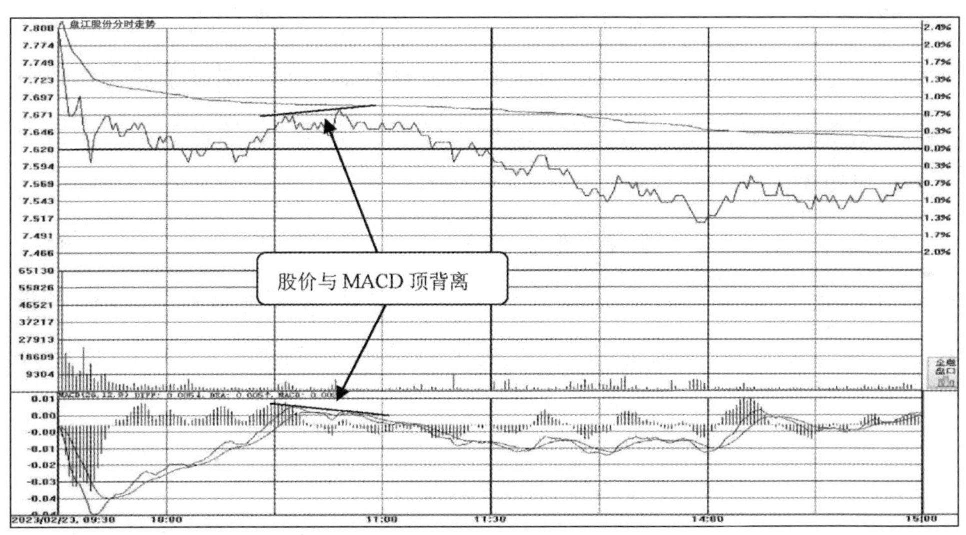


图 2－19 盘江股份分时走势

高开低走，之后股价在低位持续震荡。从10：20开始，分时线在震荡上涨过程中阶段性创出新高，但其MACD指标的DIFF线却无法创出新高，DIFF线与股价形成顶背离。这个顶背离形态说明虽然股价还在上涨，但上涨速度正在减慢，未来有见顶下跌的风险。

实战经验

1. 当背离形态完成时，DIFF线的位置越低，该形态的看跌信号就越可靠。如果背离形态结束时DIFF线已经下跌到0轴附近，则该形态的看跌信号会更加可靠。

2. DIFF线与股价的顶背离可能出现在持续上涨行情的尾端，也可能出现在下跌中途股价小幅反弹时。

### 2.1.14　卖出形态6：分时线跌破大盘叠加线

分时图上的大盘叠加线会对股价涨跌起到重要的阻力或支撑作用。如果个股的分时线一直在大盘叠加线上方运行，说明这只股票的表现强于市场平均水平，是强势股票。当个股分时线跌破大盘叠加线时，则是个股走势由强转弱的信号。此时空方占据优势，股价可能被持续打压。这样的情况下投资者应该尽快卖出手中的股票。

如图2－20所示，2023年2月23日，三友化工（600409）开盘后高开低走，开盘不久就跌破大盘叠加线，这说明市场行情已经由强转弱，是看跌信号。此时投资者应该尽快卖出股票。之后该股持续下跌。

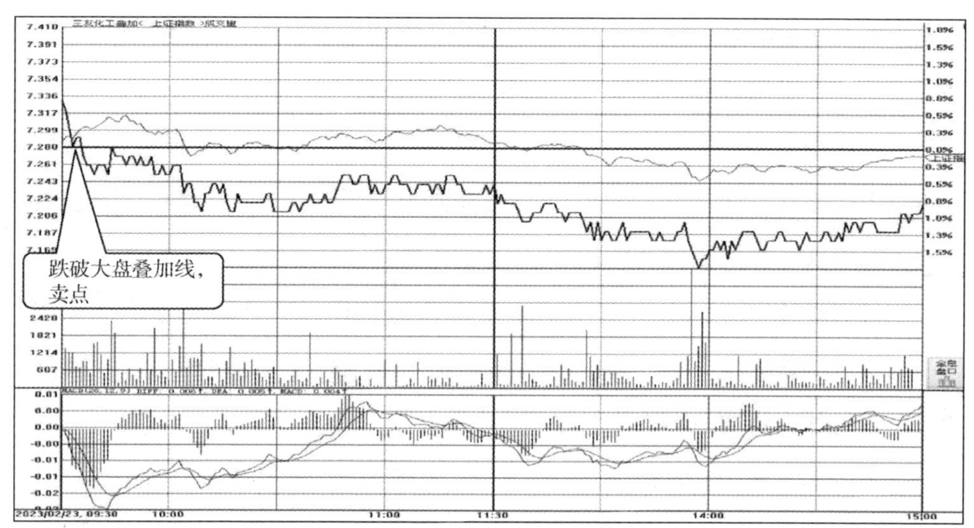


图 2－20　三友化工分时走势

1. 有时大盘和个股同时上涨，但是因为大盘上涨速度超过个股的上涨速度，出现个股分时线跌破大盘叠加线的形态。这种在上涨行情中出现的形态并不是有效的看跌信号。

2. 上证指数的代表性较强，因此投资者在深圳主板股票、中小板股票、创业板股票的分时图中叠加大盘线时，可以选择深证指数、中小板指数、创业板指数，也可以统一使用上证指数。

3. 大盘叠加线既是股价下跌的支撑，也是股价上涨的阻力。一旦股价跌破大盘叠加线，未来再次上涨时往往会在这条曲线位置遇到较强阻力。

## 2.2　按盘口量价变化买卖

### 2.2.1　买入形态 1：大买单扫货后缩量整理

大买单扫货是指大量买单主动性买入，将股价迅速向上拉升的形态。这些大量的买单可能是一笔极大的买单，也可能是连续多笔巨大的买单。其一举吞掉了多个卖出价位上的卖单，将股价迅速拉升。

当分时图中出现大买单向上扫货的形态时，显示多方极度强势。不过这时投资者应该注意两方面的风险：一是多方力量后劲不足的风险；二是股价快速上涨后获利盘涌出的风险。

如果经过快速上涨后股价能够在顶部横盘整理，而且成交量逐渐萎缩，就说明顶部的获利盘十分有限，不足以打压股价。而多方力量经过一段时间休整后很可能会将股价再次向上拉升。

如图 2－21 所示，2023 年 4 月 11 日，小商品城（600415）股价出现了一段大买单扫货的行情，将股价快速向上拉升，这显示市场上的多方力量十分强势。股价被快速拉升一段后，开始在高位缩量横盘整理。这个形态说明股价快速上涨带来的抛盘比较有限，等多方积蓄足够的力量后就会继续向上拉升。

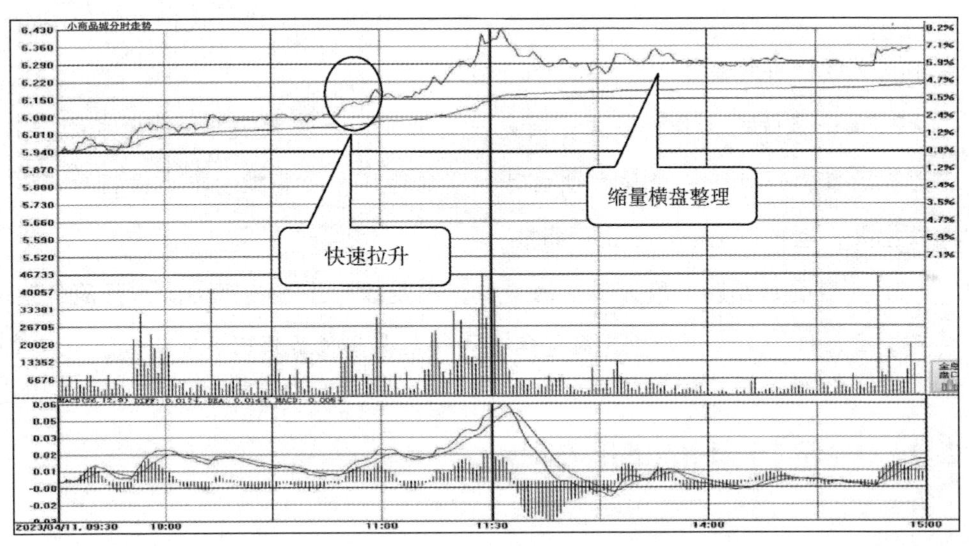


图 2－21　小商品城分时走势

如图 2－22 所示，从小商品城的分时成交列表中可以清楚地看到，自 10：48开始的几分钟内，有连续多笔大买单主动向上买入，将股价快速拉升。

投资者可能注意到，这些大单中多数标注为“↑”，也就是主动性买单，代表买盘主动成交，是强有力的向上拉升动能。这些主动性买单出现时，通常股价就要再上新台阶。

| 10:48 | 6.10↑ | 11421 | 400 | 10:49 | 6.10 | 407 | 9 |
|---|---|---|---|---|---|---|---|
| :08 | 6.10 | 122 | 20 | :08 | 6.11↑ | 398 | 8 |
| :11 | 6.10 | 100 | 14 | :11 | 6.11 | 16 | 6 |
| :14 | 6.09↓ | 119 | 24 | :14 | 6.11 | 150 | 17 |
|  | 6.09 | 2 | 2 | :17 | 6.11 | 271 | 11 |
|  | 6.09 | 3 | 2 | :20 | 6.10↓ | 1151 | 28 |
|  | 6.09 | 160 | 6 | :23 | 6.11↑ | 1413 | 67 |
|  | 6.10↑ | 873 | 45 | :26 | 6.11 | 299 | 11 |
| :29 | 6.10 | 115 | 12 | :29 | 6.12↑ | 140 | 8 |
| :32 | 6.09↓ | 263 | 11 | :32 | 6.11↓ | 964 | 24 |
| :35 | 6.10↑ | 106 | 7 | :35 | 6.12↑ | 472 | 16 |
| :38 | 6.10 | 196 | 9 | :38 | 6.12 | 494 | 33 |
| :41 | 6.10 | 104 | 6 | :41 | 6.12 | 3608 | 115 |
| :44 | 6.09↓ | 84 | 7 | :44 | 6.12 | 535 | 27 |
| :47 | 6.10↑ | 29 | 5 | :47 | 6.12 | 236 | 15 |
| :50 | 6.10 | 2159 | 7 | :50 | 6.12 | 401 | 32 |
| :53 | 6.10 | 780 | 51 | :53 | 6.12 | 958 | 12 |
| :56 | 6.10 | 322 | 94 | :56 | 6.12 | 516 | 20 |
| :59 | 6.10 | 107 | 13 | :59 | 6.12 | 972 | 20 |

大买单迅速扫货

图 2－22　小商品城分时成交

1. 当股价快速上涨后，如果成交量没有萎缩，而股价明显回落，说明上方抛盘压力巨大，未来股价可能会下跌。

2. 在股价持续上涨过程中，可能会连续出现多个类似的大胆扫货后缩量整理的行情。

3. 横盘一段时间后，当成交量再次放大时，就是继续拉升开始的信号。

## 2.2.2　买入形态 2：随股价上涨买单不断跟进

当主力强势拉升股价时，难免有获利盘涌出。为了防止这些获利盘对股价上涨造成太大影响，主力在向上买入的同时也会在下方一些重要的技术点位挂上大买单。主力这样做可以达到两个目的。

第一，减少获利盘带来的压力。前期获利盘看到下边有较强支撑，会认为股价上涨十分稳健，未来上涨空间广阔，这样他们就不会贸然卖出股票。

第二，防止股价下跌。即使有部分获利卖盘涌出，因为这些买单的支撑力量，股价也不会有太大幅度的回调。

这种步步为营的盘口形态显示主力想要稳健地持续拉升，未来股价将有较大的上涨空间。

1. 大买单出现的重要价位主要包括前期高点、前期低点、分时线位置、整数价位等。

2. 当出现这种盘口形态时，显示主力想要持续拉升股价，股价会快速上涨。投资者要想买入股票应该及时下单，必要时可以提高几个价位来确保成交。

### 2.2.3　买入形态3：大卖单被一笔吞掉

当买卖盘口中出现大笔卖单时，可能是主力在制造恐慌洗盘，也可能是主力在逐渐吸筹。无论主力是什么目的，一旦这些大卖单被一笔吞掉，就说明主力的目的已经达成，接下来将进入拉升的阶段。主力将上方卖盘一笔吞掉可以达到以下两个目的。

第一，消灭跟风卖盘。当主力在上方挂上大卖单时，会有很多跟风卖盘挂在相近的价位。主力将这些卖盘一笔吞掉，可以避免有更多的跟风卖盘出现，减少拉升股价的阻力。

第二，吸引跟风买盘。当主力一笔吞掉上方大量卖盘后，会在市场上制造一种股价放量上涨的形态，这是典型的看涨形态，会有大量跟风买盘受此影响而买入股票。

因此，主力通过大笔主动买入既减少了股价上涨阻力，又增加了股价上涨的动力，未来股价将持续上涨。

如图 2－23 所示，2023 年 1 月 6 日，杭萧钢构（600477）开盘后股价快速上涨又持续震荡，说明上方遇到较大阻力。9：56，盘口出现了大量卖单，这使股价上涨受阻。

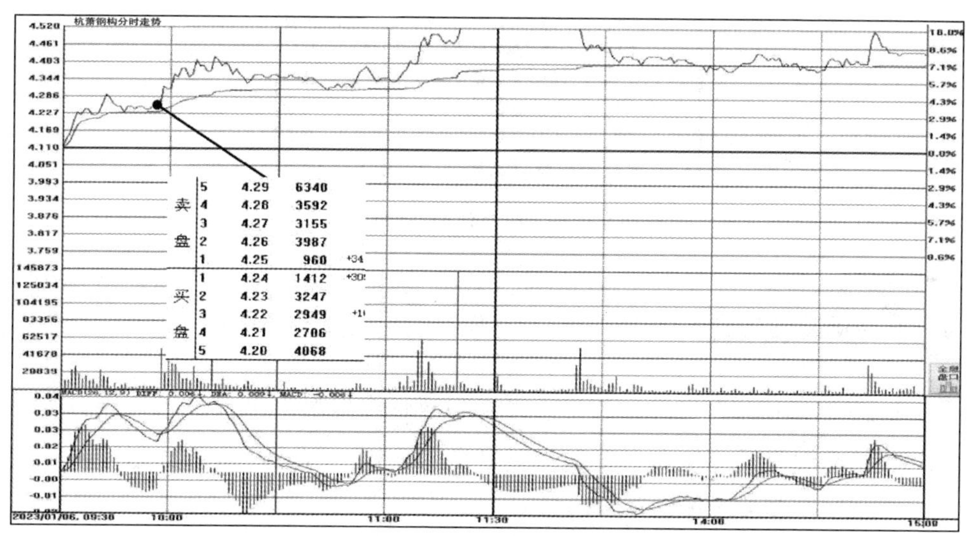


图 2－23　杭萧钢构分时走势和分时盘口

随后，股价放量上涨。大量买单将上方的卖盘压力一举吞掉，这显示主力之前压制股价的目的已经达成，开始快速拉升。

如图 2－24 所示，从杭萧钢构这段时间的分时成交明细可以看出，出现了一笔 41765 手的大成交单将股价向上拉升。这也验证了有市场主力正在集中力量买入股票的信号。

这样的形态出现后，会使市场上多方情绪高涨，空方压力有限，未来股价将持续上涨。

| | | | |
|---|---|---|---|
| 09:57 | 4.24↓ | 145 | 73 |
| :05 | 4.24 | 42 | 4 |
| :08 | 4.25↑ | 17 | 3 |
| :10 | 4.25 | 40 | 2 |
| :13 | 4.25 | 159 | 3 |
| :16 | 4.24↓ | 174 | 7 |
| :19 | 4.25↑ | 54 | 2 |
| :22 | 4.25 | 8 | 1 |
| :25 | 4.25 | 1 | 1 |
| :28 | 4.25 | 21 | 1 |
| :31 | 4.25 | 73 | 5 |
| :41 | 4.25 | 374 | 12 |
| :44 | 4.31↑ | 41765 | 774 |
| :47 | 4.30↓ | 1148 | 66 |
| :50 | 4.31↑ | 2713 | 23 |
| :53 | 4.31 | 1827 | 40 |
| :56 | 4.31 | 565 | 21 |
| :59 | 4.32↑ | 468 | 85 |

图 2－24　杭萧钢构分时成交

1. 大卖单只有被一笔吞掉才能充分调动散户的看多热情。这将有利于主力快速拉升股价。如果主力是用小买单向上逐渐吃进，未来股价也可能持续上涨，但上涨速度会比较慢。

2. 上方的大卖单中往往多数是跟风盘，也有部分主力用来压制股价的大卖单。主力向上买入时会连自己的卖单也一并吃掉。这样可以让成交量迅速放大，制造股价放量上涨的形态。

3. 在拉升过程中，投资者不必急于追高。股价每被快速拉升一段后往往会有小幅整理的过程，此时投资者可以伺机买入。

## 2.2.4　买入形态 4：收盘有大买单但股价不涨

当买卖盘口中出现一笔买单明显超过其他位置的买单一个数量级，那这笔买单很可能就是主力有意为之。如果直到一个交易日收盘时买卖盘口中仍然有大买单，但收盘前股价并没有快速上涨，就说明主力挂这笔买单的目的绝不是买入股票，而仅仅是挂在上边给散户看的。主力挂大买单的目的主要有以下几种。

第一，保持 K 线形态完好。当大盘走弱时，主力会使用这样的大买单确保收盘价在某个价位之上，以保证 K 线形态完好。例如，保证收盘价在 10 日均线上方，或者保证 K 线完成一个看涨形态。主力这样做虽然没有直接拉升股价，但可以为之后的拉升做铺垫。

第二，故意暴露自己。主力在买盘位置挂上巨大买单就等于明确地告诉散户，这只股票有主力在操作，并且这个主力不希望股价下跌。很多散户可能就会跟风买入。而主力则能够在自己不费力拉升的情况下使股价上涨。如果一只股票当前价位离出货目标价位还有一定距离，主力可能会采用这种诱多的手法。

如图 2－25 所示，2023 年 7 月 27 日收盘前，凌云股份（600480）在其买盘位置有多笔较大的买单，这些买单显然是主力的手笔。但股价并没有大幅上涨，这说明主力挂这笔买单的目的并不是买入股票或者拉升股价，只是防止股价下跌。

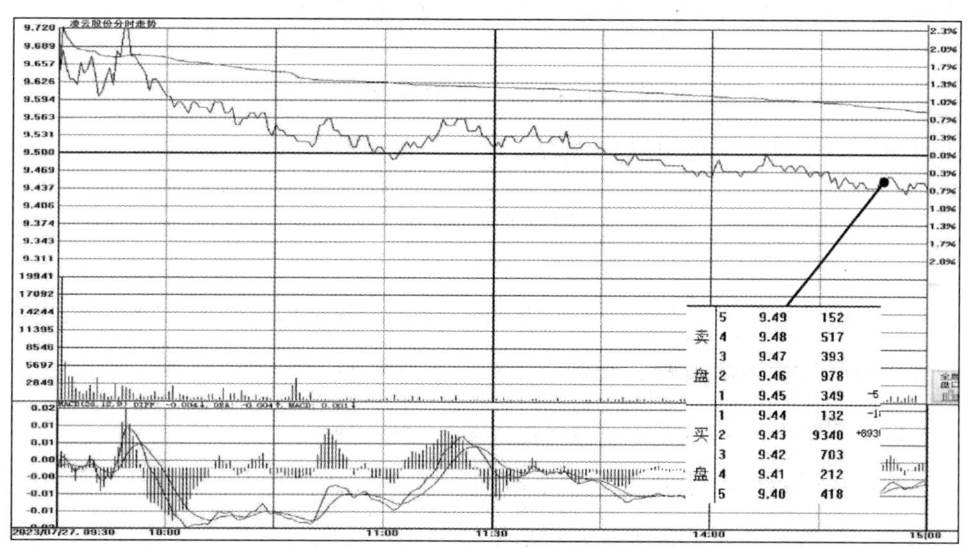


图 2－25　凌云股份分时走势和分时盘口

从该股分时线位置可以看出，收盘前其股价已经跌至前日收盘价以下。如果主力放任股价不管，当日股价很可能会以下跌收盘，届时可能会有大量散户看空后市，卖出股票。

主力使用大买盘托市的目的只是防止股价以下跌收盘，给市场以信心。这显示当前价位离主力的目标价位还有一定距离，而主力在真正拉升股价前还要稍做调整。

**实战经验**

1. 这样的盘口透漏的第一个信息是主力认为自己已经持有足够股票，并不愿意再大量买入，未来股价上涨时很可能不会出现主力大量买入股票造成的快速上涨行情。

2. 这样的盘口透漏的另一个信息是主力不急于匆忙拉升股价，未来的拉升过程必定是稳扎稳打。很有可能的情况是主力不断诱多，股价在散户的推动下不断上涨。

## 2.2.5　卖出形态1：大卖单砸盘后缩量整理

大卖单砸盘是指股价在短期内被一笔极大卖单，或者多笔连续的巨大卖单打压，造成股价迅速下跌的形态。当有大卖单砸盘时，显示市场上可能有突发利空消息，或者有主力在刻意制造利空气氛，这对投资者信心将是极大打击。

如果股价快速下跌后不能快速反弹，而是在低位横盘整理，就说明此前的大卖单已经让多数投资者都看空后市，虽然砸盘卖单暂时消失，但抄底买入的投资者仍旧十分稀少，未来股价可能会持续下跌。

如图2－26所示，2023年7月10日，京能电力（600578）股价开盘后高开高走，但很快就在高位遭遇大卖单砸盘，股价迅速被砸穿几个价位。此后，股价并没有出现快速反弹，而是在低位短暂横盘整理。这个形态说明市场上的买盘十分稀少，股价快速下跌已经让投资者看空后市，未来股价将继续下跌。

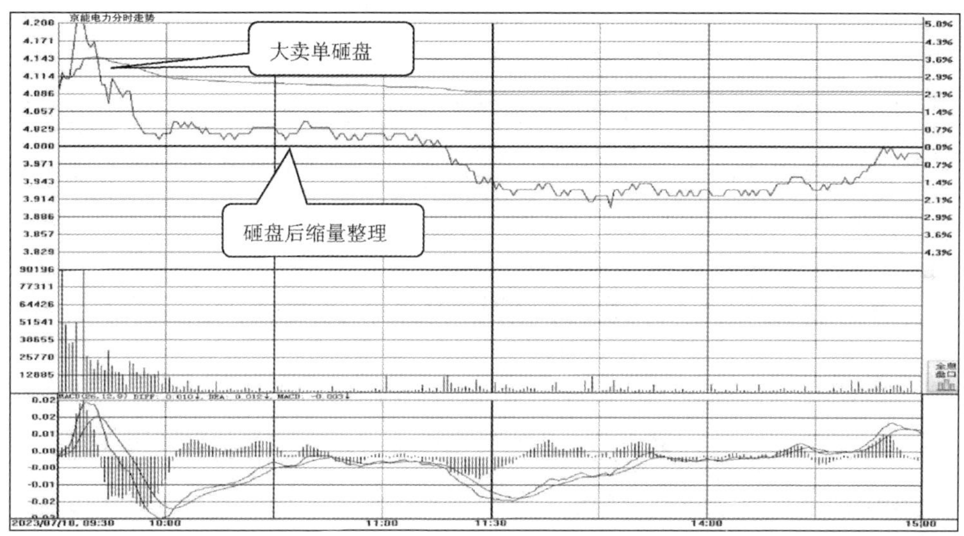


图 2－26　京能电力分时走势

如图 2－27 所示，通过京能电力这段时间的分时成交情况，投资者可以进一步了解这段时间主力砸盘的凶猛程度。几分钟内，连续出现大笔卖单，将股价向下打压。虽有少量买单向上买入，但股价很难上涨。

| | | | | | | | |
|---|---|---|---|---|---|---|---|
| 09:36 | 4.19↓ | 68887 | 3K | 09:37 | 4.19 | 1770 | 70 |
| :25 | 4.20↑ | 472 | 22 | :07 | 4.18↓ | 2223 | 53 |
| :28 | 4.20 | 1381 | 135 | :10 | 4.19↑ | 1964 | 202 |
| :31 | 4.20 | 1091 | 74 | :13 | 4.18↓ | 1339 | 55 |
| :34 | 4.20 | 4122 | 106 | :16 | 4.18 | 968 | 35 |
| :37 | 4.20 | 730 | 42 | :19 | 4.18 | 808 | 39 |
| :40 | 4.20 | 3555 | 112 | :22 | 4.18 | 5114 | 381 |
| :43 | 4.20 | 1726 | 96 | :25 | 4.18 | 1007 | 116 |
| :46 | 4.20 | 2631 | 101 | :28 | 4.18 | 2258 | 92 |
| :49 | 4.20 | 2344 | 96 | :31 | 4.18 | 1686 | 115 |
| :52 | 4.20 | 1702 | 94 | :34 | 4.18 | 350 | 36 |
| :55 | 4.20 | 705 | 72 | :37 | 4.16↓ | 301 | 22 |
| :58 | 4.20 | 850 | 40 | :40 | 4.18↑ | 464 | 37 |
| | | | | :43 | 4.18 | 318 | 63 |
| | | | | :46 | 4.18 | 583 | 51 |
| | | | | :49 | 4.18 | 375 | 41 |
| | | | | :52 | 4.17↓ | 776 | 111 |
| | | | | :55 | 4.16↓ | 1391 | 128 |
| | | | | :58 | 4.17↑ | 684 | 29 |

图 2－27　京能电力分时成交

1. 砸盘后横盘整理过程可能持续几分钟到几小时不等。股价在低位横盘时间越长，说明多方力量越萎靡，未来股价上涨的可能性也就越小。

2. 大卖单砸盘后如果股价上涨，必须有成交量放大的配合，而且股价涨幅要基本弥补之前的跌幅。否则这种上涨只能算是下跌途中的回调整理，不能被当作下跌行情结束的信号。

## 2.2.6 卖出形态2：股价持续横盘且买卖盘稀少

如果股价持续横盘整理超过1小时，且在此期间成交量低迷，买卖委托单十分稀少，说明投资者对这只股票的操作十分犹豫。很少有投资者因为看好股票而买入，而想要卖出的投资者则犹豫不决。一旦股价横盘了足够长的时间，看淡后市的卖单会集中出现。这将打压股价，使看好后市的投资者会越来越少，造成股价持续下跌。

如图2－28所示，2023年6月27日，云赛智联（600602）股价在经过一

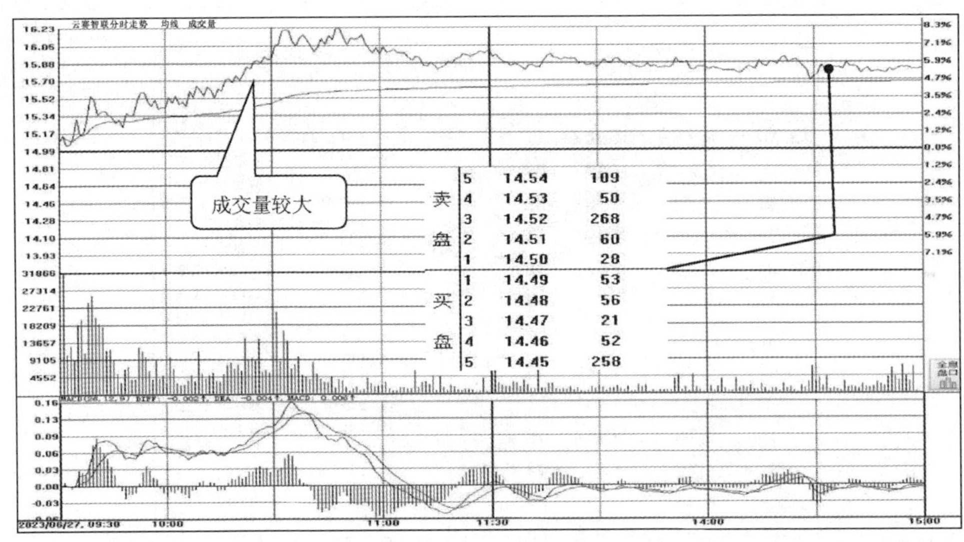


图2－28　云赛智联分时走势和分时盘口

波上涨走势后冲高回落，从上午 11：00 开始分时线进入持续横盘整理行情中。在整理过程中，买卖委托稀少，成交量也持续萎靡。这说明持币的投资者都不看好后市，而持股的投资者又都在犹豫。这样震荡超 2 个半小时后，持股投资者终将失去耐心，股价开始被向下打压，后市股价将出现一波下跌走势，如图 2－29 所示。

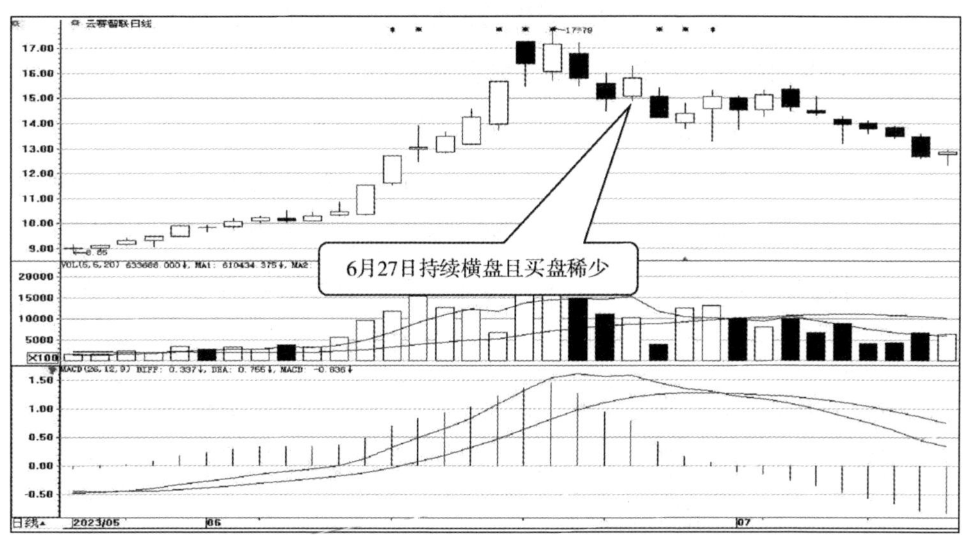


图 2－29　云赛智联日 K 线

1. 因为多数投资者都是单向的多头思维，持币的投资者一旦看好后市就会坚决买入，生怕股价上涨自己失去机会。如果在股价持续横盘过程中买盘稀少，表示确实很少有投资者看好此股。

2. 股价持续横盘过程中，卖盘稀少并不是说明看淡后市的投资者很少，而是说明虽然有部分投资者看淡后市，但他们不愿卖出，犹豫不决，希望股价上涨后卖个高价。

3. 该形态中股价持续横盘的时间越长，未来下跌的可能性就越大，而且下跌幅度也会越大。

### 2.2.7　卖出形态3：股价上涨后买单跟进无力

在主力快速拉升股价时，如果后边不断有大买单挂在一些重要的价位上，就显示主力在步步为营地拉升股价。相反，如果股价快速上涨后并没有大买单跟进，说明主力拉升股价并不坚决。这种盘口会给人一种“后方空虚”的感觉。随着股价上涨，多方跟风买进的信心会越来越弱。当股价上涨到一定的高位后，获利盘会大量涌出，造成股价下跌。

这种盘口形态出现时，主力可能有两个目的。

第一，之前股价快速上涨本身是由散户推动的。这次上涨并不在主力的操作计划之中，而主力在当前阶段也不希望股价快速上涨。因为是散户的自发行为，所以股价上涨不会有买盘逐渐跟进，而股价下跌时也不会有护盘资金出现。

第二，主力吸筹后故意让股价回落。之前股价快速上涨可能是主力在买入股票建仓。主力买入部分股票后，因为感觉持股数量还不够，就会让股价自由回落，这样主力可以继续在低位吸筹。

如图2－30所示，2023年6月6日，上海能源（600508）股价在上午临近收盘前突然上涨，但是在上涨过程中成交量并没有持续放大，也没有在一些重要的技术点位上出现大买单。这样的盘口显示股价上涨可能是由散户自发推动的。随着股价上涨，跟风买进的力量会越来越弱，投资者信心也会逐渐丧失，这样的上涨行情难以持续。

如图2－31所示，从上海能源的分时成交中，投资者也可以看出这段时间该股没有大买单持续跟进。连续几分钟的成交明细中，很少出现超过100手的成交。在这样的行情中，投资者的交易热情很难被调动起来，该股也就很难持续上涨。

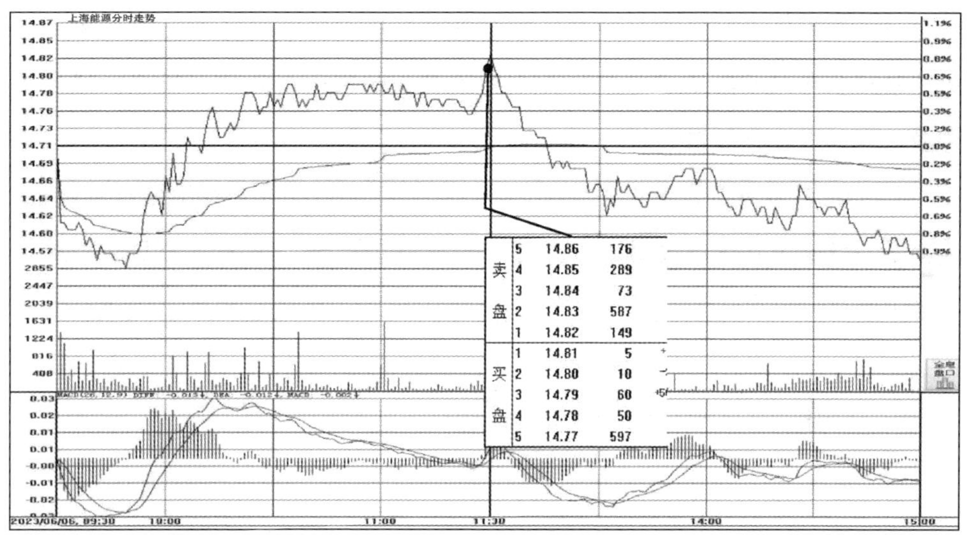


图 2－30　上海能源分时走势和分时盘口

| | | | | | | | | | | | |
|---|---|---|---|---|---|---|---|---|---|---|---|
| 11:27 | 14.78↑ | 2 | 2 | 11:28 | 14.78 | 2 | 2 | 11:29 | 14.82↑ | 8 | 7 |
| :04 | 14.78 | 2 | 2 | :04 | 14.79↑ | 2 | 2 | :10 | 14.82 | 1 | 1 |
| :07 | 14.78 | 3 | 3 | :07 | 14.79 | 3 | 3 | :22 | 14.82 | 102 | 4 |
| :10 | 14.78 | 7 | 7 | :10 | 14.79 | 3 | 3 | :25 | 14.82 | 2 | 2 |
| :13 | 14.78 | 3 | 3 | :13 | 14.79 | 7 | 4 | :28 | 14.82 | 2 | 2 |
| :16 | 14.78 | 5 | 5 | :16 | 14.79 | 3 | 3 | :31 | 14.82 | 6 | 4 |
| :19 | 14.78 | 5 | 4 | :19 | 14.79 | 3 | 3 | :34 | 14.82 | 2 | 2 |
| :22 | 14.78 | 2 | 2 | :22 | 14.79 | 2 | 2 | :37 | 14.82 | 8 | 7 |
| :25 | 14.78 | 3 | 3 | :28 | 14.77↓ | 1 | 1 | :40 | 14.82 | 3 | 3 |
| :28 | 14.77↓ | 4 | 4 | :34 | 14.79↑ | 1 | 1 | :43 | 14.82 | 5 | 5 |
| :31 | 14.77 | 5 | 4 | :37 | 14.82↑ | 1003 | 62 | :46 | 14.82 | 4 | 4 |
| :34 | 14.77 | 1 | 1 | :40 | 14.81↓ | 1 | 1 | :49 | 14.81↓ | 11 | 11 |
| :37 | 14.78↑ | 34 | 4 | :49 | 14.81 | 31 | 15 | :52 | 14.83↑ | 58 | 9 |
| :43 | 14.78 | 1 | 1 | :52 | 14.81 | 8 | 1 | :55 | 14.83 | 5 | 5 |
| :46 | 14.78 | 2 | 2 | :55 | 14.82↑ | 4 | 1 | :58 | 14.83 | 64 | 5 |
| :49 | 14.78 | 2 | 2 | :58 | 14.81↓ | 2 | 1 | | | | |
| :52 | 14.78 | 3 | 3 | | | | | | | | |
| :55 | 14.78 | 4 | 4 | | | | | | | | |
| :58 | 14.78 | 53 | 7 | | | | | | | | |

图 2－31　上海能源分时成交

1. 无论上涨是散户自发行为还是主力在吸筹，一旦在上涨过程中出现这

种盘口形态就说明股价在短期内可能会见顶下跌。因此投资者看到这种形态时，最好先卖出股票来规避风险。如果投资者认为这是主力在吸筹，可以等到拉升开始时再将股票买回。

2. 如果随着股价上涨，不仅没有买单跟进，而且上方抛盘压力越来越大，成交量持续萎缩，这就说明主力无意让股价持续上涨，未来股价见顶下跌的可能性会更大。

# 第 3 章

# 根据K线形态找买卖点

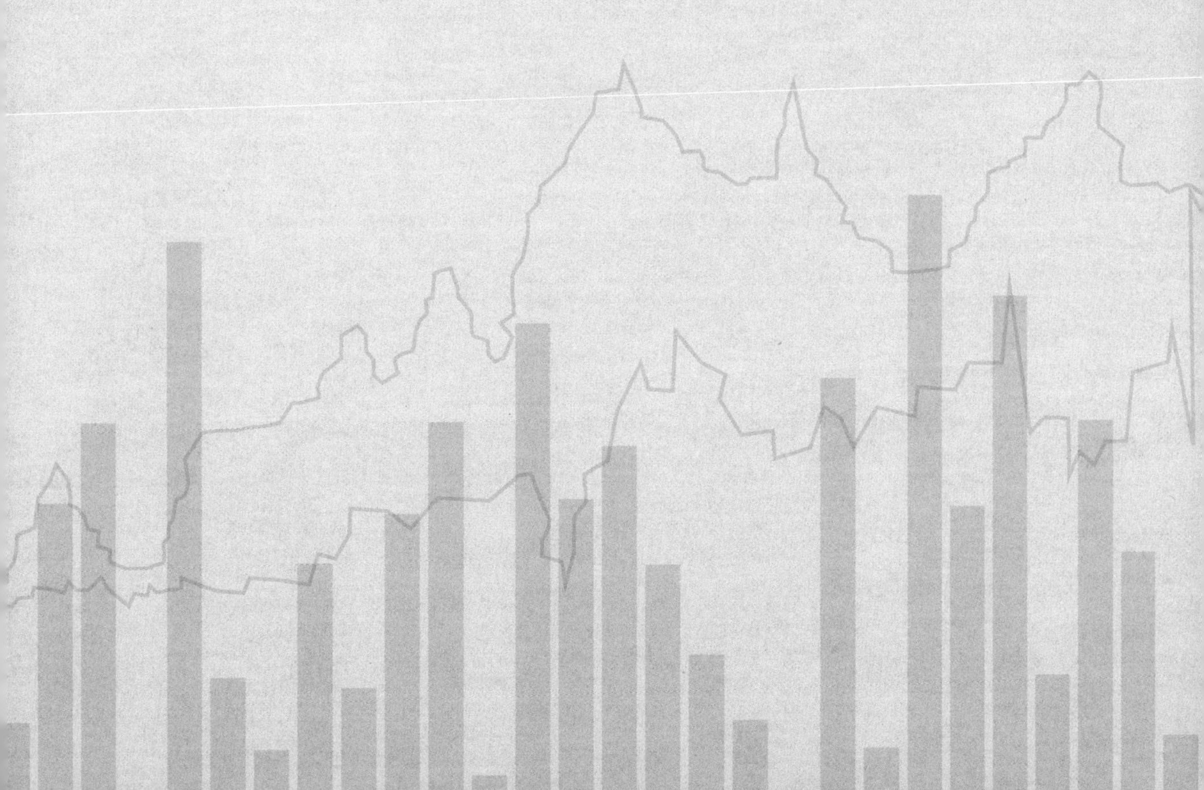

K 线是反映价格在某一时间周期内波动情况的图表，它由开盘价、收盘价、最高价、最低价 4 个要素构成。若当日收盘价高于开盘价，表明价格处于上涨状态，此时 K 线为阳线，多用红色表示；若当日收盘价低于开盘价，则表明价格处于下跌状态，此时 K 线为阴线，多用黑色或绿色表示。在本书中，阳线用白色实体表示，阴线用黑色实体表示，如图 3－1 所示。

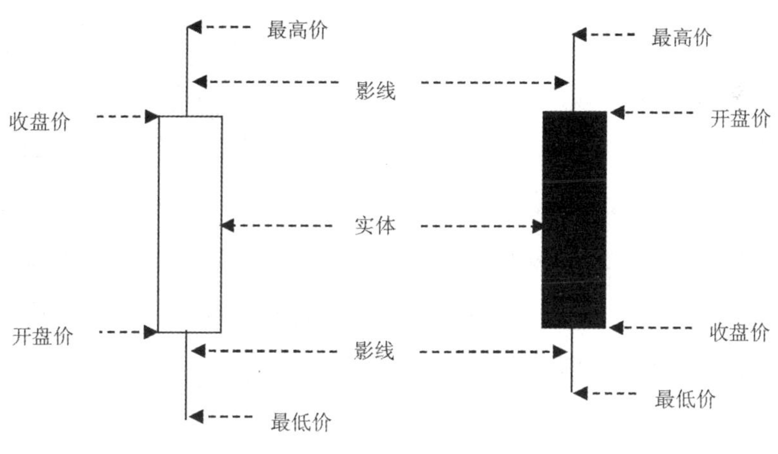


图 3－1　K 线中的阳线和阴线

## 3.1　按单根 K 线的 4 种形态买卖

K 线图上面有各式各样的 K 线，那么新手如何分析单独一根 K 线呢？这里简单介绍一下看 K 线的基本方法。

1. **看阴阳**

阴阳代表趋势方向，阳线代表将继续上涨，阴线代表将继续下跌。以阳线为例，在经过一段时间的多空拼搏，收盘价高于开盘价表明多头占据上风。根据惯性，若空方力量不再增加，则价格仍将按原有方向与速度运行，因此阳线预示下一阶段仍将继续上涨，最起码能保证下一阶段惯性上冲。故阳线往往预示着继续上涨，这一点也极为符合技术分析中三大假设之一“股价沿趋势波动”，而这种顺趋势而为也是技术分析最核心的思想。同理可得阴线继续下跌。

2. **看实体大小**

实体大小代表内在动力，实体越大，上涨或下跌的趋势越明显，反之越不明显。以阳线为例，其实体就是收盘价高于开盘价的那部分，阳线实体越大说明上涨的动力越足，同理可得阴线实体越大，下跌动力也越足。

3. **看影线长短**

影线是转折信号，向一个方向的影线越长，越不利于股价向这个方向运动，即上影线越长，越不利于股价上涨；下影线越长，越不利于股价下跌。以上影线为例，在经过一段时间多空斗争之后，多头终于败下阵来。不论 K 线是阴还是阳，上影线部分已构成下一阶段的上涨阻力，股价向下调整的概率较大。同理可得下影线越长，预示着股价向上攻击的概率越大。

### 3.1.1　买入形态 1：大阳线

一般而言，当 K 线涨幅达 5% 以上时，称为大阳线，如图 3 – 2 所示。大阳线表示买盘相当强劲，后市看涨。如果在低价区域突然出现大阳线，新手可以追涨买进。在长期盘整之后突然出现大阳线，投资者也可果断买进。

如图 3 –3 所示，2023 年 1 月 10 日，天富能源（600509）的日 K 线图上出现了大阳线。股价在低位缓缓上涨一段时间后突然出现大阳线，且伴随着

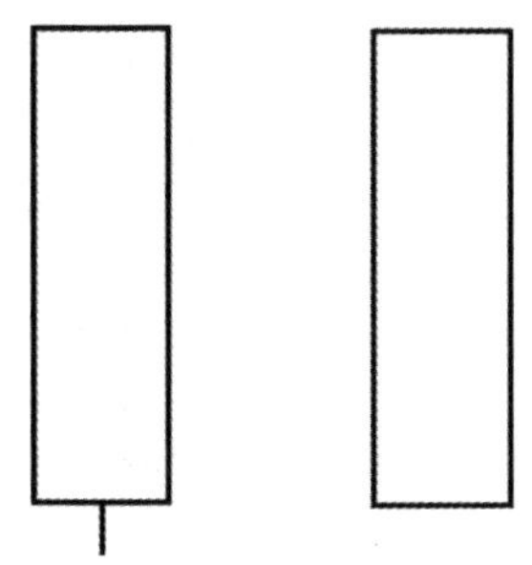

图 3－2　买入形态 1：大阳线

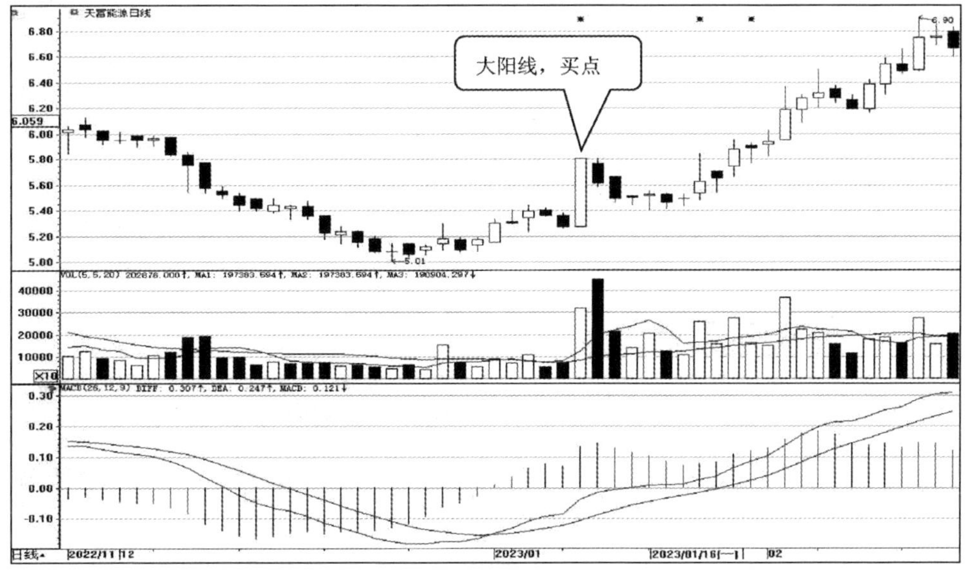


图 3－3　天富能源日 K 线

成交量的大幅放大，后市看涨，新手此时可以买入股票。此后，股价上涨趋势确定，持续上涨。

如图 3－4 所示，2021 年 11 月 4 日，贵航股份（600523）在经过一波缓缓震荡走势之后，日 K 线图上出现了大阳线，同时股价在 20 日均线上方站稳。第二个交易日，股价继续向上收出一根阳线，表明上涨势头并未改变。此后，股价持续上涨。新手可以在大阳线出现时买入股票。

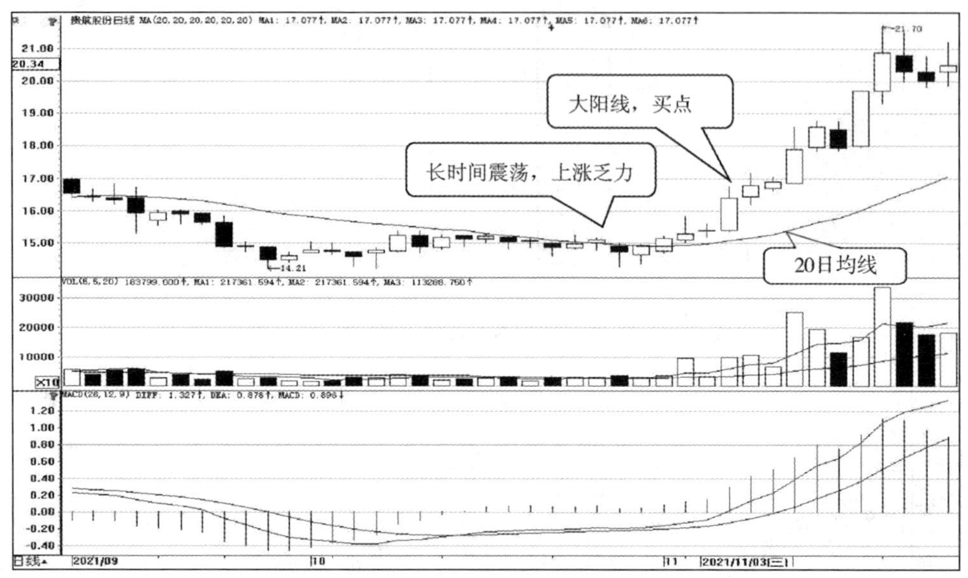


图 3－4　贵航股份日 K 线

1. 大阳线出现在下跌行情的底部时，往往伴随着较大的成交量。

2. 若股价在底部大阳线之后出现连续上涨，预示该股很强势，投资者可追涨买入。

3. 若股价在底部大阳线之后有回调，只要回调幅度不跌破阳线实体的 1/2，投资者可在回调处加仓买入，否则卖出。

### 3.1.2　买入形态 2：低位锤子线

锤子线的形状类似于锤子，其实体部分很小，下影线很长，其下影线长度至少是实体的 2 倍，且其上影线很短或没有上影线，如图 3－5 所示。锤子线出现在下跌行情底部，表明空方力量衰竭，多方力量增强，股价将见底，后市上涨概率较大。

如图 3－6 所示，2022 年 10 月 31 日，中铁工业（600528）的股价在经过

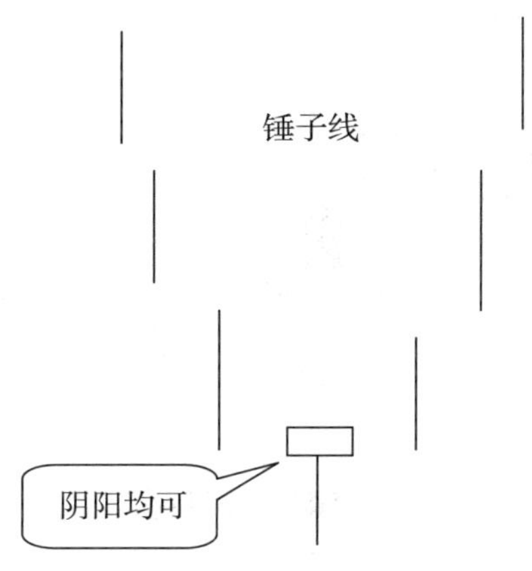


图3－5　买入形态2：锤子线

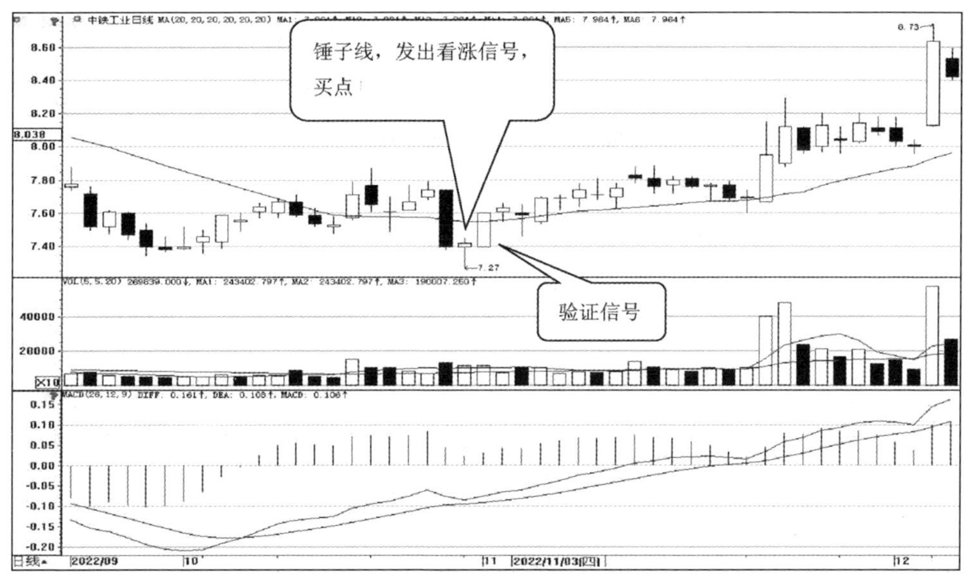


图3－6　中铁工业日K线

前一日的中阴线后收出一根锤子线，发出见底信号，投资者可以据此买入。随后，该股股价超越了锤子线实体的最高点，更验证了买点的可靠性。

如图3－7所示，2023年6月28日，时代出版（600551）在一波急速下跌走势后出现了K线锤子线形态，预示短期内多方力量变强，走势上可能出现一波上涨行情，投资者此时可以买入股票。次日，股价低开高走，验证了该信号的可靠性。

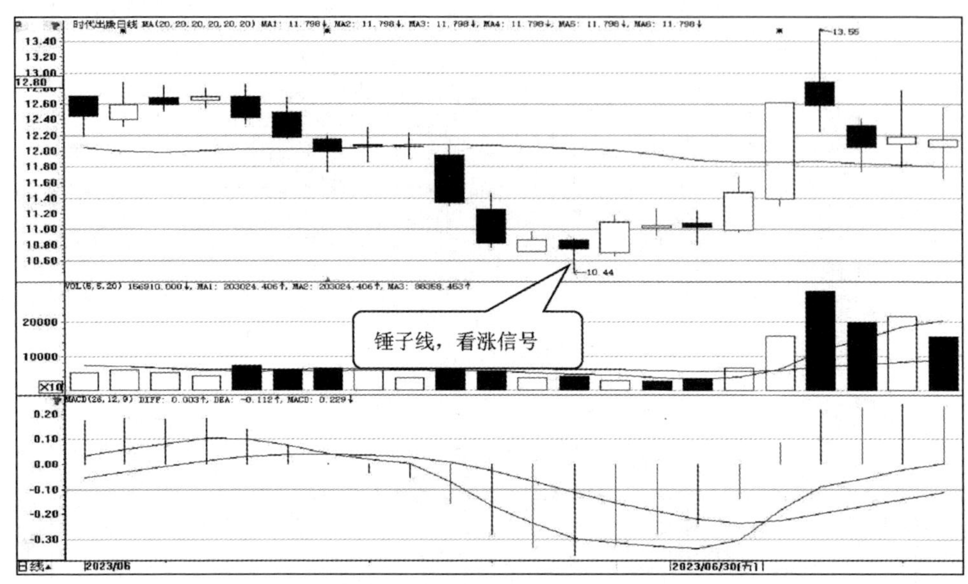


图 3－7　时代出版日 K 线

实战经验

1. 若第二个交易日股价突破锤子线最高价，投资者可以买入股票。若股价再次跌破该形态底部，则投资者应卖出股票。

2. 锤子线的实体部分可以为阳线也可以为阴线，通常来说，阳线锤子线的看涨信号更强烈。

## 3.1.3　买入形态 3：低位倒锤子线

倒锤子线基本是锤子线的倒置形态，在下跌趋势中出现，实体较小，且实体处于当日价格的低端位置。K 线的实体带有长长的上影线，上影线长度是实体长度的两倍或以上，实体是阳线或阴线均可，通常无下影线（即使有也极短），如图 3－8 所示。

在低位出现倒锤子线，说明在下降趋势中多方开始发动反击，虽然收盘时空方又将股价打压下来，但是多方的反击力量已经颇能鼓舞人心，行情反

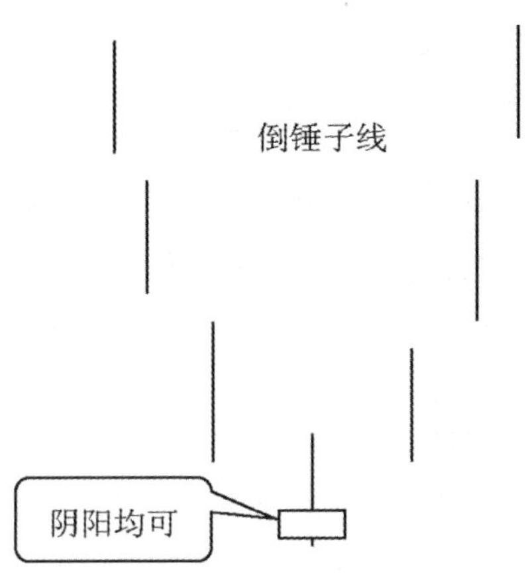


图 3－8　买入形态 3：低位倒锤子线

转迹象开始显现。低位倒锤子线出现后的下一个交易日，若收盘价能够越过倒锤子线的实体，则构成买点。

如图 3－9 所示，2023 年 3 月 20 日，东阿阿胶（000423）的股价在经过前一日的大阴线后收出一根倒锤子线，发出见底信号，说明在下跌中多方开始发动反击。次日，该股股价超越了倒锤子线实体的最高点，买点出现。

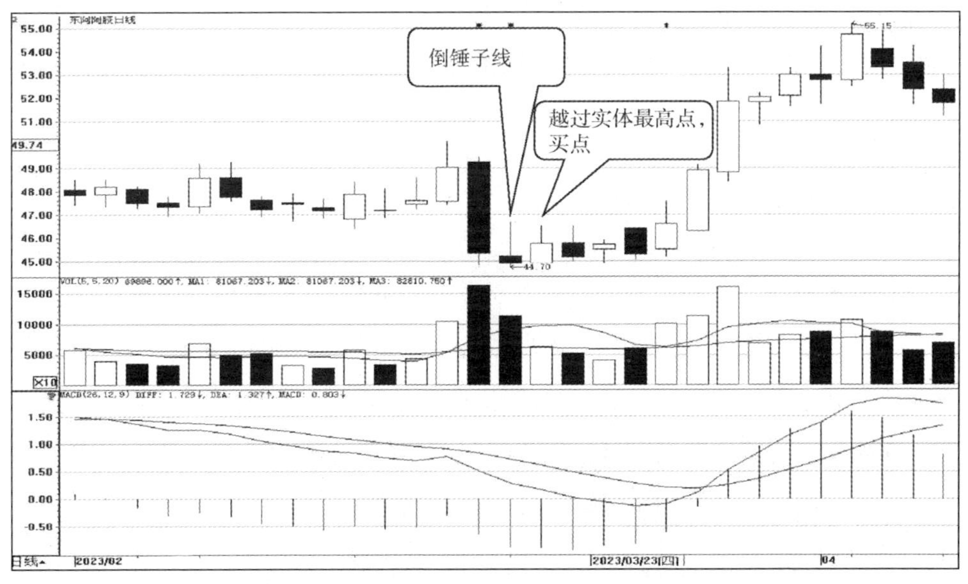


图 3－9　东阿阿胶日 K 线

如图 3 - 10 所示，2022 年 10 月 10 日，珠海港（000507）的股价在经过一波下跌走势后收出一根倒锤子线，发出见底信号，说明在下跌中多方开始发动反击，但被空方打压。次日，该股股价低开高走，多空经过激烈搏杀后多方占据上风，超越了倒锤子线实体的最高点，买点出现，投资者可短线买入。

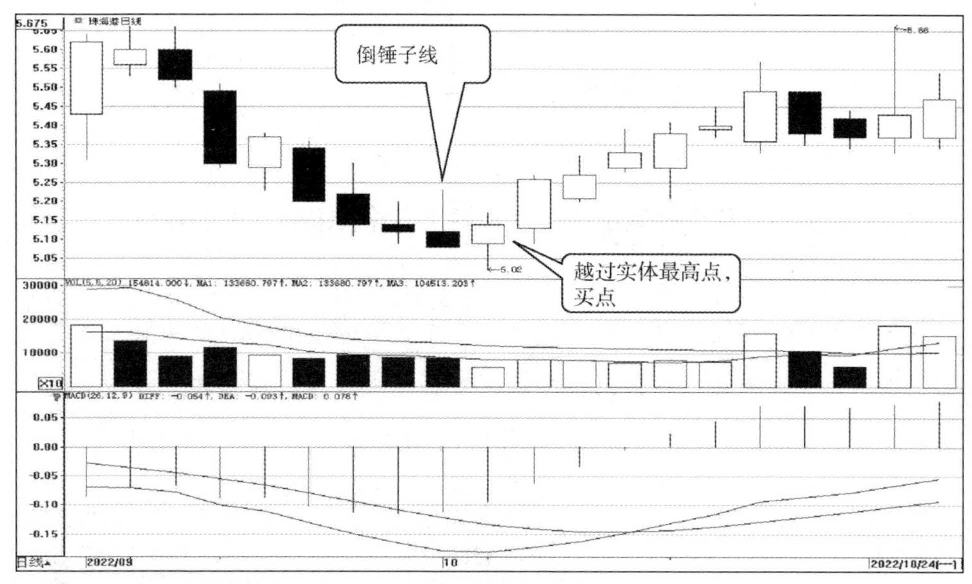


图 3 - 10　珠海港日 K 线

## 3. 1. 4　卖出形态 1：大阴线

当 K 线跌幅达 5% 以上时，称为大阴线，如图 3 - 11 所示。大阴线表示卖盘强劲，后市看跌，但在不同的阶段，应区别对待。在高价区出现大阴线时，是股价反转之兆，投资者应卖出股票，走为上策。在盘整之后，出现大阴线时，表示多数投资者看淡后市，此时投资者应卖出股票。在低价区出现大阴线时，市场的卖压并非较大，投资者可持观望态度。

如图 3 - 12 所示，2023 年 6 月 21 日，天下秀（600556）在经过一波加速上涨走势后日 K 线图上出现了高位大阴线。股价上涨一段时间后出现高位大

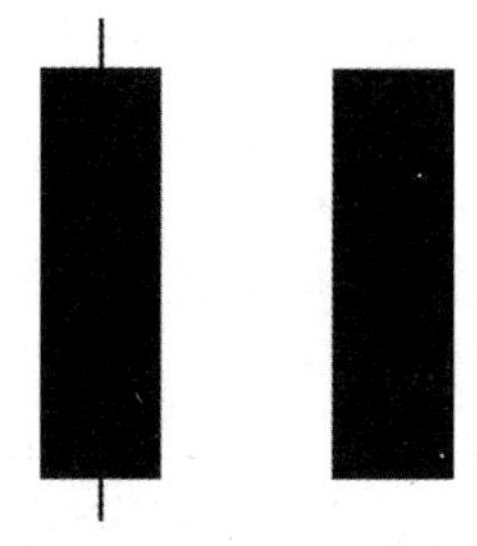

图 3－11　卖出形态 1：大阴线

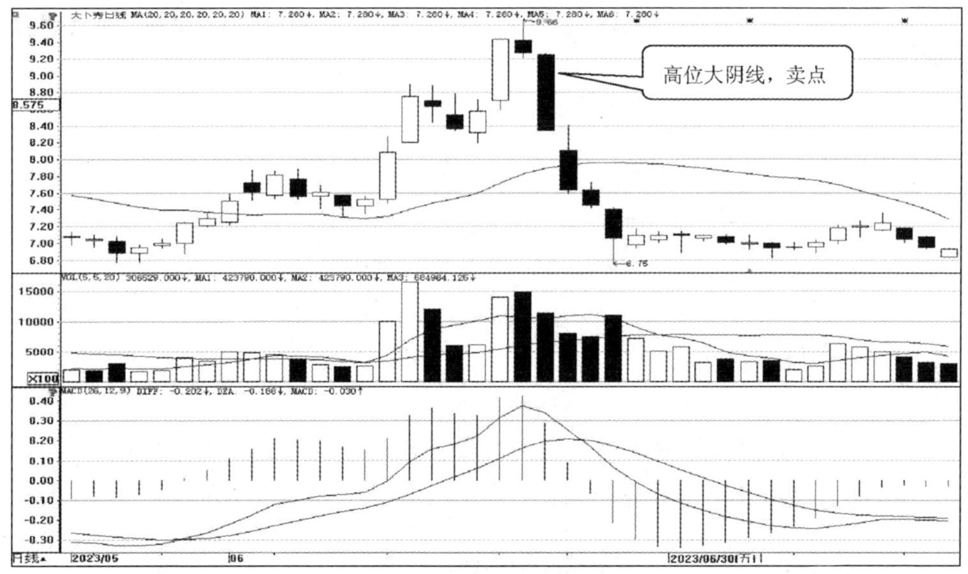


图 3－12　天下秀日 K 线

阴线，预示主力疯狂出货，股价彻底反转向下概率较大，投资者可以在大阴线出现后卖出股票。

如图 3－13 所示，2023 年 2 月 6 日，中毅达（600610）日 K 线图上出现了放量高位大阴线。股价在高位震荡一段时间后，出现放量高位大阴线，且跌破 20 日均线，表明卖盘开始占据主导地位，下跌趋势确立，投资者应卖出股票。随后股价持续下跌，验证了该卖出信号的可靠性。

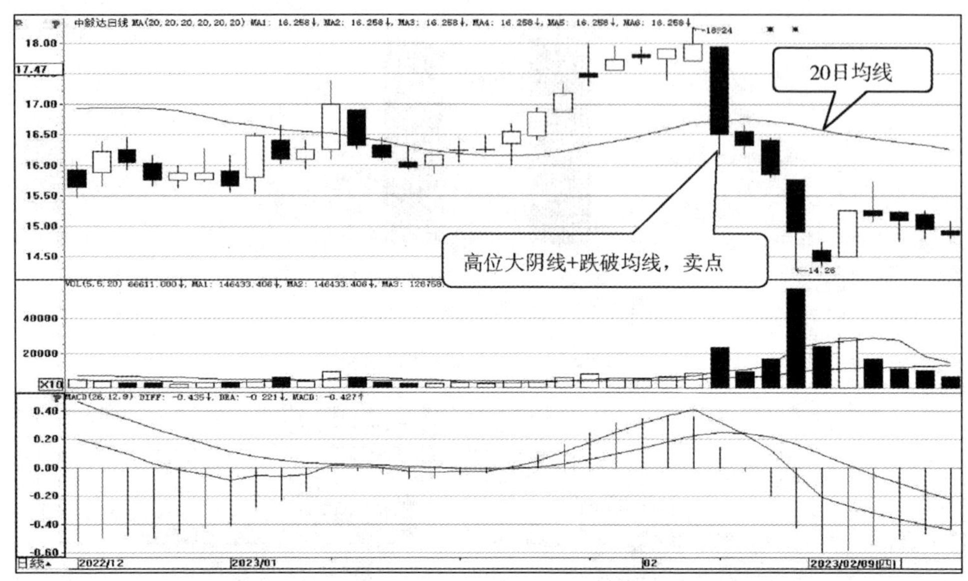


图 3-13 中毅达日 K 线

1. 大阴线出现在下跌行情的初期，往往伴随着较明显的看跌信号。

2. 若股价经过持续下跌，在底部出现大阴线，之后股价回升，则预示着该股发生反转，投资者可考虑追涨买入。

### 3.1.5 卖出形态2：上吊线

上吊线是高位的锤子线，如图 3-14 所示。上吊线出现在上涨行情中，表示股价上涨受阻，盘中股价遇到压力大幅下跌，虽然股价最终被托回开盘价附近，但空方力量已经显现，多方力量也已经消耗严重，股价有见顶下跌的趋势。因此，上吊线是股价见顶的看跌信号。投资者可在上吊线出现的时候卖出部分持股，下一个交易日若股价继续下跌要注意及时清仓。

如图 3-15 所示，2023 年 2 月 7 日，前期大幅上涨的华塑控股（000509）

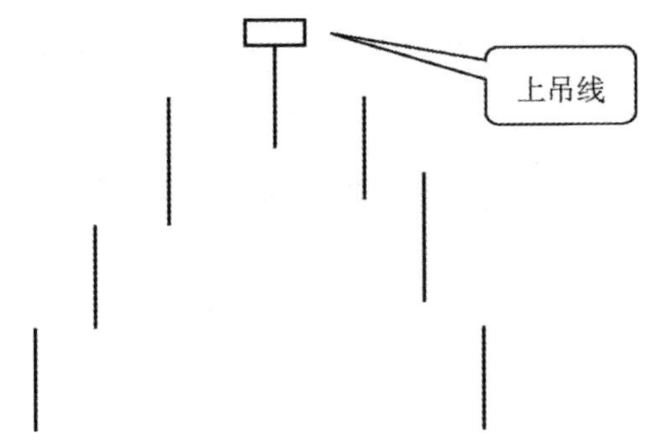


图 3－14　卖出形态 2：上吊线

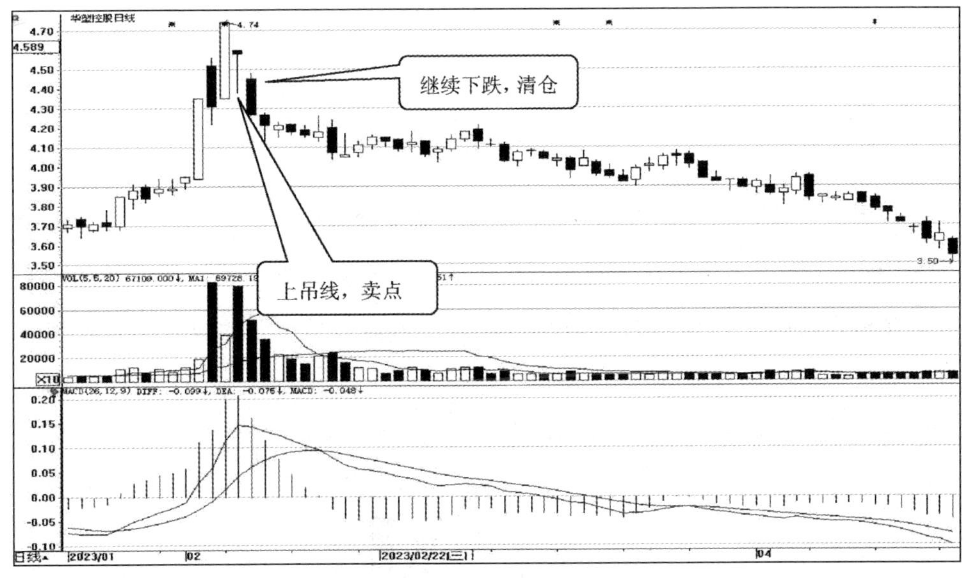


图 3－15　华塑控股日 K 线

K 线图中出现上吊线，开盘创出当日最高价，盘中留下了一根长长的下影线。该形态表明上方卖出股票的压力较大，为卖出信号，投资者要注意及时卖出。次日，股价跳空低开后继续下跌，验证该信号的可靠性，这是下跌趋势出现的信号，还没出场的投资者要注意及时清仓。

## 3.1.6　卖出形态 3：流星线

流星线往往出现在上涨行情中的顶部，其形状像流星在天空中划过一样，

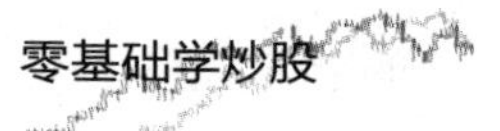

表明顶部已经来临，如图 3 – 16 所示。如出现流星线，投资者可以先卖出一部分股票。若下一个交易日继续下跌，投资者要全部卖出。流星线的实体部分很小，上影线很长，其上影线长度至少是实体的 2 倍。

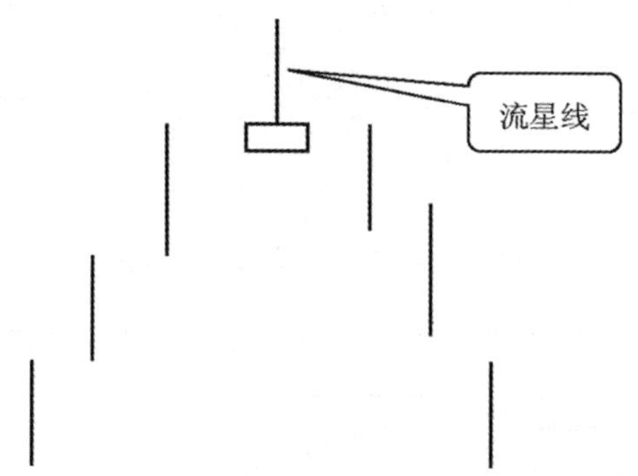


图 3 – 16　卖出形态 3：流星线

如图 3 – 17 所示，2023 年 3 月 24 日，前期持续上涨的南华生物（000504）K 线图中出现流星线，创出当日最高价后，留下了一根长长的上影线。该形态表明上方卖出股票的压力较大，为卖出信号。次日，股价跳空低开，验证该信号的可靠性。

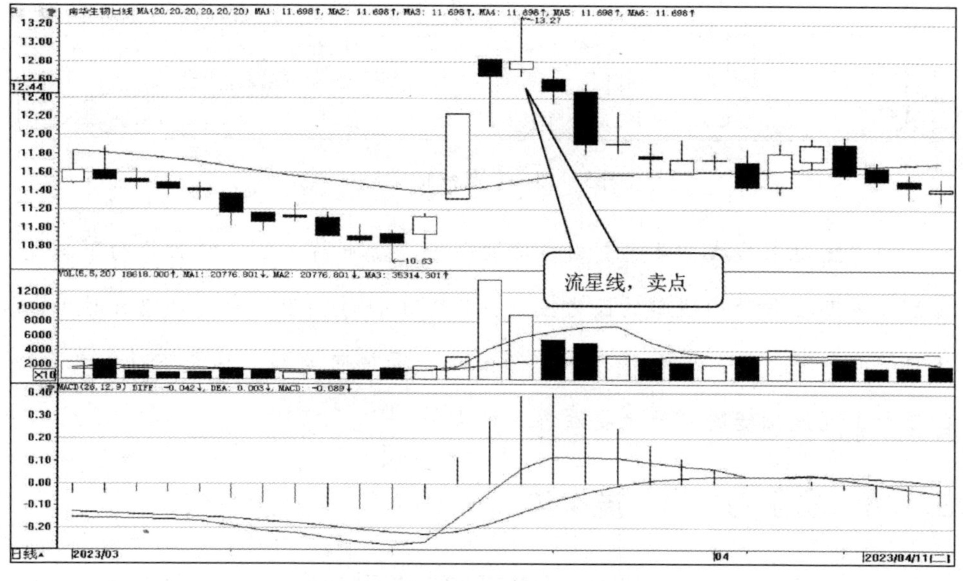


图 3 – 17　南华生物日 K 线

如图 3－18 所示，2023 年 2 月 23 日，新金路（000510）经过一波上涨后出现放量流星线，形成短线卖出时机，投资者可在此处卖出部分股票。次日，股价继续下跌，投资者要注意及时清仓。

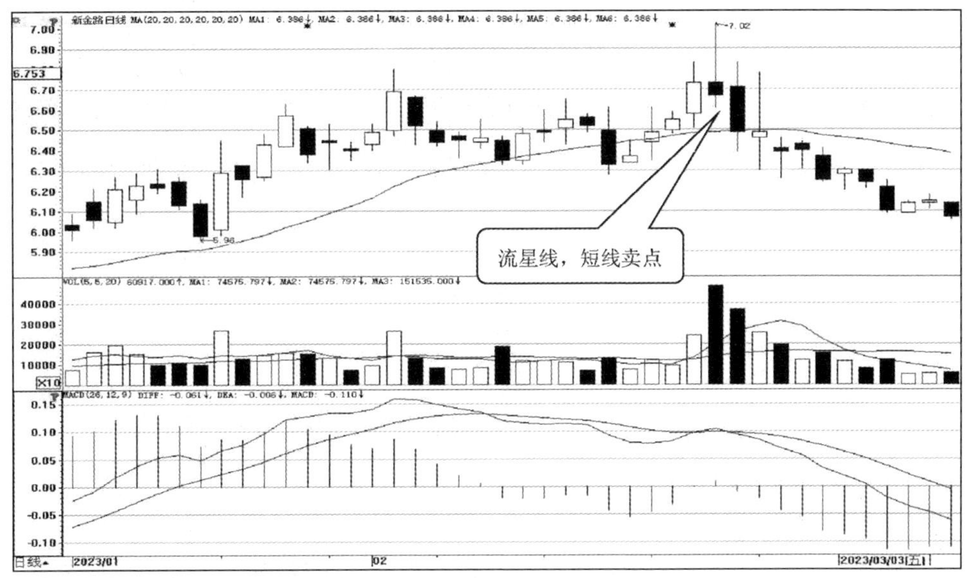


图 3－18　新金路日 K 线

1. 投资者在高位流星线卖出股票后，可在股价回调至低点后再将股票买回来，赚取其中的价差。

2. 流星线信号可视为短期的卖出信号，而对于长期走势，投资者还需要从其他方面进行分析。

## 3.2　按 K 线组合的 15 种形态买卖

K 线组合是由若干根 K 线构成的结构相对固定的形态。这些特定的形态对股价走势具有直接的预示作用。当这些特定的形态出现时，投资者可以根据这些形态买入或卖出股票。

### 3.2.1 买入形态1：曙光初现

曙光初现形态出现在下跌行情中，由一阴一阳两根K线组成。

如图3-19所示，在股价持续下跌过程中，先是出现一根中阴线或者大阴线a，这表示下跌行情还在继续。紧跟着阴线a，出现一根跳空低开的中阳线或者大阳线b。阳线b虽然低开，但开盘后持续上涨，最终收盘价达到阴线a实体的1/2以上处。该形态形成后的第二个交易日，若股价继续上涨，则买点出现。

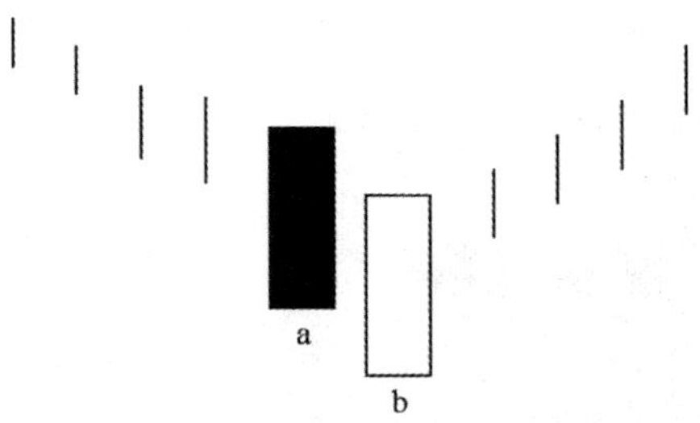


图3-19 买入形态1：曙光初现

如图3-20所示，经过前期一波下跌走势后，2022年4月26日至27日，

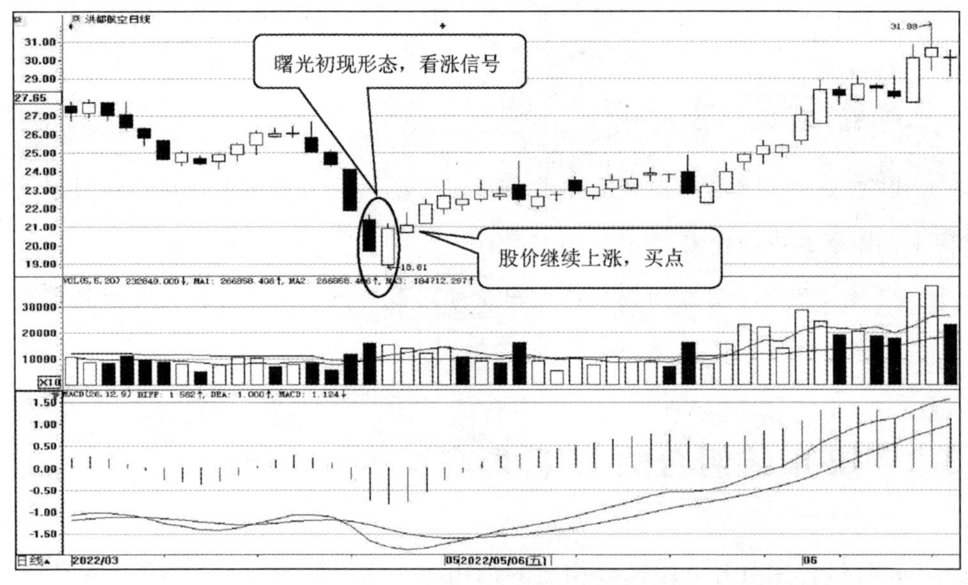


图3-20 洪都航空日K线

洪都航空（600316）出现曙光初现形态，发出看涨信号。第二个交易日，该股股价虽然没有明显上涨，但整体上仍有上涨，买入信号出现。

1. 曙光初现形态中阳线 b 的收盘价一定要达到阴线 a 实体的 1/2 以上，否则形态无效。

2. 在曙光初现形态中，阳线低开幅度越小，其后市上涨的概率就越大。

3. 曙光初现形态出现后，若股价跌破该组合形态底部价位，则形态失效，投资者应止损卖出股票。

## 3.2.2　买入形态 2：旭日东升

旭日东升形态出现在下跌行情中，由一阴一阳两根 K 线组成。

如图 3－21 所示，在股价下跌行情中，出现一根中阴线或大阴线 a，紧跟阴线 a 之后，出现一根跳空高开的中阳线或大阳线 b，阳线的收盘价高于阴线的开盘价。

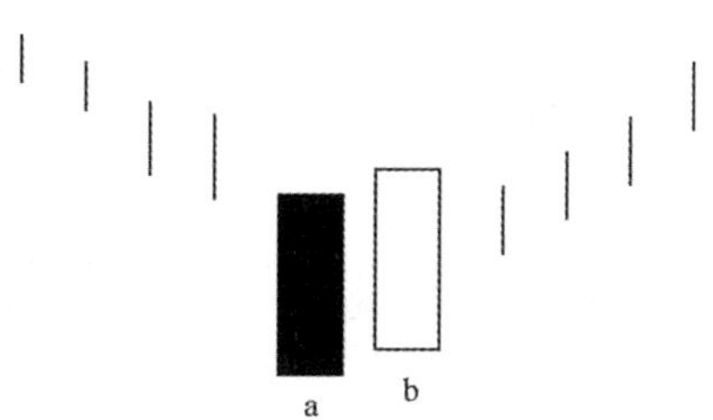


图 3－21　买入形态 2：旭日东升

旭日东升形态表示股价经过连续下跌，空头能量已释放殆尽。在空方无力再继续打压股价时，多方重新占据主动，股价高开高走。因此，该形态是较强的看涨买入信号。该形态出现后的第二个交易日，若股价继续上涨，则买点出现，比较激进的投资者可在形态出现时部分买入。

如图 3－22 所示，2023 年 3 月 30 日至 31 日，新大洲 A（000571）出现

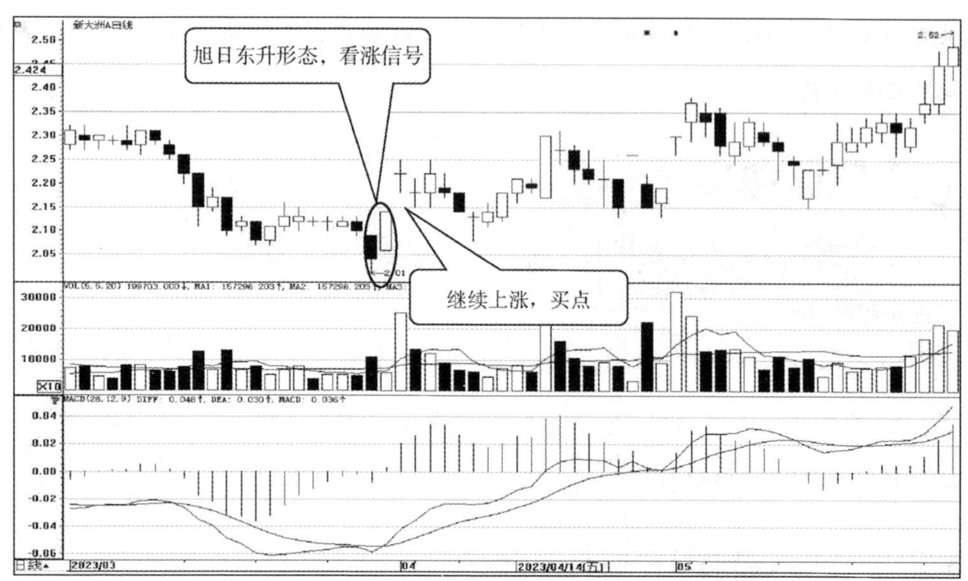


图 3－22　新大洲 A 日 K 线

旭日东升的看涨形态，表明上涨动能已经占据优势。第二个交易日，股价跳空高开，买点出现。

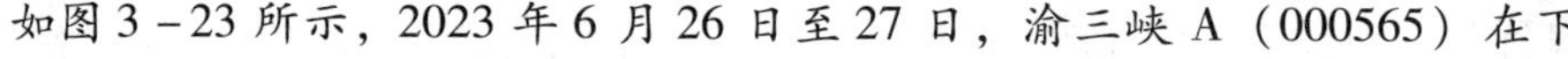

如图 3－23 所示，2023 年 6 月 26 日至 27 日，渝三峡 A（000565）在下

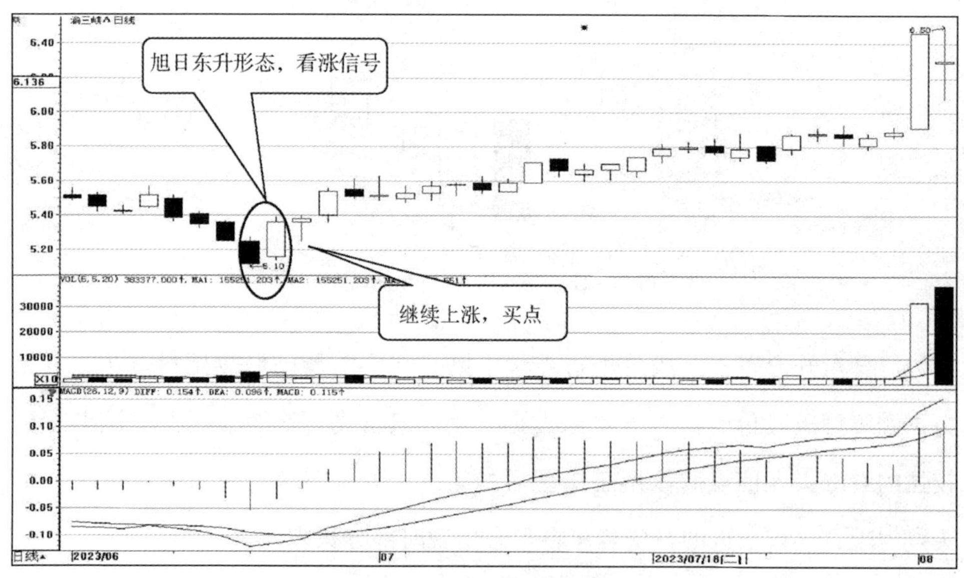


图 3－23　渝三峡 A 日 K 线

跌趋势中出现旭日东升的看涨形态，表明上涨动能已经占据优势。投资者可以在形态形成时部分买入股票。第二个交易日，股价继续上涨，买点出现，投资者可继续加仓。

### 3.2.3　买入形态 3：看涨吞没

看涨吞没形态出现在下跌行情中，由一阴一阳两根 K 线组成。

如图 3－24 所示，该形态由前后两根相邻的 K 线组成，第二根 K 线的实体要将第一根 K 线的实体完全“包住”。两根 K 线的实体，其颜色需要是相反的，也就是“前阴后阳”。

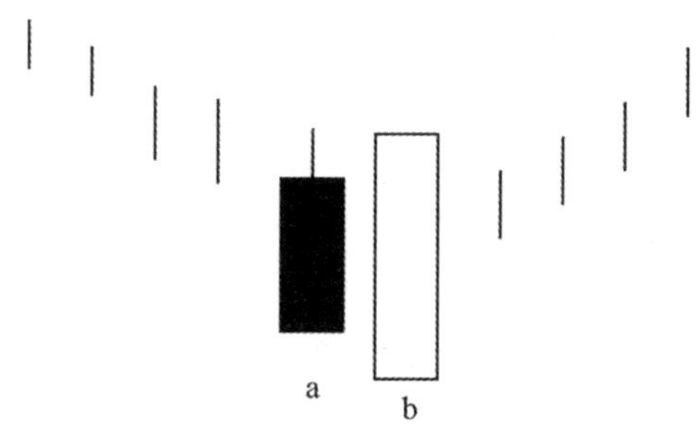


图 3－24　买入形态 3：看涨吞没

出现看涨吞没形态，说明多空力量对比发生了极大的转变，多方力量已经开始压倒空方力量，是强烈的看涨反转信号。

如图 3－25 所示，2023 年 6 月 26 日至 27 日，焦作万方（000612）出现看涨吞没的看涨形态，表明上涨动能已经占据优势，股价有可能反转向上。第二个交易日，股价跳空高开，买点出现。

如图 3－26 所示，2023 年 6 月 26 日至 27 日，海螺新材（000619）在下跌趋势中出现看涨吞没的看涨形态，表明上涨动能已经占据优势，投资者可以在形态形成时部分买入股票。第二个交易日，股价高开，之后形成低位锤子线的形态，买点出现，投资者可继续加仓。

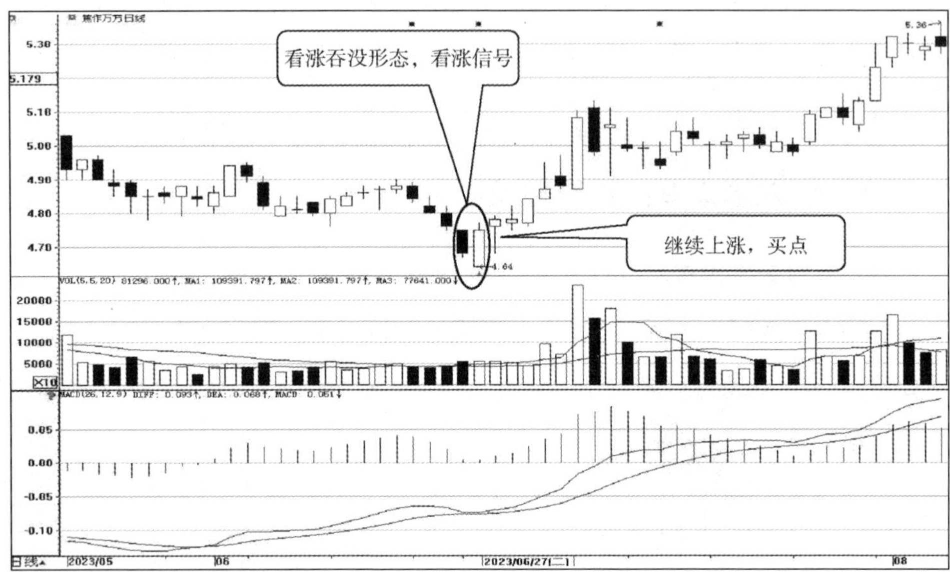


图 3－25　焦作万方日 K 线

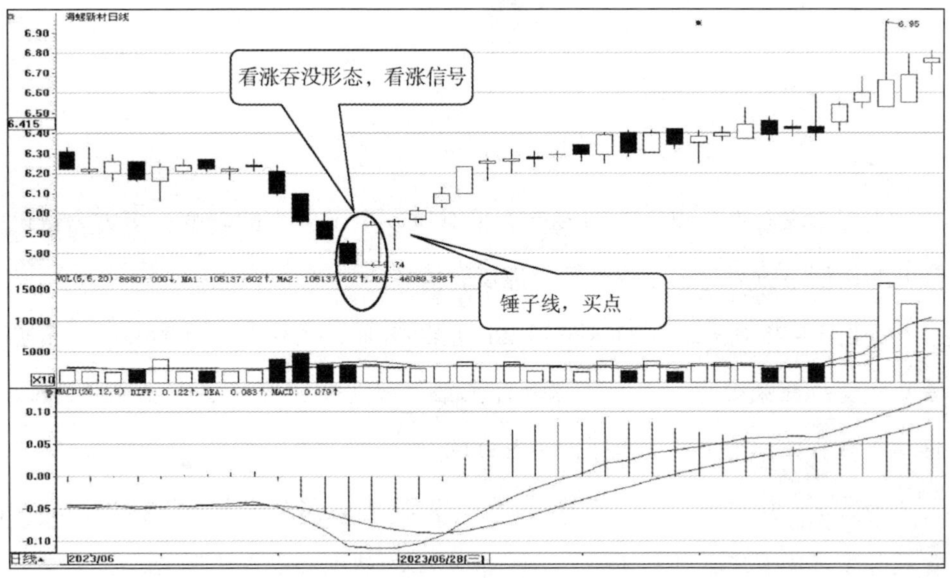


图 3－26　海螺新材日 K 线

## 3.2.4　买入形态 4：早晨之星

早晨之星往往出现在下跌行情中，一般由 3 根 K 线组成。

如图 3－27 所示，在股价下跌行情中，首先出现一根中阴线或大阴线 a，表示市场持续下跌，抛压巨大，空方占据主动。紧跟阴线 a 之后，出现一根向下跳空的小十字线 b。十字线 b 可以是小阳线，也可以是小阴线，还可以是小星线，其带有较长的上下影线。这表示多空双方陷入僵持，股价有止跌反弹趋势。十字线 b 构成形态中的“早晨之星”，在十字线 b 之后又出现一根中阳线或大阳线 c，阳线 c 的实体深入到阴线 a 中甚至将其覆盖，这表示多方开始反攻并逐渐占据优势。

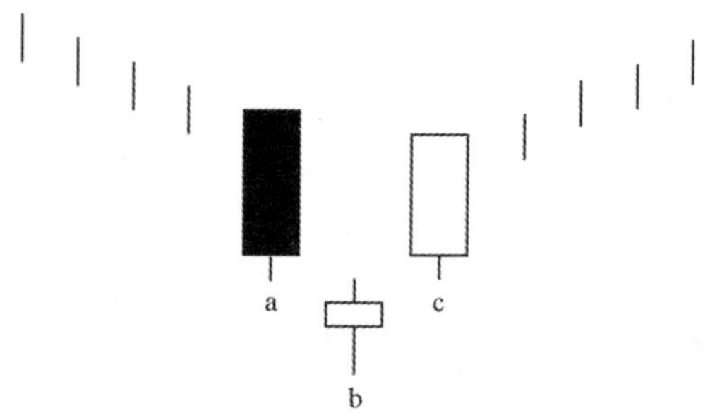


图 3－27　买入形态 4：早晨之星

如图 3－28 所示，2022 年 12 月 22 日至 26 日，中石科技（300684）出现早晨之星的看涨形态，表明上涨动能已经占据优势。投资者可以在形态形成时买入股票。

如图 3－29 所示，2022 年 4 月 25 日至 27 日，西藏药业（600211）经过一波下跌走势后出现了早晨之星的变形形态，投资者可以在形态形成时买入股票。值得注意的是，这个早晨之星形态非常经典，第三根 K 线伴随着成交量的放大，更增加上涨信号的可靠性。

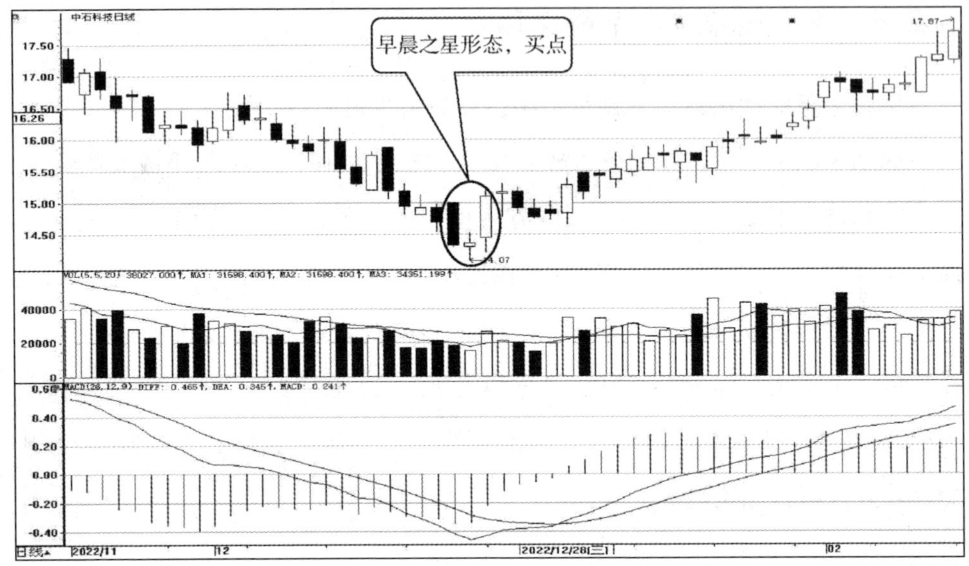


图 3－28　中石科技日 K 线

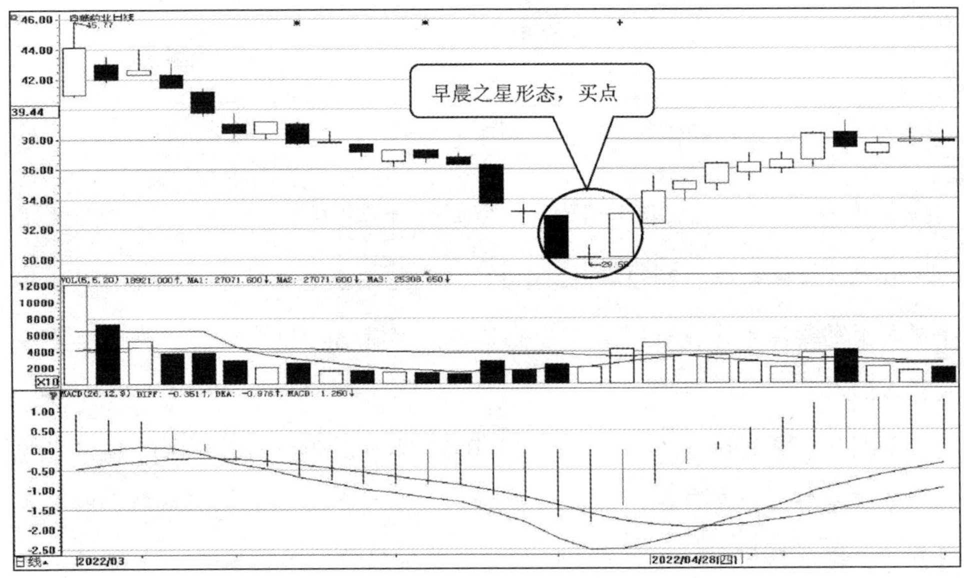


图 3－29　西藏药业日 K 线

1. 早晨之星形态的买入点在阳线c完成后。阳线c一旦完成，表示行情已经转变，投资者可以积极买入。

2. 早晨之星形态完成后，投资者应该将止损位设定在十字线b的下影线上。

3. 早晨之星等由多根K线组成的K线形态可以存在变形形态，变形形态并不影响对走势的预期。

## 3.2.5　买入形态5：看涨孕育

看涨孕育是后一根K线完全“孕育”在前一根阴K线之内的K线组合。

如图3-30所示，看涨孕育形态出现在股价下跌过程中，先出现一根大阴线或者中阴线a，表示空方强势。紧跟阴线a之后出现一根小K线b。K线b可以是小阳线、小阴线或者十字线。

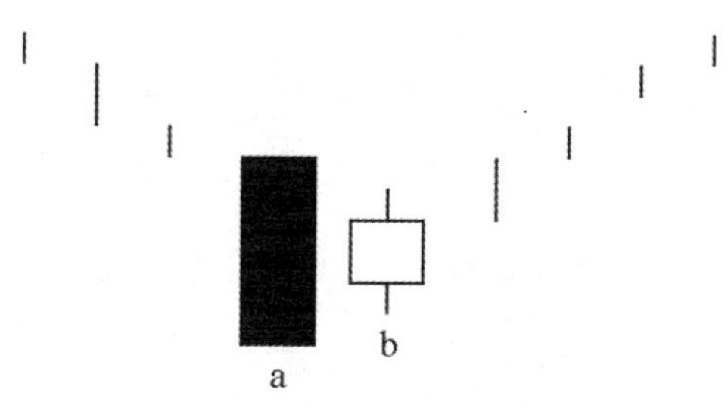


图3-30　买入形态5：看涨孕育

如图3-31所示，在经过前期下跌之后，2022年10月28日至31日，沙河股份（000014）出现看涨孕育形态，发出看涨信号。第二个交易日，即11月1日，该股股价跳空上涨，买点出现。

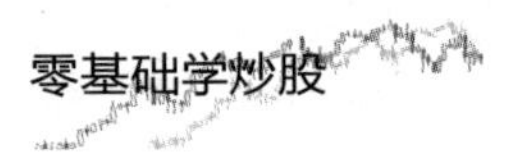

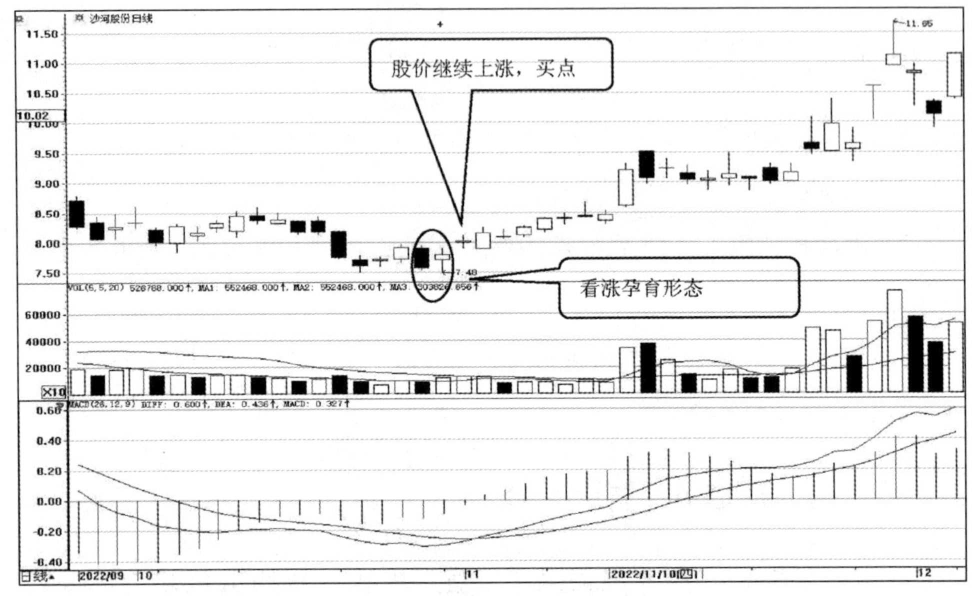


图 3－31　沙河股份日 K 线

**实战经验**

1. 看涨孕育形态表示市场行情由空方主导变成多空僵持，为股价见底的信号。

2. 看涨孕育形态出现后，追求稳妥的投资者可以先观察一段时间再买入股票。

3. 如果未来股价跌破阴线 a 的收盘价，则形态失效，投资者应止损卖出股票。

## 3.2.6　买入形态 6：红三兵

红三兵形态一般出现在下跌行情中或者横盘整理行情中，由三根小阳线组成。

如图 3－32 所示，在红三兵形态中，连续出现三根小阳线 a、b、c。这三根小阳线依次上升，后一根 K 线的收盘价均高于前一根 K 线的收盘价。三根

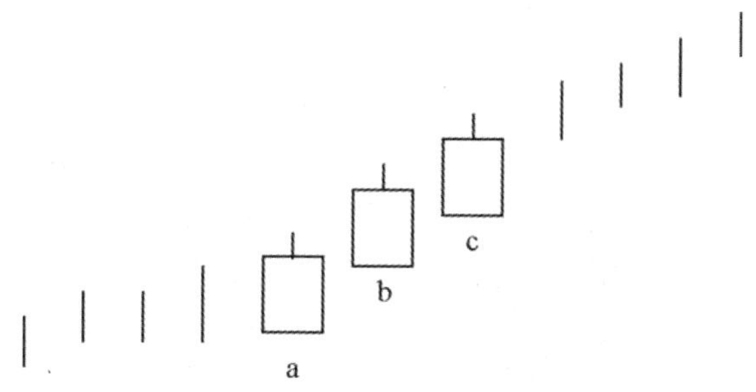


图 3－32　买入形态 6：红三兵

小阳线可以有上下影线，也可以没有。

如图 3－33 所示，2021 年 11 月 9 日至 11 日，敏芯股份（688286）出现红三兵形态，发出看涨信号。形态完成后的第二个交易日，该股股价继续上涨，越过红三兵形态第三根 K 线的实体，买点出现。

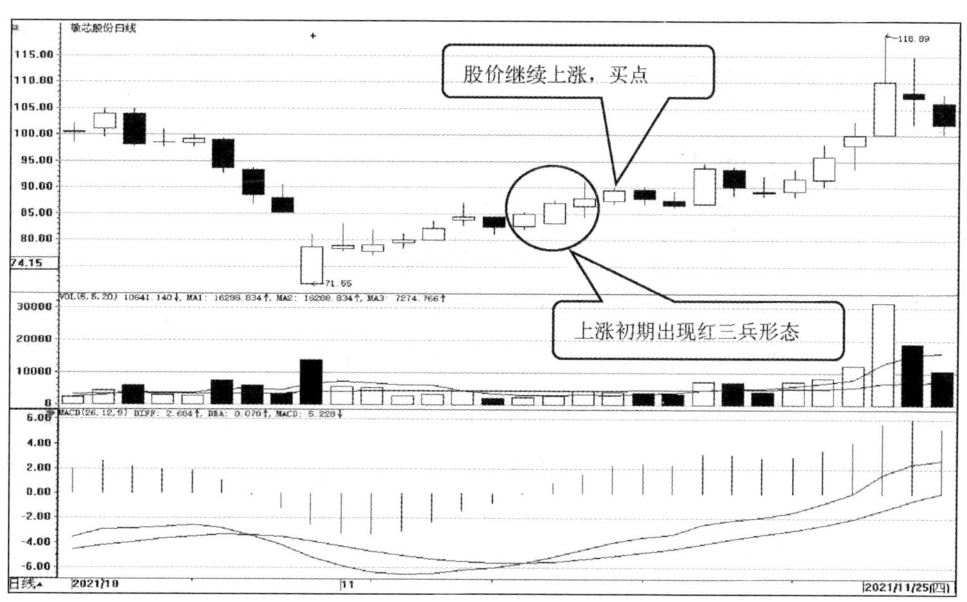


图 3－33　敏芯股份日 K 线

如图 3－34 所示，2022 年 8 月 11 日至 15 日，保利发展（600048）经过一波下跌走势后在低位企稳并反弹向上，连续出现三根小阳线，形成红三兵形态。这个形态表明多方力量开始发力，股价开始启动向上。8 月 16 日，股

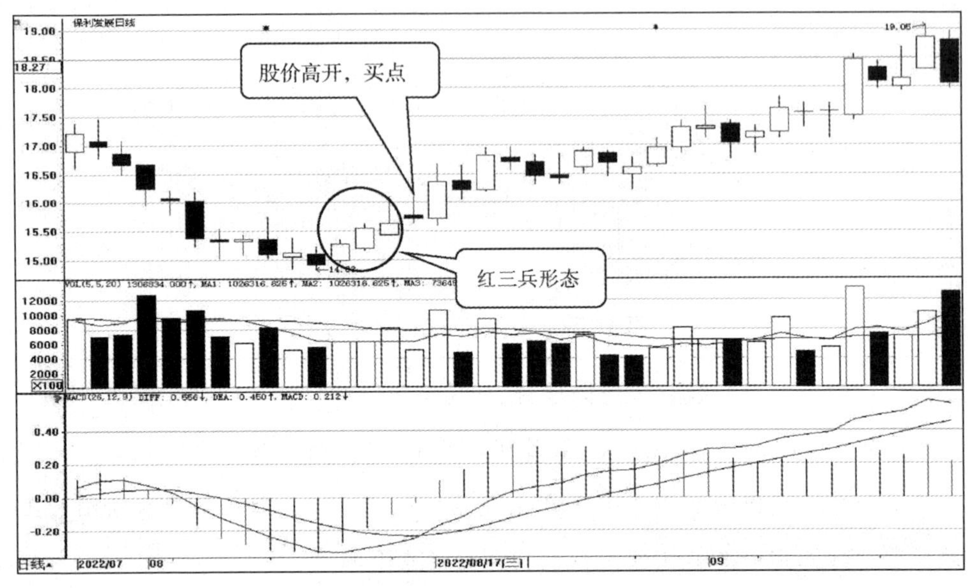


图 3－34　保利发展日 K 线

价高开，此时新手可以买入股票。

1. 在红三兵形态完成后，投资者可以积极买入，等待股价上涨。

2. 投资者可以将止损价位设定在小阳线 a 的最低点。如果股价跌破这个价位，说明形态失败，这时投资者需要果断卖出股票。

3. 在红三兵形态完成后，如果股价出现回调，其回调幅度在三根小阳线实体的 1/2 内，投资者可以继续观望。

### 3. 2. 7　买入形态 7：低挡五连阳

低挡五连阳出现在一段下跌行情之后，由连续的多根阳线组成。

如图 3－35 所示，在股价连续下跌后的底部区域，出现连续多根阳线。这些阳线可以是小阳线，也可以是中阳线。阳线的数量最少是五根，也可以是六根或者七根。

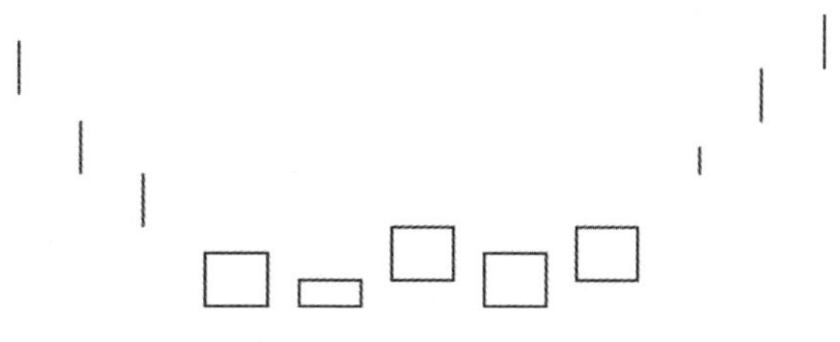

图3－35　买入形态7：低挡五连阳

虽然连续多天收出阳线，但股价的整体涨幅不大，这些阳线几乎横向排列。

如图3－36所示，在经过一波较大的下跌走势并在低位逐渐企稳之后，2022年11月4日至10日，大悦城（000031）出现了低挡五连阳形态，发出看涨信号，投资者可以及时买入。之后该股持续上涨，验证了买入信号。

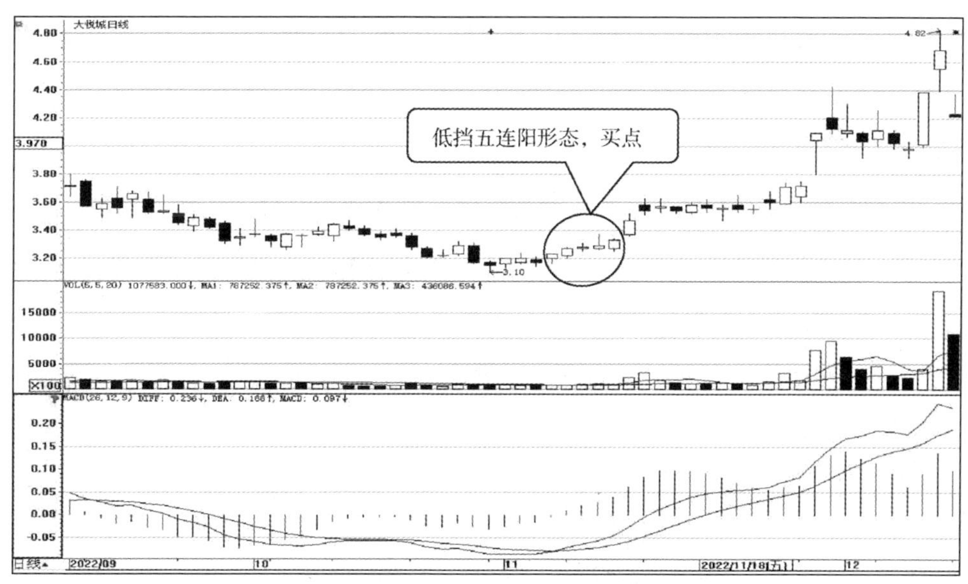


图3－36　大悦城日K线

如图3－37所示，2022年10月31日至11月4日，中洲控股（000042）的K线图上出现低挡五连阳形态。这个形态表明多方力量在底部聚集，不久后，股价出现放量上涨。投资者可以在形态形成时买入股票。

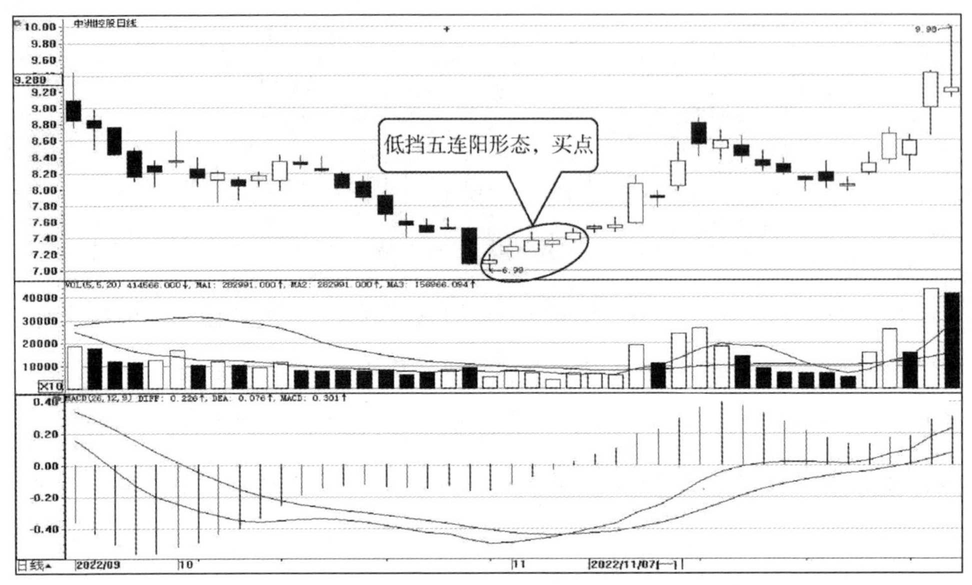


图 3－37　中洲控股日 K 线

1. 如果股价跌破这五根阳线的最低点，投资者应止损卖出股票。

2. 低挡五连阳形态中，低位并排的阳线数量越多，表示多方力量积蓄越充足，向上突破后股价的上涨空间就会越大。

3. 如果在连续五根小阳线后紧接着有一根中阳线或者大阳线放量突破，则该形态的看涨信号大大增强。

### 3.2.8　买入形态 8：上升抵抗线

上升抵抗线是指股价上涨过程中出现的抵抗性假阴线。所谓假阴线就是虽然实体为阴线，收盘价低于开盘价，但实际是股价上涨趋势中的 K 线。

如图 3－38 所示，在股价上涨过程中，首先出现多根连续上涨的阳线。在出现阳线 a 后，股价跳空高开，但收出一根假阴线 b。当假阴线 b 出现在多根阳线之后，就被称为上升抵抗线。

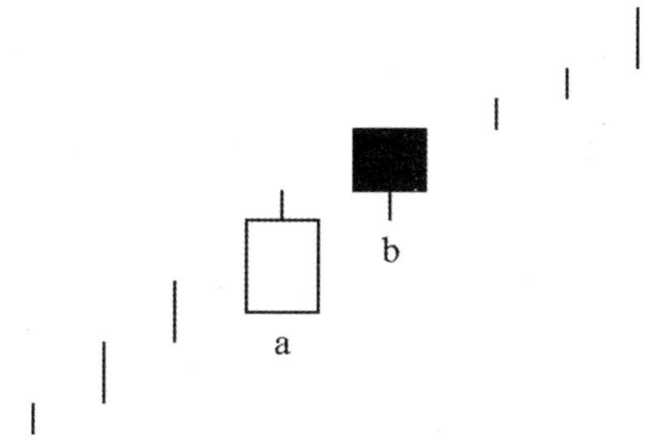


图 3－38　买入形态 8：上升抵抗线

如图 3－39 所示，2023 年 6 月 1 日至 2 日，中兴通讯（000063）日 K 线图上出现上升抵抗线。

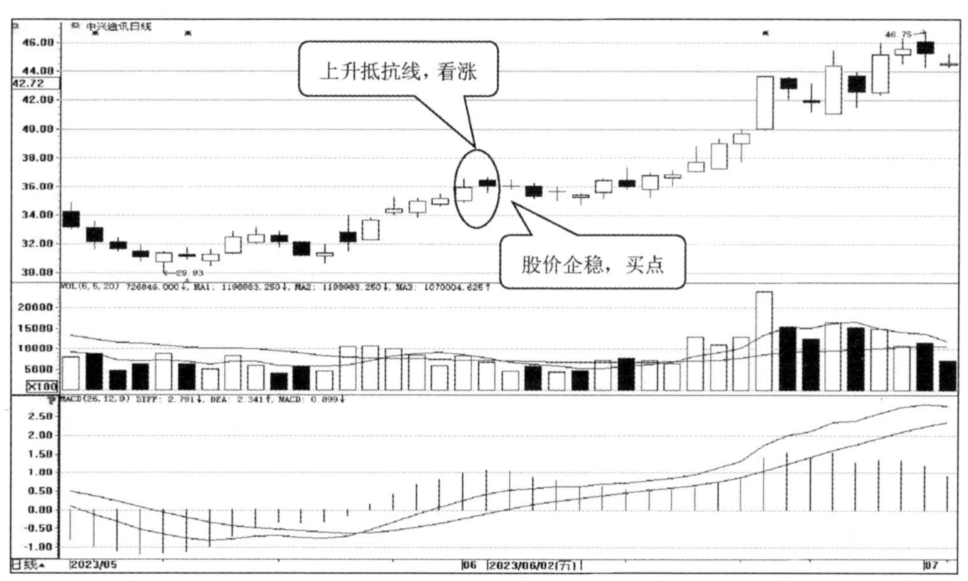


图 3－39　中兴通讯日 K 线

具体来说，6 月 2 日，该股股价高开但后来下跌并在低位企稳，虽然最终收出阴线，但股价仍上涨了 0.33%，形成假阴线。这表示股价虽然短暂上涨受阻，但空方反攻力量不足，是股价继续上涨的信号。6 月 5 日，股价低开但并没有跌破6月1日K线的低点，此时投资者可以买入股票。

实战经验

1. 投资者买入股票后，若股价跌破上升抵抗线阳线的收盘价，应严格止损卖出股票。

2. 假阴线的上涨幅度越大，则该看涨信号越强烈。

3. 假阴线向上跳空缺口越大，则其后市上涨动能也就越大。

## 3.2.9 买入形态9：上涨两颗星

上涨两颗星出现在上涨行情中，由一根大阳线和两根小阳线组成。

如图3－40所示，在股价上涨过程中，首先出现一根大阳线a，随后股价跳空高开高走，连拉两根小阳线b和小阳线c。这两根小阳线的开盘价和收盘价都依次上涨。这种K线组合即为上涨两颗星。

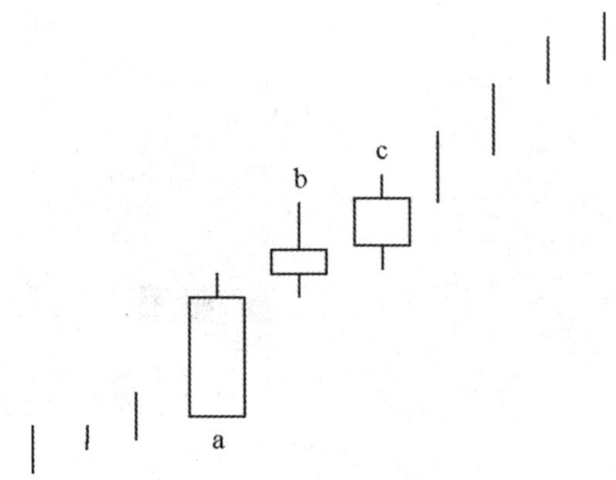


图3－40 买入形态9：上涨两颗星

如图3－41所示，在经过一波上涨回调走势之后，2023年5月30日至6月1日，中信海直（000099）出现上涨两颗星形态，发出看涨信号。第二个交易日，即6月2日，该股股价与前一日基本持平，股价企稳蓄势的迹象很明显，买点出现。

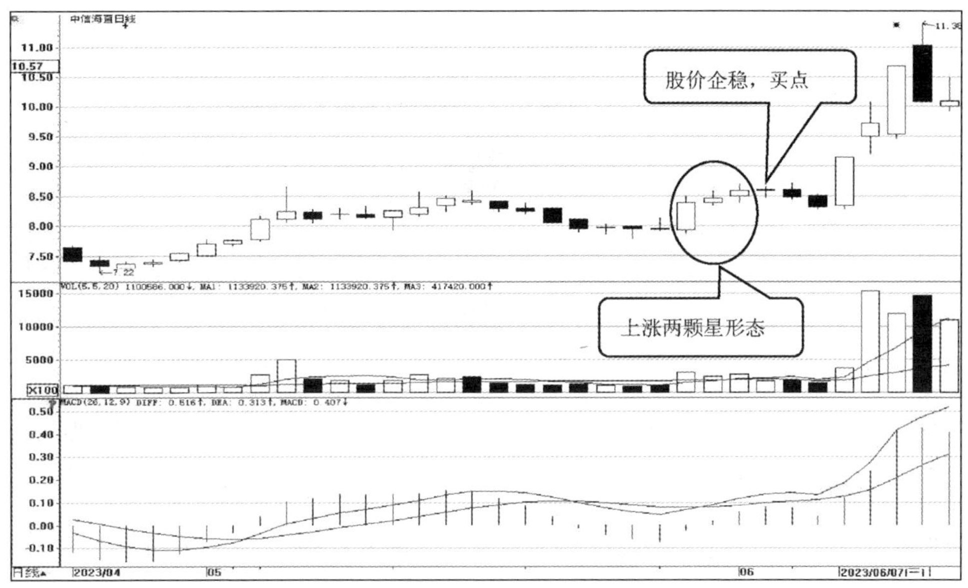


图 3－41　中信海直日 K 线

1. 投资者买入股票后，若股价跌破上涨两颗星形态中大阳线的收盘价，应止损卖出股票。

2. 如果股价放量突破上涨两颗星顶点，投资者可以加仓买入股票。

### 3.2.10　买入形态 10：多方炮

K 线走势出现两阳夹一阴的形态，同时最后的阳线实体超过了中间的阴线实体，就是多方炮形态，预示着短线将继续上涨，如图 3－42 所示。当投资者发现某只股票呈现多方炮形态时，可以短线积极买入该股票。

如图 3－43 所示，在经过前期一波下跌走势之后，2023 年 4 月 26 日至 28 日，北京利尔（002392）出现多方炮形态，发出看涨信号，投资者可以买入。第二个交易日，该股股价大幅上涨验证了多方炮形态信号的有效性。

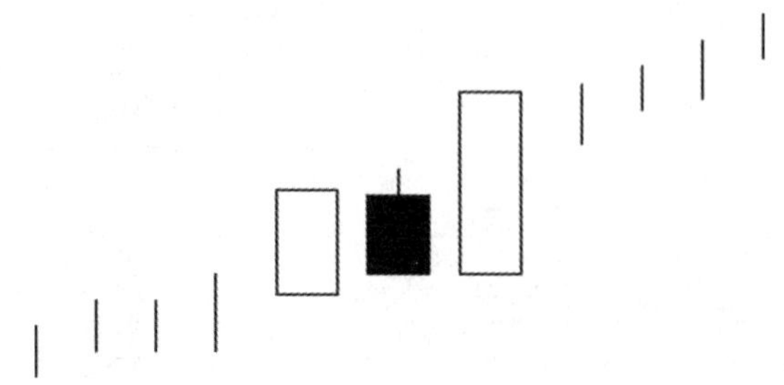

图 3－42　买入形态 10：多方炮

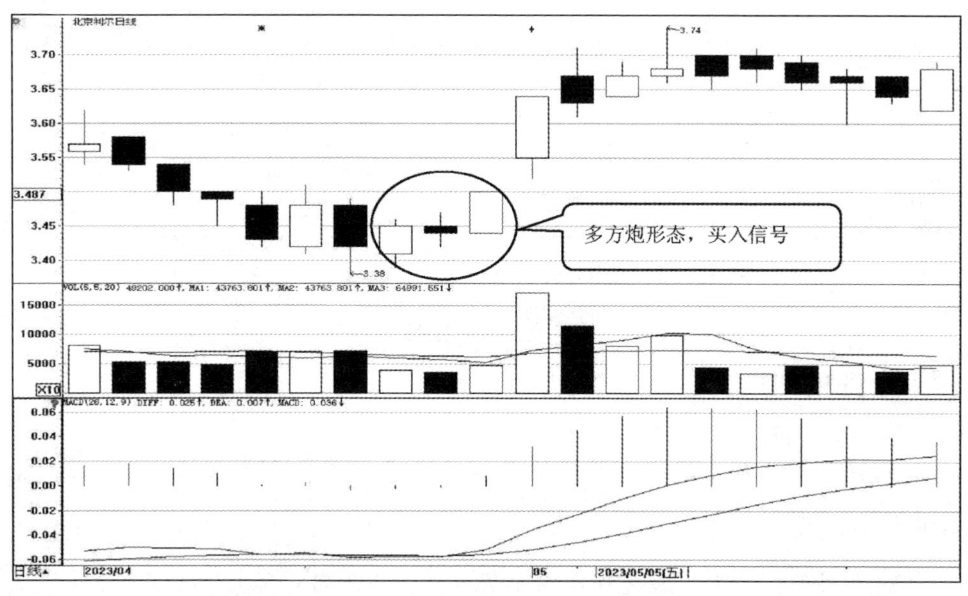


图 3－43　北京利尔日 K 线

1. 多方炮形态中，第二根阳线实体超过阴线部分越多，表示多方力量越充足，上涨势头越强。

2. 如果股价跌破第二根阳线下边线，则形态失效，投资者应及时卖出。

## 3.2.11　卖出形态 1：乌云盖顶

乌云盖顶形态往往出现在上涨行情中，由一阳一阴两根 K 线组成。

如图3－44所示，在股价持续上涨过程中，首先出现一根中阳线或者大阳线a，这表示上涨行情还在继续。紧跟着阳线a，股价高开低走，最终出现一根中阴线或者大阴线b。阴线b的实体深入阳线a实体超过1/2。

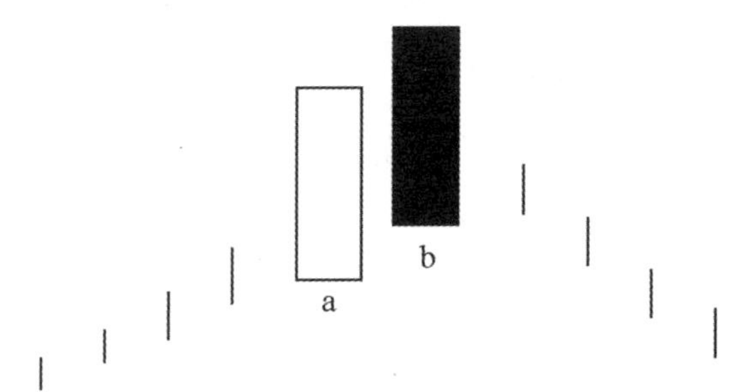


图3－44　卖出形态1：乌云盖顶

如图3－45所示，2023年2月15日至16日，海王生物（000078）股价在经过一段时间的上涨后，出现乌云盖顶K线组合形态，发出卖出信号，预示着股价可能已经见顶，卖点出现。随后一段时间，该股逐步下跌，显示盘中多方力量已经消耗殆尽，股价将要进一步走弱。

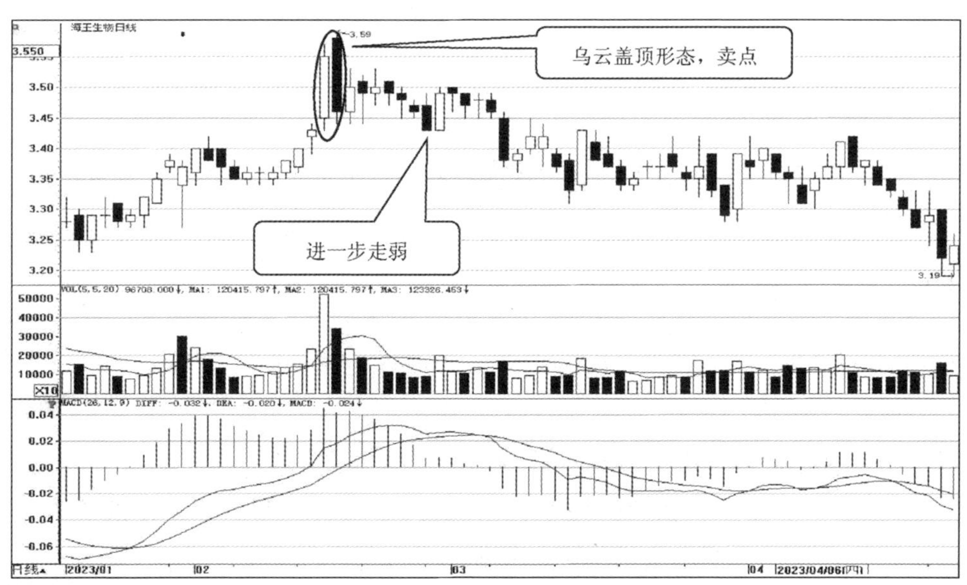


图3－45　海王生物日K线

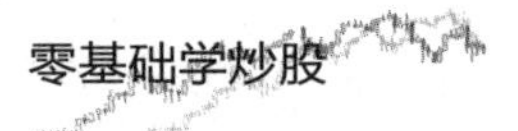


如图 3－46 所示，2023 年 5 月 8 日至 9 日，山东路桥（000498）的股价经过一波上涨之后出现了乌云盖顶形态，形态出现后，股价跳空低开，加强了看跌预期。投资者应在乌云盖顶形态出现后卖出股票。

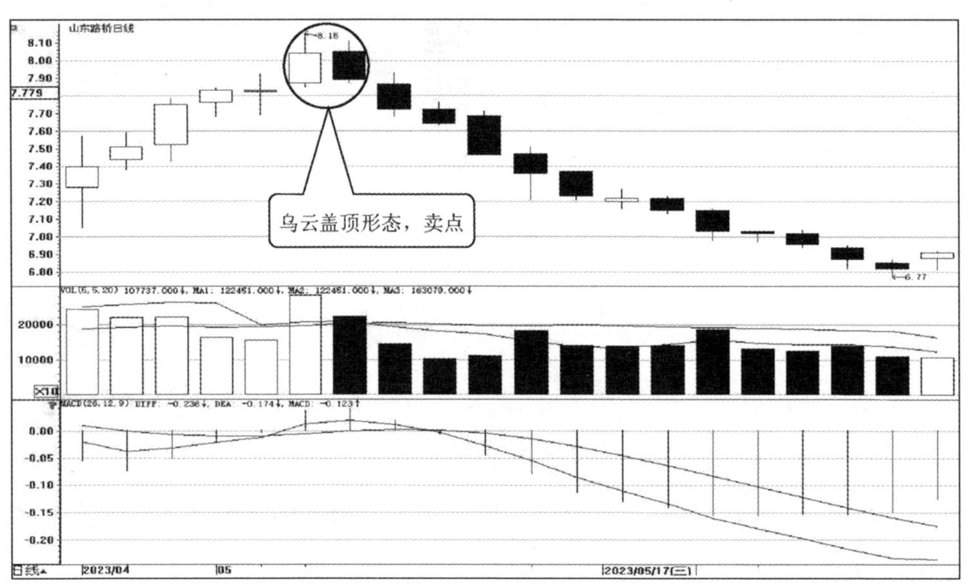


图 3－46　山东路桥日 K 线

实战经验

1. 看到乌云盖顶形态后，投资者应该尽快将手中的股票卖出，规避风险。

2. 若股价继续上涨突破乌云盖顶高点，则该形态失败。投资者可在股票整体涨幅不大的情况下，再将股票买回。

## 3.2.12　卖出形态 2：倾盆大雨

倾盆大雨形态出现在上涨行情中，由一阳一阴两根 K 线组成。

如图 3－47 所示，在股价持续上涨过程中，首先出现一根中阳线或者大阳线 a，这表示上涨行情还在继续。紧跟着阳线 a，股价低开低走，最终出现一根中阴线或者大阴线 b。阴线 b 的收盘价低于阳线 a 的开盘价，阴线 b 的开盘价要低于阳线 a 的收盘价。

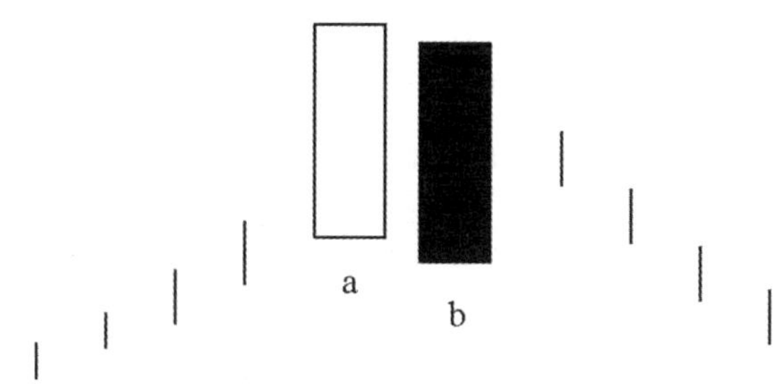


图 3－47　卖出形态 2：倾盆大雨

从倾盆大雨形态的构成上来看，第一根阳线表明股价仍然运行在上涨趋势中，且上涨动力充足，但随后的一根低开低走的大阴线，表明股价在此处受到获利盘的打压，上涨受阻，股价走势有转跌的可能，是较强的看跌信号。

如图 3－48 所示，2023 年 5 月 25 日至 26 日，德龙汇能（000593）股价在经过一段时间的上涨过后，出现倾盆大雨的 K 线组合形态，发出卖出信号，预示着股价可能已经见顶，卖点出现。

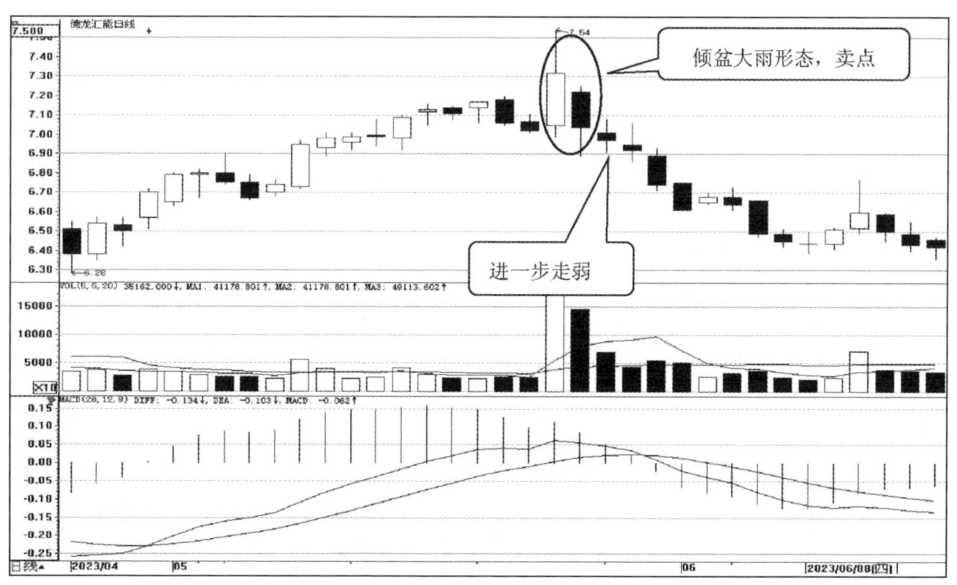


图 3－48　德龙汇能日 K 线

如图 3－49 所示，2023 年 5 月 30 日至 31 日，渤海股份（000605）的股价经过一波上涨之后出现了倾盆大雨形态，形态出现后，股价跳空低开，加强了看跌预期。投资者应在倾盆大雨形态出现后卖出股票。

在此形态出现之前一个交易日，K 线出现高位流星线的看跌信号，所以当倾盆大雨形态出现后，投资者要注意及时卖出。

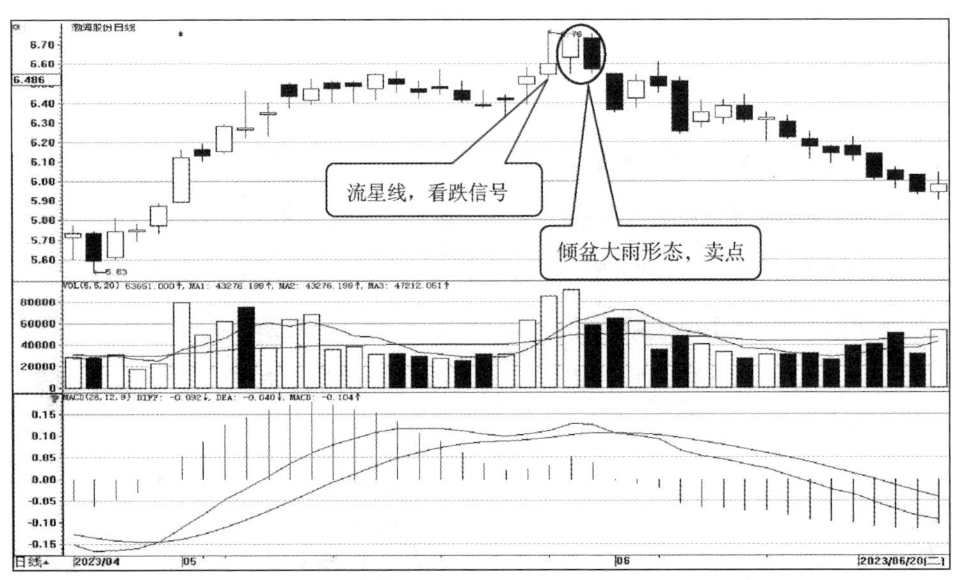


图 3－49　渤海股份日 K 线

## 3.2.13　卖出形态 3：看跌吞没

看跌吞没形态出现在上涨行情中，由一阳一阴两根 K 线组成。

如图 3－50 所示，该形态由两根相邻的 K 线组成，第二根 K 线为中阴线或大阴线，并且第二根 K 线的实体部分要将前一根 K 线实体部分全部吞没。

在一段上涨趋势中出现看跌吞没形态，表明随着股价的上涨，市场中追涨的投资者不断减少，抛压盘不断增加，多空力量对比发生了极大的转变，空方力量已经开始压倒多方力量，是强烈的看跌反转信号。

如图 3－51 所示，2023 年 8 月 3 日至 4 日，西王食品（000639）出现看

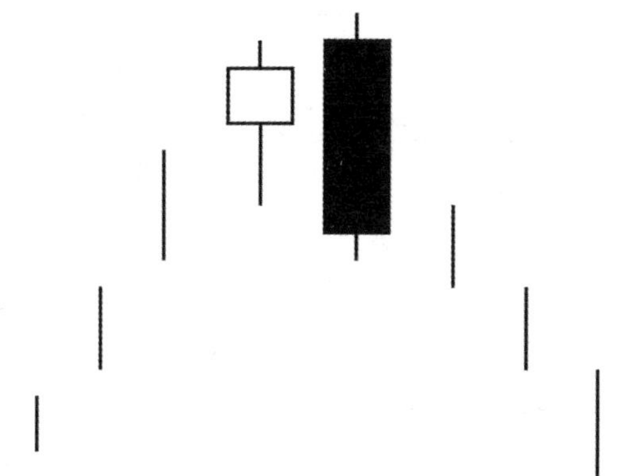

图 3－50　卖出形态 3：看跌吞没

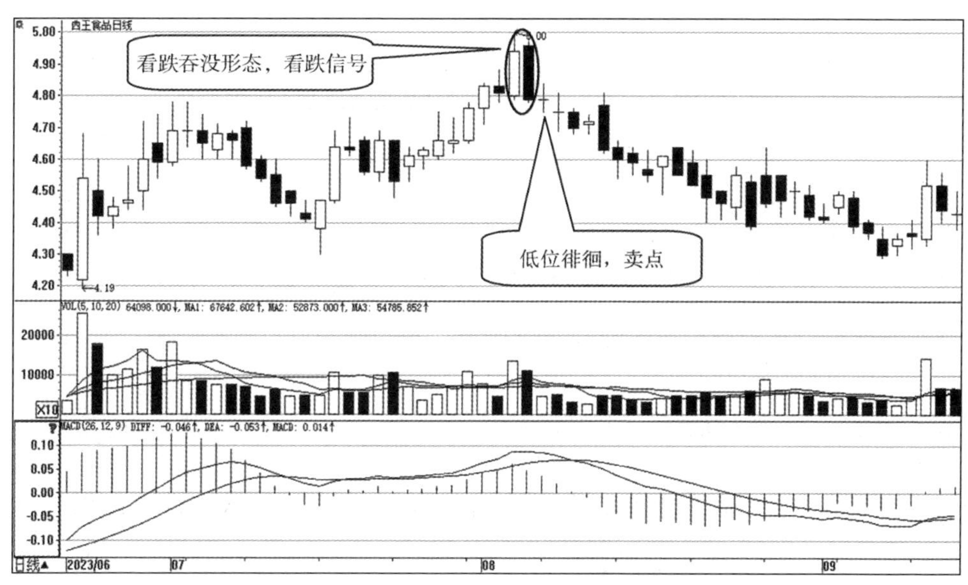


图 3－51　西王食品日 K 线

跌吞没形态，表明多空双方力量对比发生转变，股价有可能反转向下。第二个交易日，股价在低位徘徊，上涨乏力，卖点出现。

如图 3－52 所示，2023 年 7 月 7 日至 10 日，漳州发展（000753）在下跌趋势的一波反弹走势中出现看跌吞没形态，表明下跌动能已经占据优势。投资者可以在形态形成时卖出股票。

在此之前的 6 月 21 日，K 线在高位形成乌云盖顶的看跌形态，之后股价

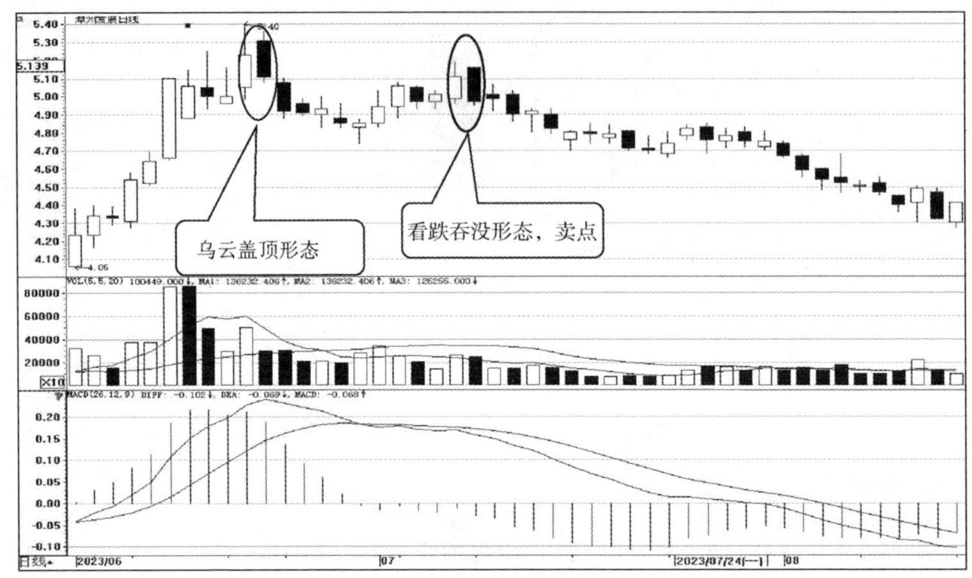


图 3-52　漳州发展日 K 线

跳空下跌，趋势反转的信号已经较为强烈。7 月 10 日，股价反弹走势还没有创出新高就形成看跌吞没形态，表明下跌趋势已经基本确定，所以看跌吞没形态一出现，投资者就可以卖出。

## 3.2.14　卖出形态 4：黄昏之星

黄昏之星意为黄昏时间在天边出现的金星，含义为“太阳即将落山，黑夜马上来临”，是涨势结束、跌势开始的信号。黄昏之星往往出现在下跌行情中，一般由三根 K 线组成。

如图 3-53 所示，在股价上涨过程中，首先出现一根中阳线或者大阳线 a，表示多方占据主动，正在推动股价上涨。紧跟阳线 a 之后，出现一根小星线 b。星线 b 可以是小阳线，也可以是小阴线，还可以是十字星，带有较长的上下影线。这表示上方抛盘压力巨大，多空双方陷入僵持，股价有滞涨下跌的可能。星线 b 构成形态中的“黄昏星”。紧跟星线 b 之后又出现一根下跌的中阴线或者大阴线 c。阴线 c 的实体深入到阳线 a 的实体中。这表示经过僵持

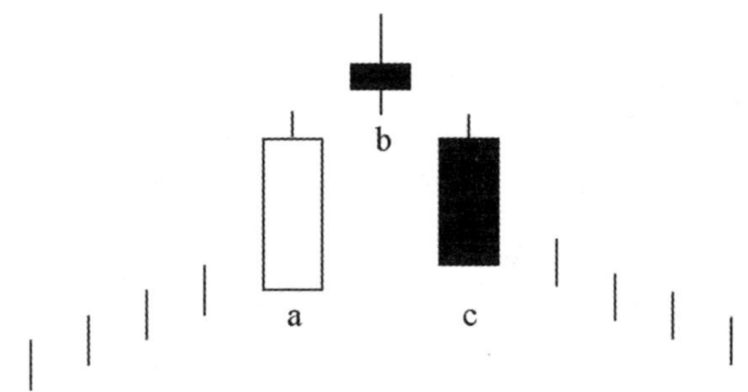


图 3－53　卖出形态 4：黄昏之星

后空方胜出，股价即将下跌。

如图 3－54 所示，2023 年 3 月 16 日至 20 日，原先处于上涨走势（其实是下跌趋势中的反弹）中的中成股份（000151）出现了黄昏之星的K 线形态，预示着市场中多空双方力量的转变已经完成，股价有可能进一步走弱，卖点出现。第二个交易日，股价跳空低开，验证前期卖点的准确性。

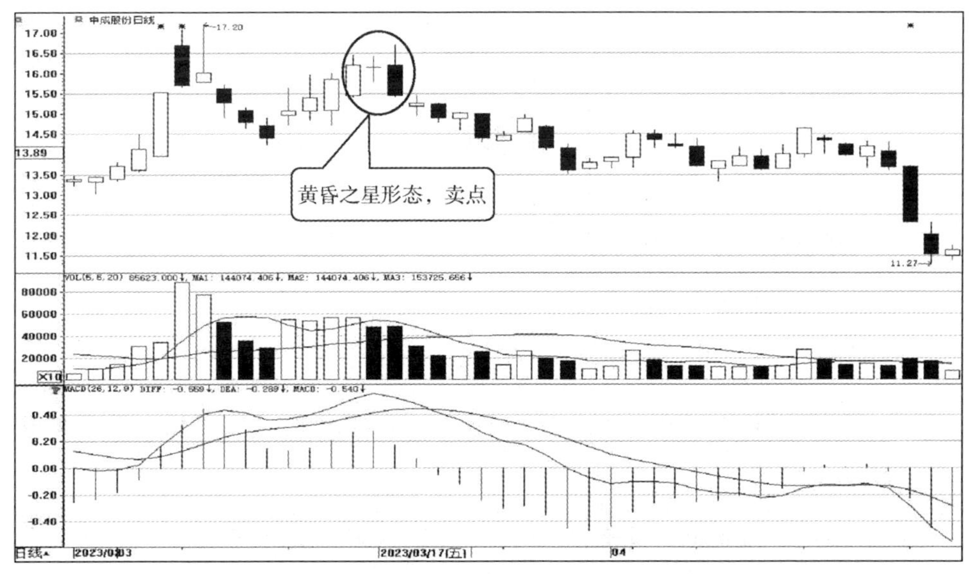


图 3－54　中成股份日 K 线

1. 黄昏之星的卖出点在阴线 c 完成后。阴线 c 一旦完成，表示行情已经转变，投资者应该尽快将股票卖出。

2. 如果股价能在随后的几个交易日内向上突破黄昏之星形态最高点，则该形态失败，股价可能会继续上涨。之前的高点价位被突破后会变成支撑位。

## 3.2.15 卖出形态5：看跌孕育

看跌孕育形态是后一根 K 线完全孕育在前一根阳 K 线之内的 K 线组合。

如图 3－55 所示，看跌孕育形态出现在股价上涨过程中，先出现一根大阳线或者中阳线 a，表示多方强势。紧跟阳线 a 之后出现一根小 K 线 b。K 线 b 可以是小阳线、小阴线或者十字线，表示之前强势的多方力量衰竭，多空双方陷入僵持。

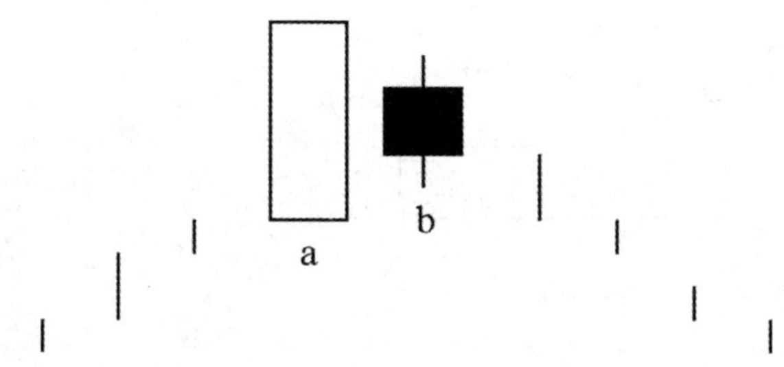


图 3－55 卖出形态5：看跌孕育

如图 3－56 所示，2023 年 4 月 6 日至 7 日，有研新材（600206）日 K 线图上出现看跌孕育形态。

4 月 10 日，股价低开低走，持续下跌，盘中股价跌破 4 月 6 日阳线的最低点。这时下跌趋势已经形成，投资者应该尽快卖出手中的股票。

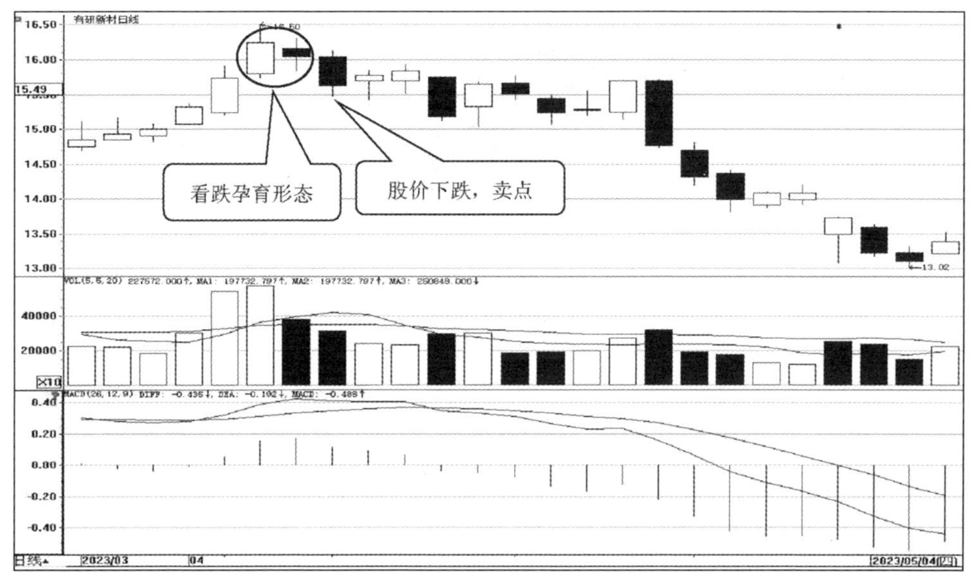


图 3－56　有研新材日 K 线

1. 孕育形态的反转信号强度不如乌云盖顶形态。在孕育形态出现后，当前上涨行情将会结束，但之后市场往往会转入平静状态。

2. 如果未来股价跌破阳线 a 的最低价，投资者应将股票卖出。

3. 若股价继续上涨突破孕育形态高点，则该形态失败。投资者可在股票整体涨幅不大的情况下，再将股票买回。

## 3. 2. 16　卖出形态 6：三只乌鸦

三只乌鸦形态是指由三根小阴线组成的 K 线组合，形似三只乌鸦坐在枯萎的大树上，故名三只乌鸦。三只乌鸦出现，表示后市看淡。三只乌鸦形态一般出现在上涨行情中或者横盘整理行情中，由三根阴线组成。

如图 3－57 所示，三只乌鸦形态中的三根阴线 a、b、c 依次下跌，后一根 K 线的开盘价均高于前一根 K 线的收盘价。这三根阴线多为小阴线，可以有

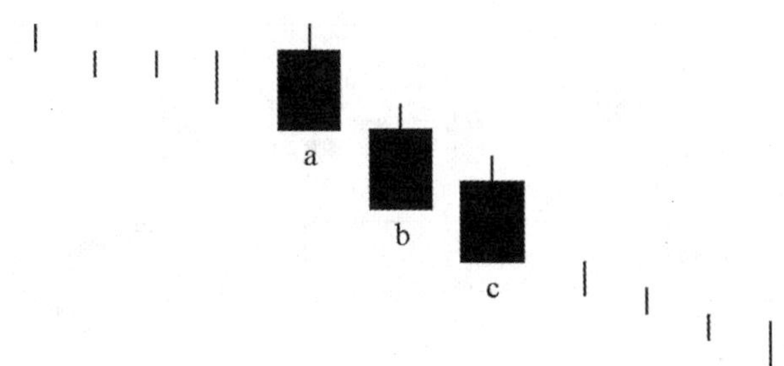


图 3 －57　卖出形态 6：三只乌鸦

上下影线，也可以没有。

如图 3 －58 所示，2023 年 4 月 14 日至 18 日，处在阶段涨势中的圣湘生物（688289）出现三只乌鸦形态，预示着盘整走势结束，下跌走势已经初现端倪，发出卖出信号。在随后的交易日，该股继续下跌，预示着盘中多方已经失去了股价运行的主导权，股价将要在空方的主导下进一步下跌，还没有出场的投资者要注意清仓。

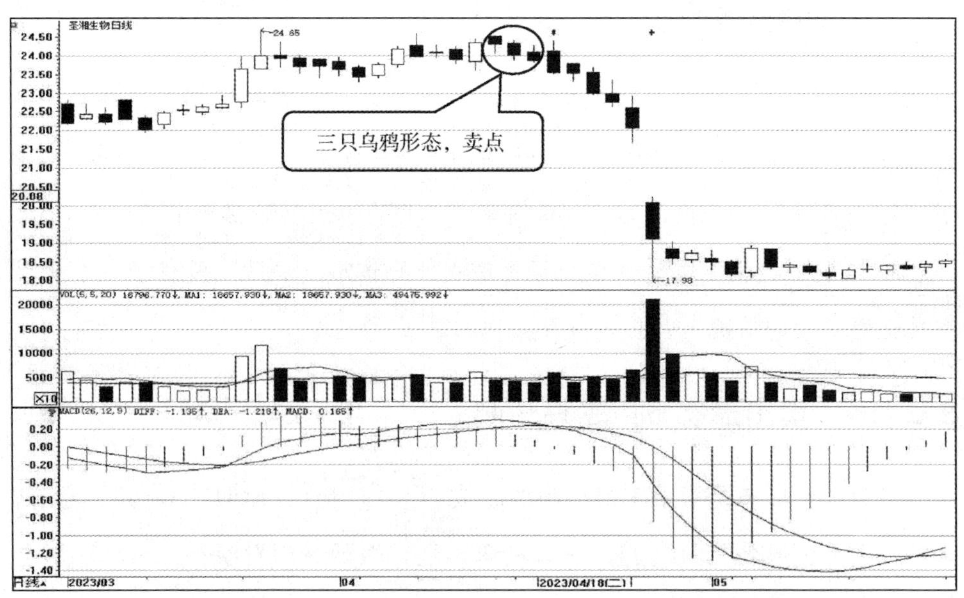


图 3 －58　圣湘生物日 K 线

1. 看到三只乌鸦形态后，投资者需要将手中的股票尽快卖出，防止股价下跌被套。

2. 三只乌鸦出现在涨幅大的行情时，其看跌信号更强烈。

### 3.2.17　卖出形态 7：下降抵抗线

下降抵抗线出现在股价下跌过程中，是连续多根阴线中出现的假阳线。所谓假阳线就是虽然实体为阳线，但收盘价低于前一根 K 线的收盘价，实际是股价下跌趋势中的 K 线。

如图 3 – 59 所示，在股价下跌过程中，出现多根连续下跌的阴线。在出现阴线 a 后，紧跟着股价跳空低开，虽然最终收出阳线 b，但阳线 b 的收盘价低于阴线 a 的收盘价，为假阳线。

当假阳线 b 出现在连续多根下跌的阴线之后时，就称为下降抵抗线。

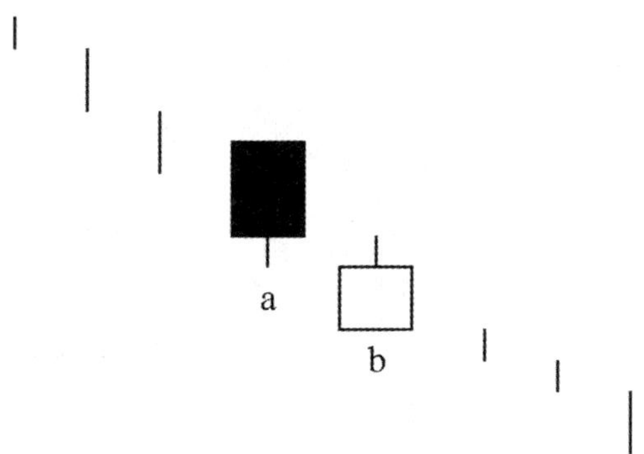


图 3 – 59　卖出形态 7：下降抵抗线

如图 3 – 60 所示，2023 年 3 月 9 日至 10 日，处在下跌走势中的派能科技（688063）出现下跌抵抗线，表明虽然盘中出现反弹，但是反弹的力度很弱，空方依然主导着股价的运行。

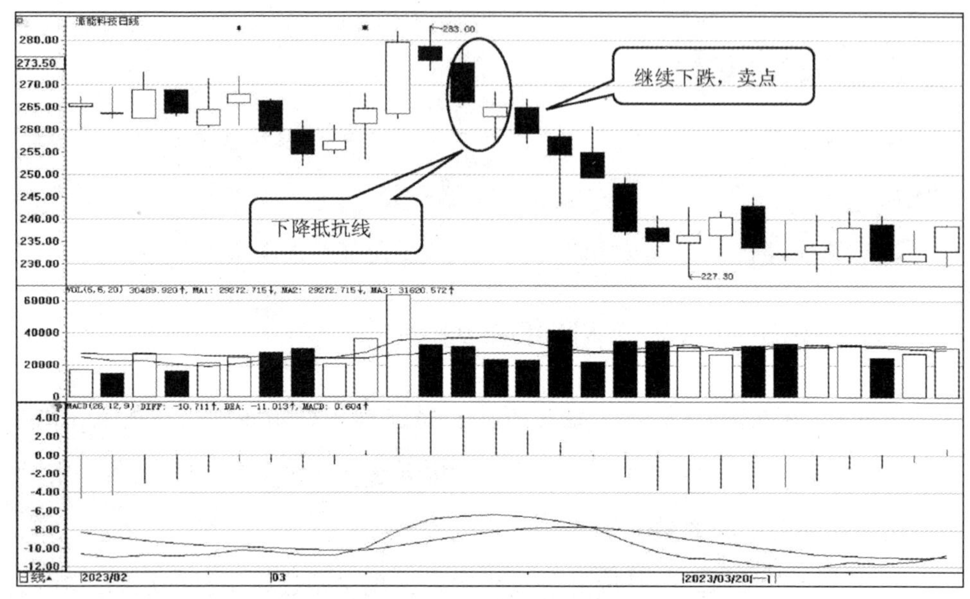


图 3-60　派能科技日 K 线

3 月 13 日，下降抵抗线出现之后，股价再次下跌，投资者要注意及时卖出持股。

1. 如果假阳线 b 带有较长的上影线或者下影线，并且成交量较之前大幅放大，表示多空双方搏杀激烈，之后由哪一方主导行情存在很大的不确定性。这种情况下投资者可以先卖出部分股票，留下部分仓位继续观望。

2. 如果下降抵抗线形态完成后股价高开，则表示反弹还有希望，下降抵抗线可能失效。

### 3.2.18　卖出形态 8：下跌强调

下跌强调形态一般出现在股价上涨行情尾端或者横盘整理行情中，由两根并排的阴线组成。

如图 3-61 所示，在股价上涨过程中，首先出现一根阴线 a，表示股价上涨受阻，有下跌趋势。紧跟阴线 a 之后，股价虽然跳空高开，几乎弥补了阴线 a 中实体部分的跌幅，但是在开盘后股价又持续下跌，最终收盘时已经完全丧失了开盘的涨幅，形成阴线 b。

阴线 a 和阴线 b 的开盘价和收盘价均大致相等，形成并排的阴线组合。

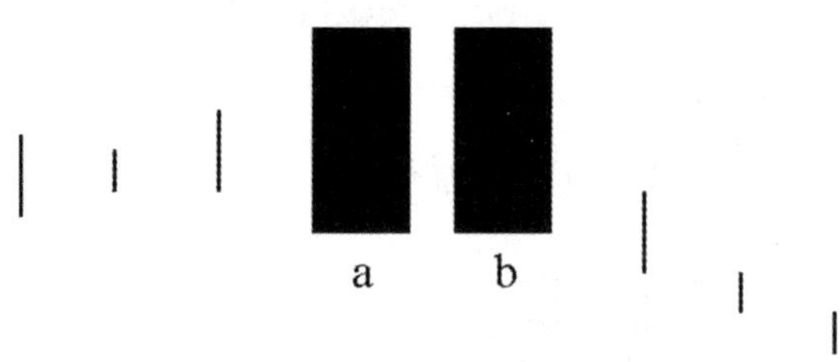


图 3－61　卖出形态 8：下跌强调

如图 3－62 所示，2022 年 11 月 10 日，融捷股份（002192）经过一波快速上涨之后跳空向下，当日股价低开低走。11 月 11 日，股价高开低走，开盘价与收盘价都跟前一交易日类似，形成下跌强调的 K 线组合形态。这个形态

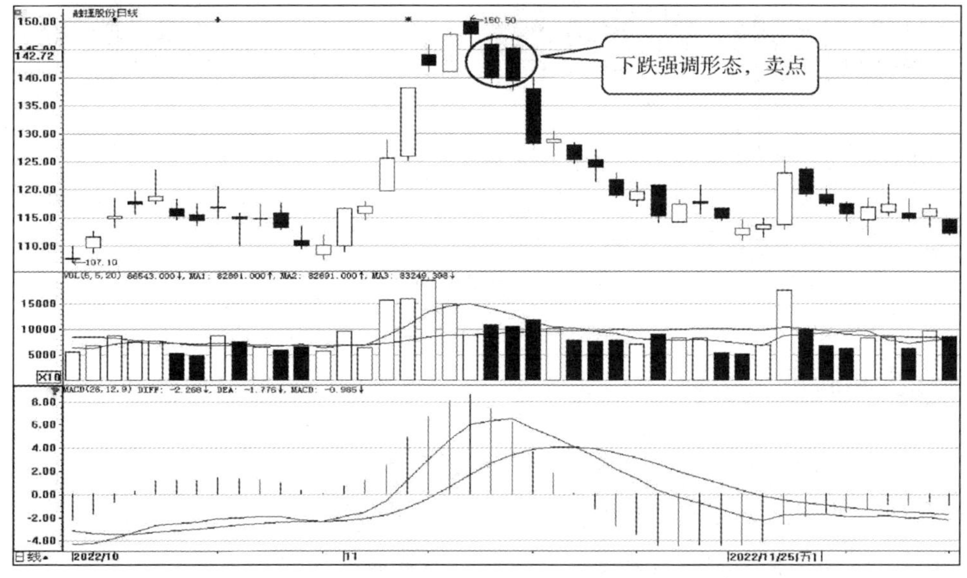


图 3－62　融捷股份日 K 线

表明空方力量更强势，股价有很强的下跌动能，是股价即将下跌的信号。此后，股价果然持续下跌，投资者应在信号出现时将股票卖出。

如图3－63所示，2023年1月中旬至2月上旬，永泰运（001228）股价出现一波上涨走势。2月7日至8日，K线形成乌云盖顶的看跌形态，表明市场下跌动能较为强势。之后，股价在高位震荡。

2月13日至15日，永泰运在高位震荡过程中出现了下跌强调的变形形态。这个形态由三根K线组成，两侧的阴线构成下跌强调，信号仍然有效，投资者应将股票卖出。次日，股价跳空低开，持续下跌。

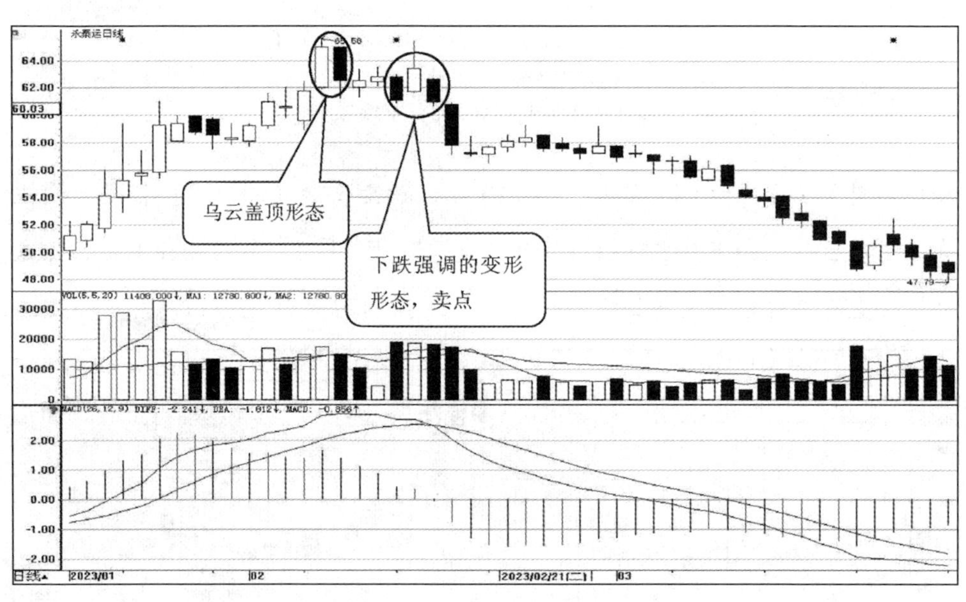


图3－63　永泰运日K线

## 实战经验

1. 在下跌强调形态出现后的几个交易日内，如果股价能向上突破阴线a和阴线b的顶点，则表示下跌强调形态失败，投资者可以关注后市行情。

2. 下跌强调形态可以存在变形形态，两根阴线之间所夹的K线无论是阴线还是阳线，均不影响该形态成立。

## 3.2.19　卖出形态 9：空方炮

如图 3－64 所示，K 线走势出现“两阴夹一阳”的形态，同时最后的阴线实体超过了中间的阳线实体，这就是空方炮形态，预示着短线将继续下跌。当投资者持有的股票出现空方炮形态时，可以短线卖出。

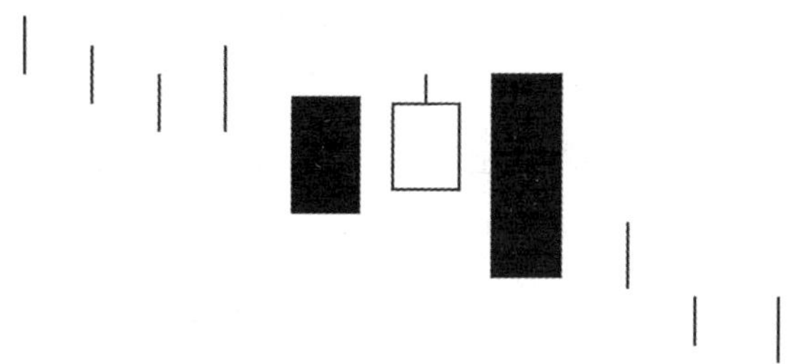

图 3－64　卖出形态 9：空方炮

如图 3－65 所示，2023 年 4 月 11 日至 13 日，处于上涨行情末端的移远通信（603236）在高位出现空方炮形态，预示着股价有反转的可能，卖点出

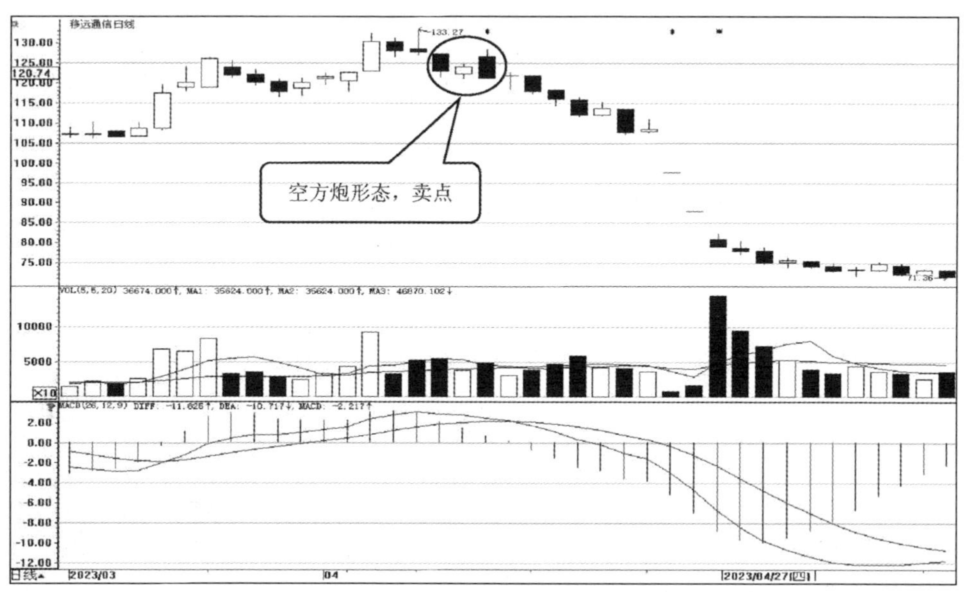


图 3－65　移远通信日 K 线

现。随后一个交易日，该股虽然高开，但盘中一度被迅速拉低，表明盘中仍有多方力量试图拉升，只是疲弱无力，空方正在逐步占据优势，还没有出场的投资者要注意果断出场。

## 实战经验

1. 空方炮形态中，第二根阴线实体超过中间阳线的部分越多，表示空方力量越充足，下跌势头越强。

2. 如果股价突破第二根阴线的上边界，则形态失效，表示股价走势出现转折。

# 第 4 章

# 跟随整体趋势找买卖点

K 线形态由几根 K 线构成，而投资者观察股价运行趋势时，需要对更多的 K 线进行观察。在特定的位置，多根 K 线往往构成特定的股价走势，投资者可以根据这些走势把握整体趋势进行买卖。

## 4.1　按趋势线的 3 种走势买卖

趋势线，是指通过连接 K 线图中一些特殊的价格点（阶段高点、低点）画出的能够反映出股价走势的直线。

当股价一直沿着趋势线的方向运行时，就说明这条趋势线所体现的趋势一直在持续。当股价突破趋势线后，就预示着此轮趋势有很大可能已经发生反转。例如，当股价跌破上升趋势线时，说明空方力量开始变强，此前的上升趋势可能已经结束；当股价突破下降趋势线时，就说明多方开始发动反击，此前的下跌趋势可能已经结束。

通过连接逐级抬高的波段低点得出的连线为上升趋势线，方向向右上方倾斜；通过连接逐级降低的波段高点得出的连线为下降趋势线，方向向右下方倾斜，如图 4－1 所示。

### 4.1.1　买入走势 1：确立上升趋势线

当股价整体走势向上时，投资者可以连接各阶段的低点连线，确立上升趋势线。上升趋势线的确立，表明股价沿着趋势线持续上涨的概率大。如图 4－2 所示，投资者可以在上升趋势线确立后买入股票。

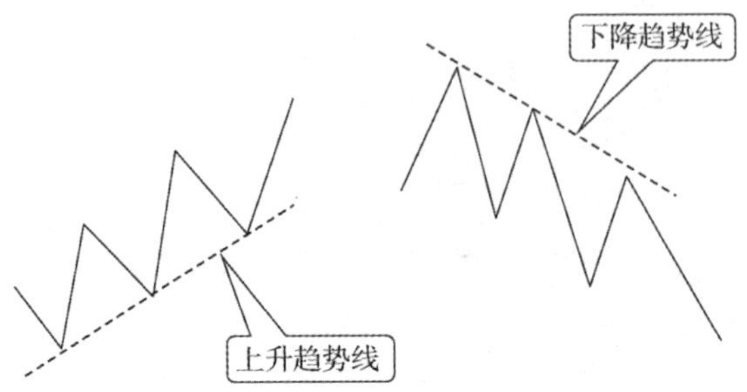


图 4－1　上升趋势线和下降趋势线

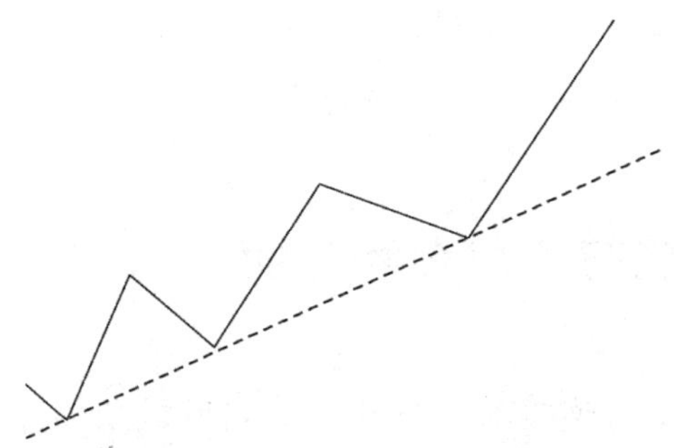

图 4－2　买入走势 1：确立上升趋势线

如图 4－3 所示，2021 年 3 月下旬，药明康德（603259）股价触底反

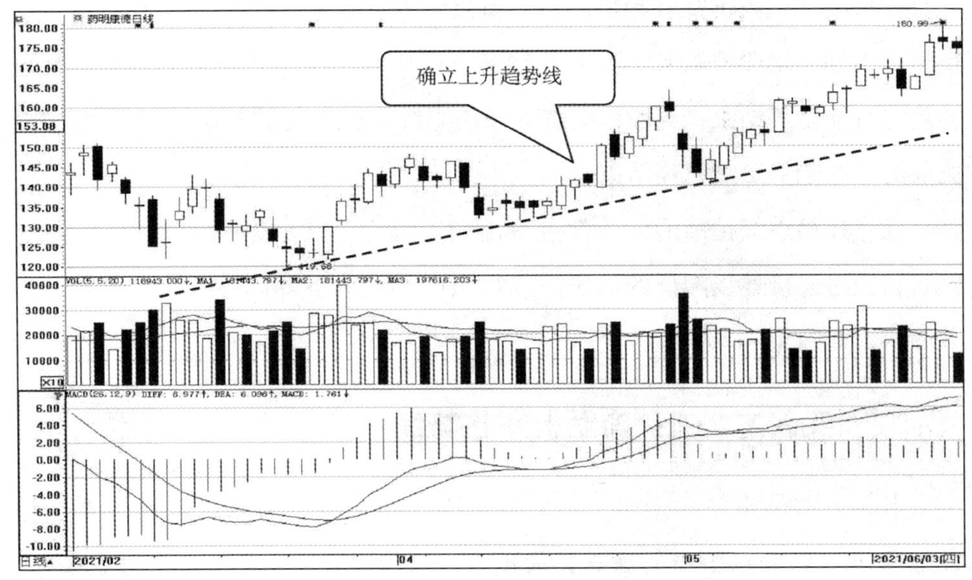


图 4－3　药明康德日 K 线

弹，持续上涨。在股价的攀升过程中，通过连接回调低点画出一条直线，可以得到上升趋势线。当发现该股股价基本沿该趋势线运行后，投资者可以买入股票。

上升趋势线的确立要满足以下 2 点：

1. 有尽可能多的低点都落在这条直线上（至少 2 个），落在上升趋势线上的点越多，其对股价的支撑力度就越大。

2. 要保证股价基本处于上升趋势线的上方，即使有跌破的情形，也只能是短时间或小幅度的跌破。

## 4.1.2　买入走势 2：得到趋势线支撑

当趋势线确立后，该线会对股价的回调有一个支撑作用，如果支撑有效，那么股价从跌势转为涨势，买点相应出现，如图 4－4 所示。

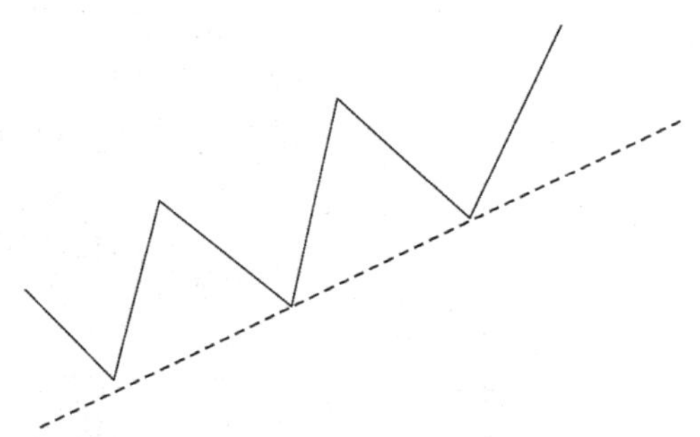

图 4－4　买入走势 2：得到趋势线支撑

如图 4－5 所示，在海辰药业（300584）的股价走势中，通过连接上涨中的低点，可以画出上升趋势线。2022 年 12 月初，股价在回调至趋势线处时得到支撑，此后股价持续上涨，投资者可以在股价得到支撑时买入股票。

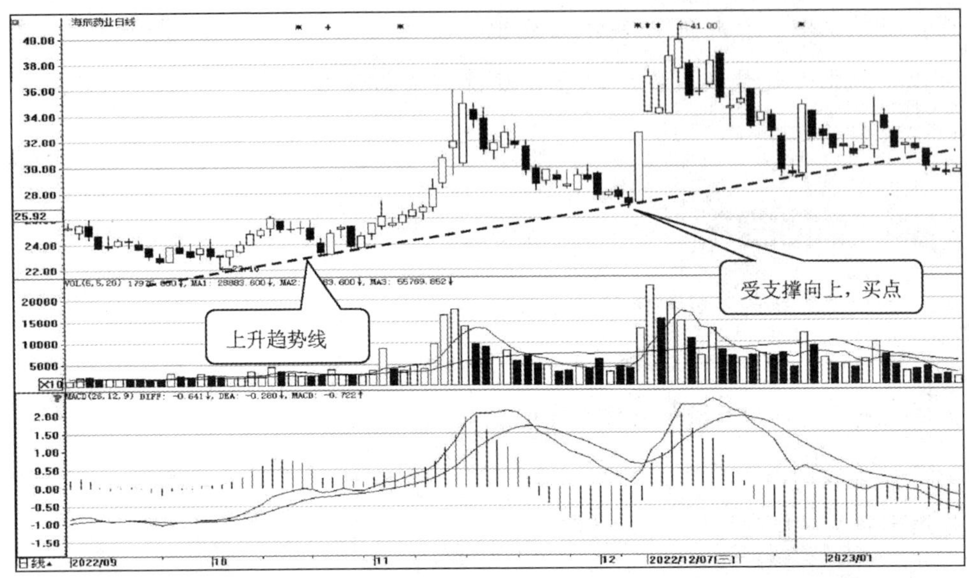


图 4－5　海辰药业日 K 线

如图 4－6 所示，在平煤股份（601666）的股价走势中，通过连接上涨中的低点，投资者可以得到上升趋势线。2022 年 2 月 8 日，股价在回调至趋势

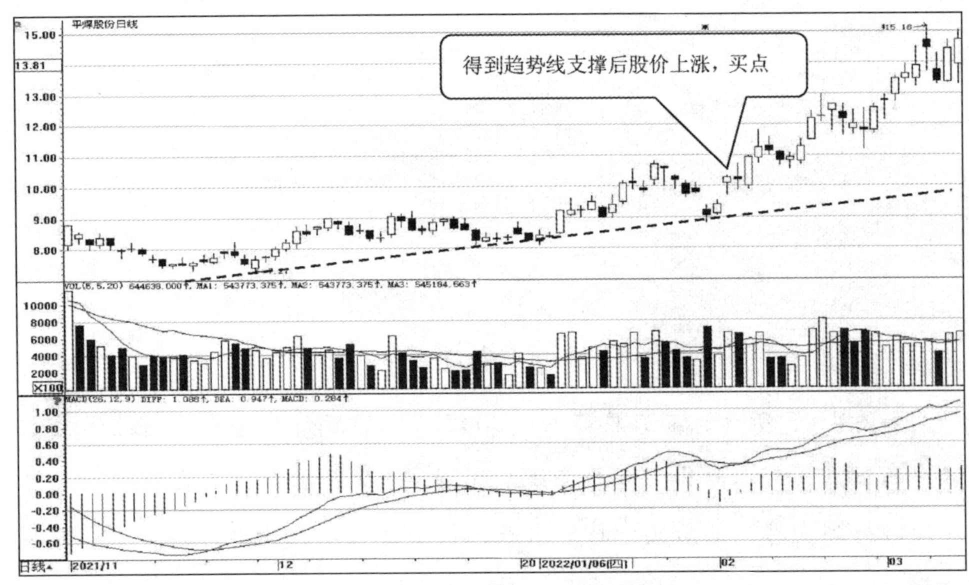


图 4－6　平煤股份日 K 线

线处后，跳空向上，表明趋势线支撑有效，看涨信号较强，投资者可以及时买入股票。

1. 当股价下跌、低点都落在趋势线上时，积极的投资者可以直接买入股票，稳健型的投资者则应等待股价开始回升时买入股票。

2. 通常来说，趋势线确立的时间越长，趋势线角度越平缓，这种操作方法的准确性越高。

### 4.1.3　卖出走势：跌破上升趋势线

如果股价沿着支撑线行进了一段时间后，走势发生改变，前期形成的支撑线被破坏，那么说明此时的空方占据优势，投资者则应卖出股票，如图 4－7 所示。

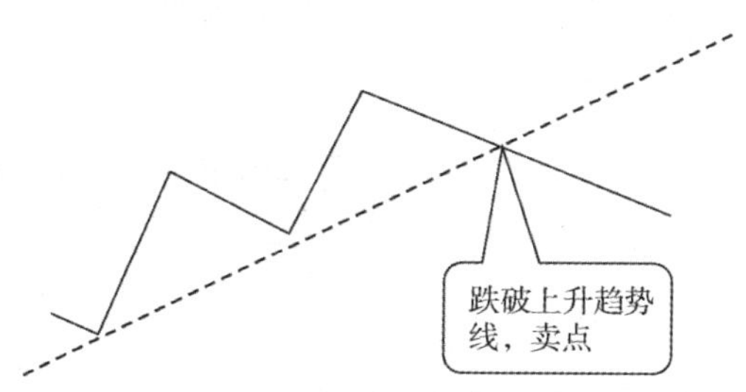


图 4－7　卖出走势：跌破上升趋势线

如图 4－8 所示，在美克家居（600337）的股价走势中，投资者做出一条上升趋势线。2023 年 3 月 14 日，股价下跌，跌破上升趋势线，表明趋势线失效，未来走势看跌，投资者应卖出股票。

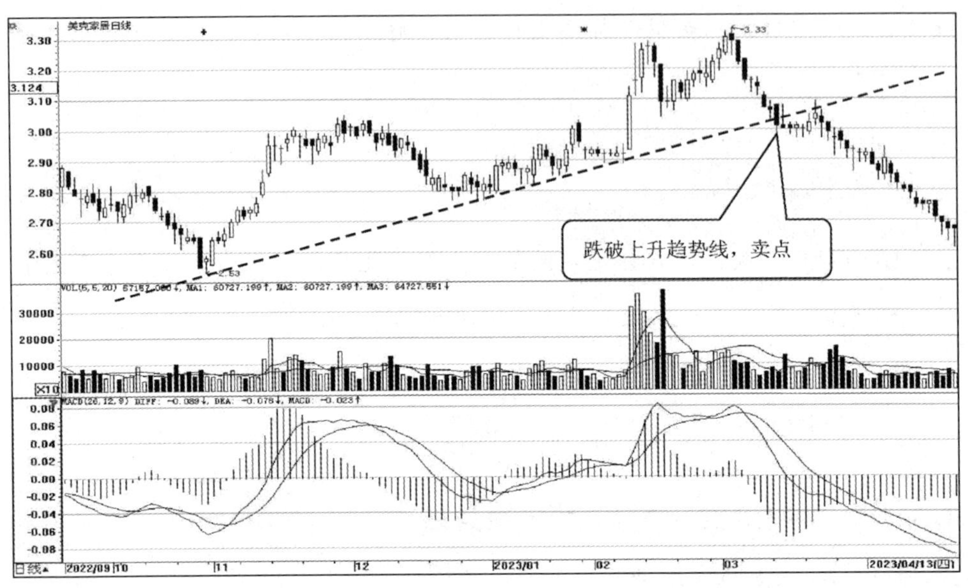


图 4－8　美克家居日 K 线

实战经验

1. 股价跌破上升趋势线，说明上升趋势很可能已经转弱，投资者应在跌破上升趋势线时卖出股票。

2. 股价跌破上升趋势线后，投资者应重新对该股走势进行判断，原趋势线不可再用。

## 4.2　按趋势反转的 6 种走势买卖

如果在较长时期内，股价均为上涨或下跌走势，而在某一阶段，走势出现特定的图形，之后趋势发生反转。这些特定图形对走势反转往往有预测作用，投资者可以根据这些图形预测反转的发生。

### 4.2.1　买入走势 1：双重底形态

双重底形态是指股价的底部由两个低点构成，这两个低点价位大致相同，形似字母“W”，如图 4－9 所示。双重底形态表明股价在经过前期下跌之后，下跌动能逐步削弱，而上涨动能逐步积聚。当股价放量突破颈线时，上涨趋势初步形成；之后，股价不再跌破颈线，上涨趋势彻底形成。有时，股价突破颈线时会有一个回抽确认的过程。因此，实战中该形态有两个买点：突破买点和回抽确认买点。

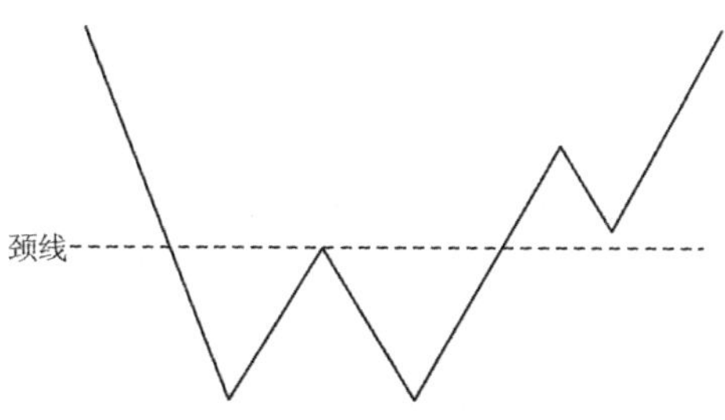


图 4－9 买入走势 1：双重底形态

如图 4－10 所示，2022 年 9 月至 10 月，东湖高新（600133）股价连续两次下跌至几乎同一位置获得支撑，形成了双重底形态。这个形态是股价将会见底反弹的信号。在第一个底部结束后反弹的高点做水平线，可以得到该形

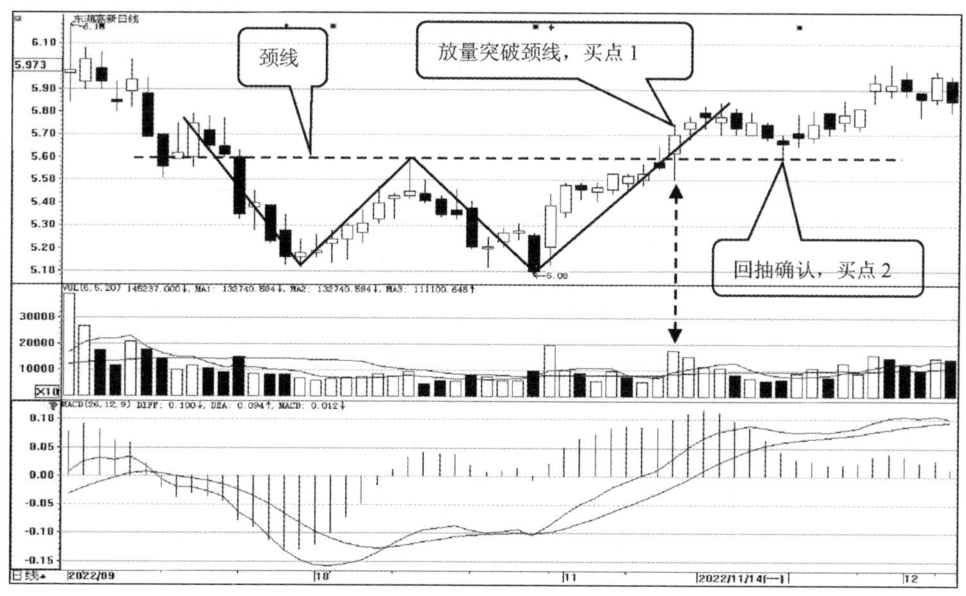


图 4－10 东湖高新日 K 线

态的颈线。

11 月 10 日，股价放量突破颈线，此时投资者可以积极买入股票。11 月 21 日，股价回抽确认，买点 2 出现。

1. 投资者买入之后，可以将止损位设置在颈线附近。一旦股价后来的走势跌破颈线，就表明向上突破失败，投资者要注意及时出场。

2. 一般来说，两个底的累计换手率越大，双重底形态的看涨信号越可靠，未来股价的上涨空间也会更大。

### 4.2.2 买入走势 2：头肩底形态

头肩底形态在下跌行情的后期形成。股价连续三次下跌都获得支撑，形成三个底部。三个底部从左到右依次叫作左肩、头部、右肩。左右两个肩部的最低价基本相同，中间底部的最低价略低，将左肩与右肩之间的高点相连，就形成了颈线，如图 4－11 所示。

与双重底类似，该形态也有突破颈线买点和回抽确认买点，只是后者有时不出现。

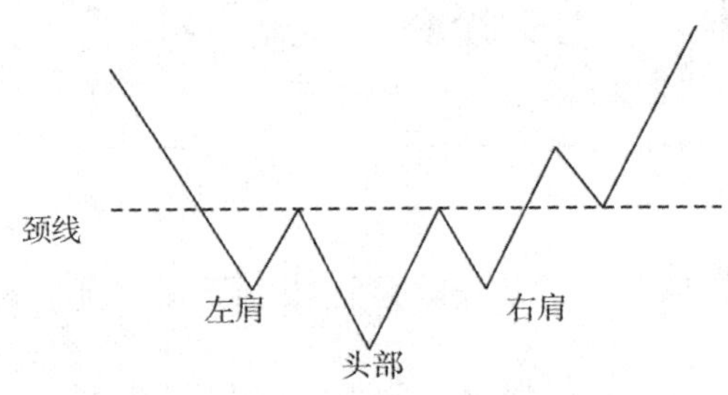


图 4－11　买入走势 2：头肩底形态

如图 4－12 所示，2023 年 5 月至 7 月，粤宏远 A（000573）日 K 线图上出现头肩底形态。7 月 19 日，股价放量向上突破颈线，表明上涨动能强劲，

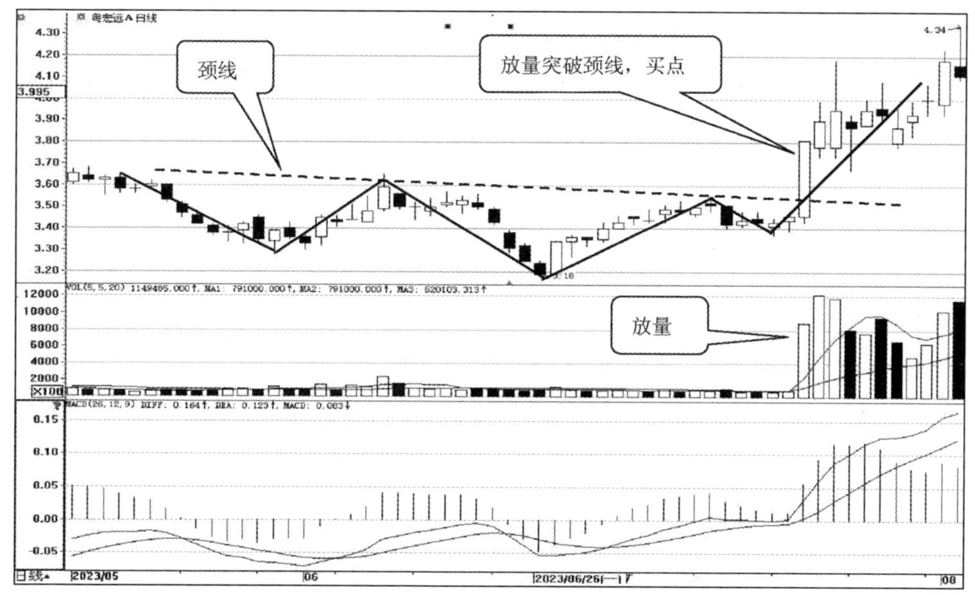


图 4－12　粤宏远 A 日 K 线

上方抛压已经很弱，此时投资者可以积极买入股票，之后股价迅速冲高，上涨趋势彻底确认。

1. 在头肩底形态形成过程中，左肩和头部的成交量大致相等。而右肩区域成交量往往大幅放大，出现放量向上突破行情。这是市场由下跌趋势转为上涨趋势的标志。

2. 如果股价向上突破颈线时成交量较大，即出现放量，则股价上涨的势头更为强劲。

### 4.2.3　买入走势 3：三重底形态

三重底形态在下跌行情的末期形成。股价连续三次下跌获得支撑，形成三个底部，第一个底和第二个底形成后，股价反弹到一个几乎相同的价位时遇到阻力回调，形成两个顶。连接这两个顶部的高点就得到颈线。第三个底

形成后，股价突破颈线，形成三重底形态，如图 4－13 所示。

三重底的买入方法与双重底相似，都是在股价突破颈线和回抽确认的时候买点出现。注意，买点 2 有时不会出现。

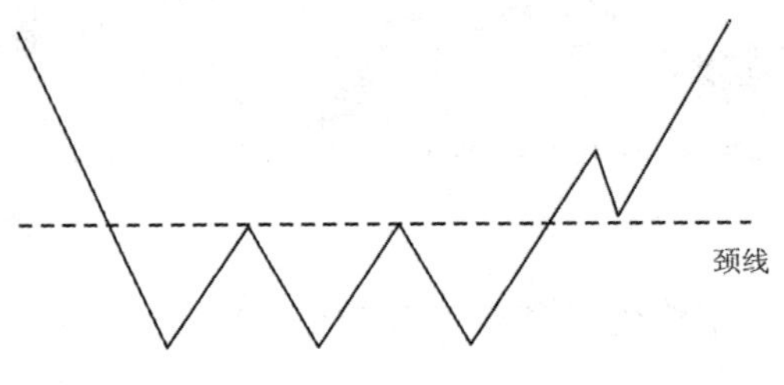


图 4－13　买入走势 3：三重底形态

如图 4－14 所示，在经过一波下跌走势之后，2021 年 12 月到 2022 年 5 月，中兵红箭（000519）出现三重底形态，发出看涨信号。

5 月 27 日，该股股价向上放量突破三重底形态的颈线，表明上涨趋势已经形成，买点出现。投资者要注意把握该买点。

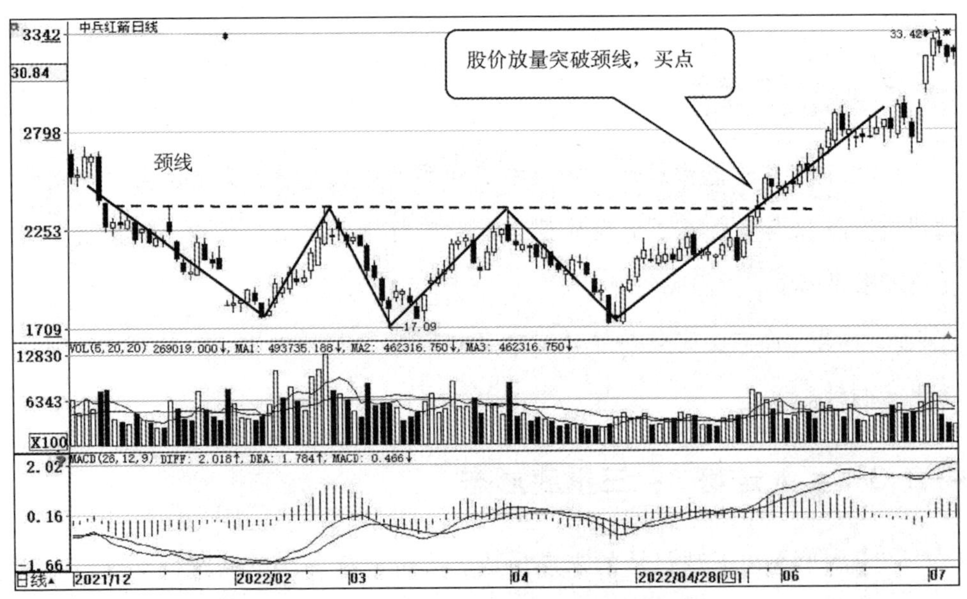


图 4－14　中兵红箭日 K 线

1. 股价连续三次下跌都获得支撑，表明空方力量在底部震荡中逐渐衰竭，该形态比双重底形态发出的看涨信号更强。

2. 在三重底形成过程中，成交量越大，说明空方力量被消化得越充分，该形态的看涨信号就越强烈。

### 4.2.4　买入走势 4：圆弧底形态

圆弧底形态在下跌行情的后期出现。股价下跌一段时间后，下跌的速度逐渐减缓，开始在低位反复震荡。如果将反复震荡的低点用线连接起来，形成一个向下凹陷的圆弧形状，这种形似圆弧的 K 线组合，形成了圆弧底形态，如图 4 – 15 所示。

圆弧底形态并不常见，但是一旦出现，后面的升势往往比较猛烈。同时，圆弧底也是较难把握的一种底部形态。投资可以在形态初步呈现、股价逐步攀升时就开始买入，也可以在形态确认、股价放量上涨时买入。

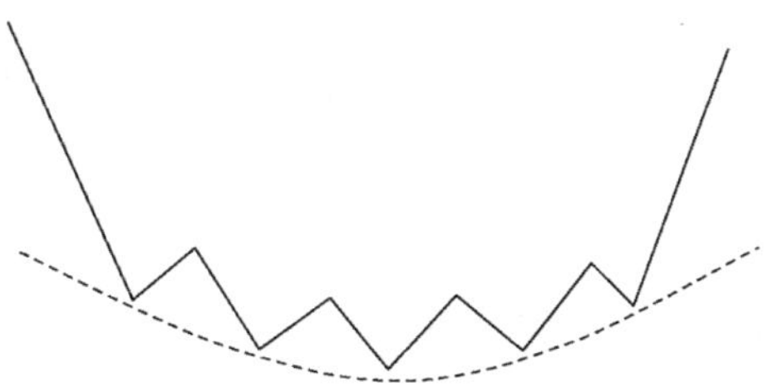

图 4 – 15　买入走势 4：圆弧底形态

如图 4 – 16 所示，2022 年 9 月下旬至 11 月上旬，国金证券（600109）日 K 线图上出现圆弧底形态。

11 月 10 日，股价放量上涨，突破前期高点。此时圆弧底形态已经基本可以确认，投资者可以买入股票。

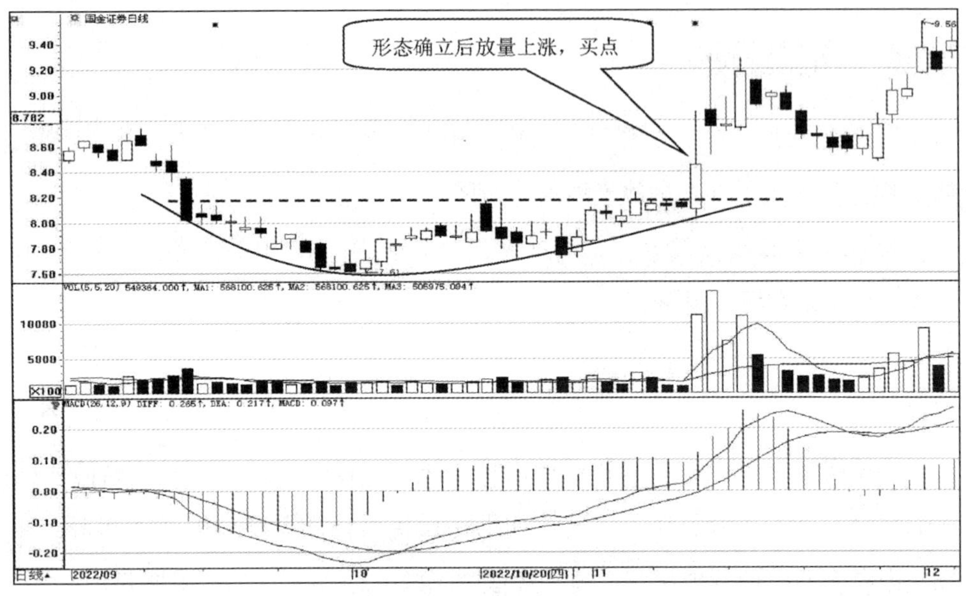


图 4－16　国金证券日 K 线

1. 圆弧底形态表示市场由空方主导行情逐渐变成多方主导行情，为股价见底反转的信号。

2. 当圆弧底形态形成后，股价可能会出现加速上涨趋势，投资者此时可以积极买入股票。

### 4.2.5　卖出走势 1：头肩顶形态

头肩顶形态通常出现在上涨过程中。K 线在高位形成三个顶，中间的顶较其他两个高，成为“头部”，另外两个顶高度基本一致，分别成为“左肩”和“右肩”，这种形态构成了头肩顶形态，如图 4－17 所示。两次上冲后股价回落，形成的低点连线可以得到一条水平线，为颈线。一旦股价跌破颈线，就表明下跌趋势形成，卖点出现。有时，股价在跌破颈线后会有一个反弹确认的过程，也是卖点。

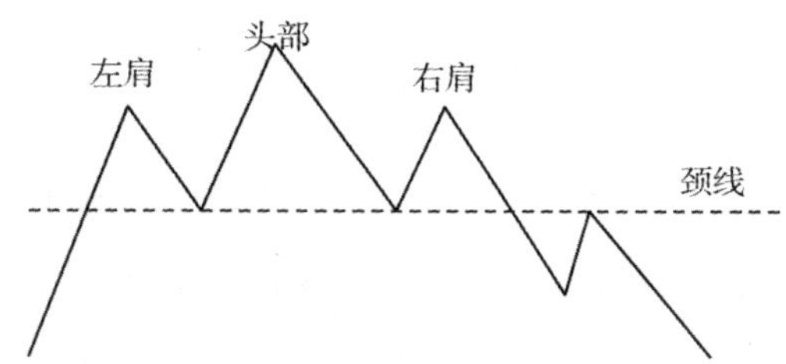


图 4－17　卖出走势 1：头肩顶形态

如图 4－18 所示，2022 年 6 月至 8 月，中材科技（002080）日 K 线上出现头肩顶形态。2022 年 8 月中旬，股价第三次上涨不能再创新高，同时成交量也逐渐萎缩，此时投资者要警惕。8 月 17 日，股价见顶回调。8 月 25 日，股价跌破颈线，卖点出现，下跌趋势成立，投资者要注意及时出场。

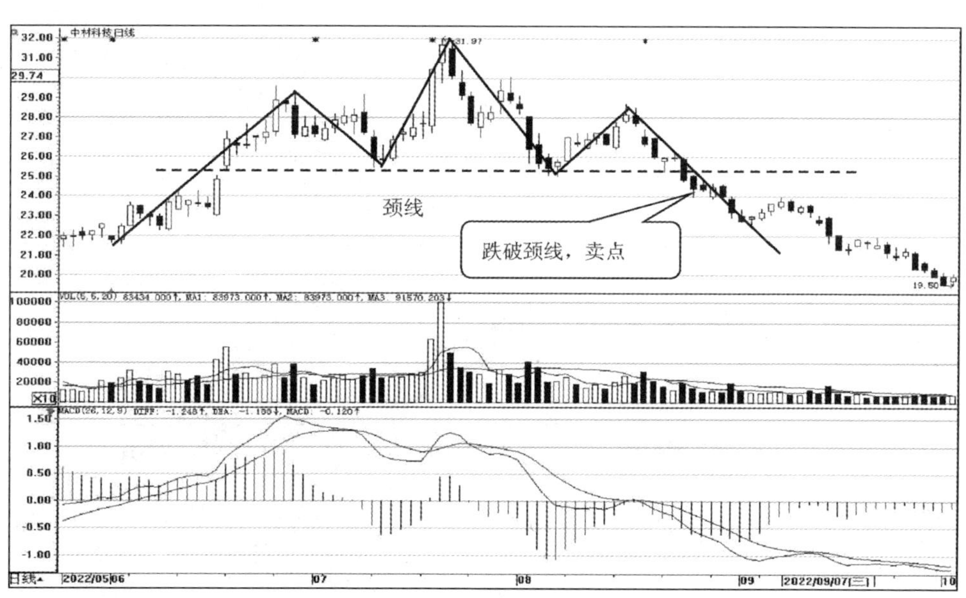


图 4－18　中材科技日 K 线

1. 头肩顶形态形成的时间越长，该形态的看跌信号就越强烈。

2. 在头肩顶形态形成的过程中，如果左肩至右肩的成交量呈现出递减趋势，那么见顶信号更强。

## 4.2.6 卖出走势2：双重顶形态

双重顶形态出现在上涨过程中。K 线在顶部形成两个顶，且两个顶基本位于同一价格水平上，形成双重顶形态，如图 4－19 所示。

该形态在实战中较为常见，跟头肩顶形态类似，其卖点通常也有两个：跌破颈线和反弹确认（不一定出现）时。前者表示股价无法再创新高并跌破前期支撑位，是下跌趋势形成的标志；后者则表明多方的反扑无力，下跌趋势彻底确立，还持有股票的投资者要注意及时清仓。

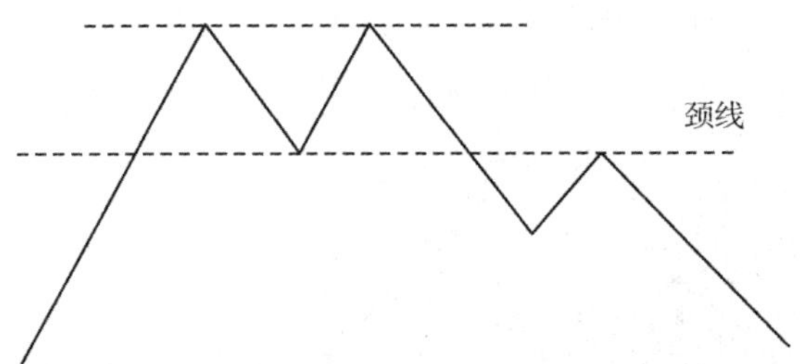


图 4－19　卖出走势2：双重顶形态

如图 4－20 所示，2022 年 8 月至 9 月，沃尔核材（002130）构筑了一个

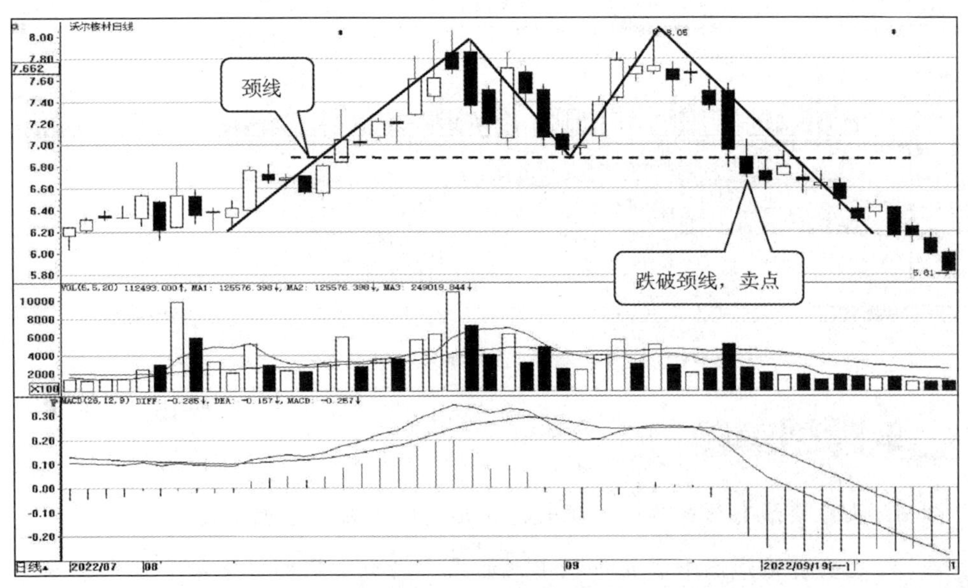


图 4－20　沃尔核材日 K 线

双重顶形态，形态完成后，该股出现大幅下跌走势。对于中线投资者来说，如果能够识别出这个日 K 线的顶部形态，则可以把握住顶部的中线卖出时机。

1. 股价跌破颈线，表示双重顶形态完成，此时是投资者卖出股票的时机。

2. 股价跌破颈线后可能出现反弹，如果反弹不能有效突破颈线，则双重顶形态有效，后市仍然看跌。

## 4.3　按趋势整理的 6 种走势买卖

整理形态是股价走势中的一类特定形态。在整理形态中，股价按照特定的路线前进。而当整理形态即将结束，股价选择了突破的方向时，后市走势就会按照这个方向进行。

### 4.3.1　买入走势 1：三角形整理形态结束后上涨

三角形整理形态，指股价在震荡中产生的阶段性高点的连线与阶段性低点的连线组合而成类似三角形的形态。股价在经过一定幅度的上涨或者下跌后，开始进入震荡整理走势，且该走势形态上类似于三角形。当股价经过一段时间的震荡整理，于某一交易日向上突破三角形整理形态的上边线时，表明形态完成，股价走势将向上，形成买点，如图 4－21 所示。实战中，这种三角形又被称为上升三角形。

如图 4－22 所示，2021 年 10 月下旬至 12 月下旬，傲农生物（603363）日 K 线图上出现三角形整理形态。

在两个月中，傲农生物股价持续在一个三角形整理区间内震荡。2021 年 12 月 27 日，股价向上突破三角形上边线，形成买入信号。此时投资者

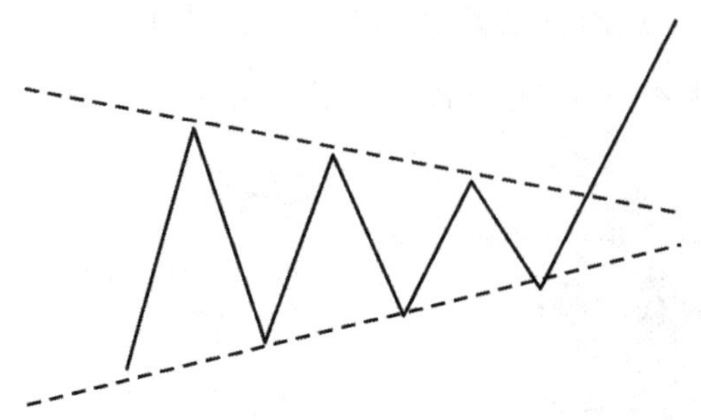

图 4－21　买入走势 1：三角形整理形态结束后上涨

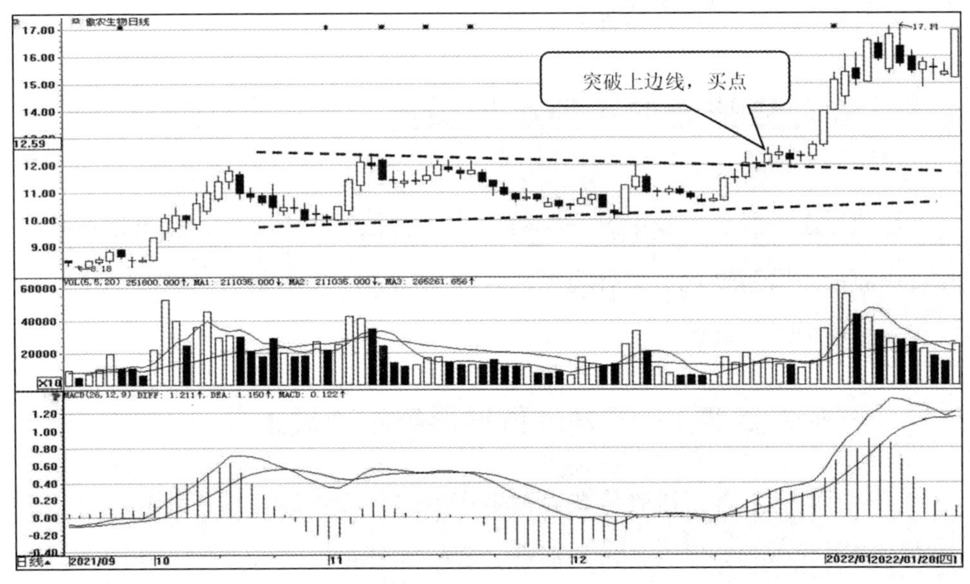


图 4－22　傲农生物日 K 线

可以买入股票。

## 实战经验

1. 当股价向上突破三角形整理区间时，说明股价方向选择向上，投资者可以在形成突破时买入股票。

2. 股价在三角形内上下震荡期间，振幅逐渐收窄，成交量通常也会逐渐缩小，当股价向上突破时，如果有成交量放大与之配合，则看涨信号更强烈。

### 4.3.2 买入走势 2：突破矩形整理形态上边线

矩形整理形态，指在股价运行过程中，上升浪的高点基本在一个价位附近，下跌浪的低点也基本处在同一价格水平，此时连接阶段性高点和低点画出两条水平的直线，从而构成一个类似矩形的通道。

股价在矩形整理形态后期，向上放量突破矩形上边线，这种走势即突破矩形整理形态上边线，如图 4－23 所示。需要注意的是，股价突破上边线后，有可能出现回调，如果回调不跌破上边线，则是对上涨走势的确认。

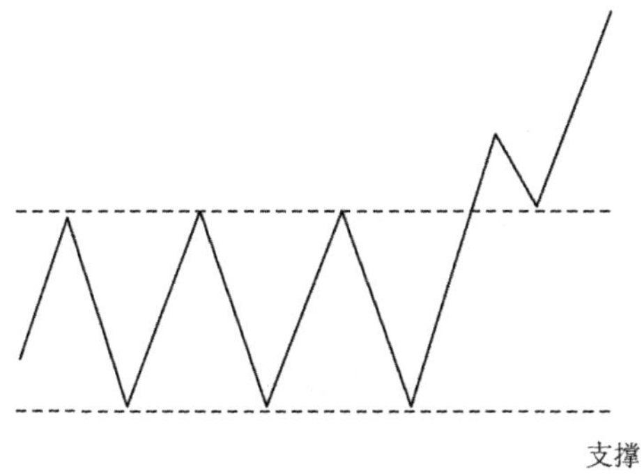


图 4－23 买入走势 2：突破矩形整理形态上边线

如图 4－24 所示，2022 年 11 月底至 2023 年 3 月中旬，中信银行（601998）以矩形形态不断震荡，同时伴随着成交量的降低。在这个过程中，股价多次在矩形上边线处受阻回落，在下边线处止跌回稳。

2023 年 3 月 16 日，股价向上突破矩形上边线，买点出现。

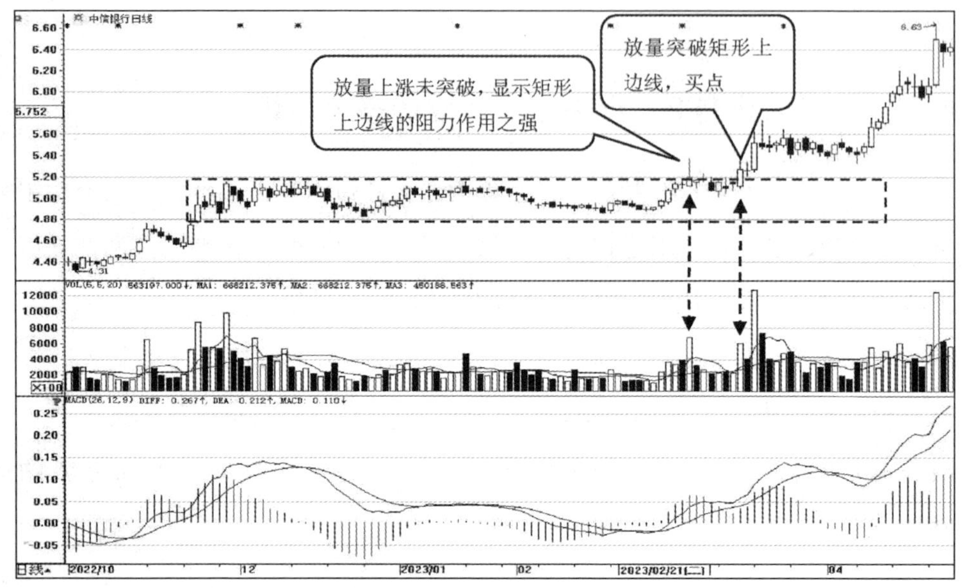


图 4－24　中信银行日 K 线

实战经验

1. 投资者买入之后，可以将矩形上边线作为止损位。之后的走势一旦跌破该价位，就表明先前的突破失败，投资者要注意积极出场。

2. 如果突破矩形上边线后，股价回调得到上边线受到支撑，这也构成一个买点。

3. 矩形整理形态既可以出现在股价上涨趋势中，也可以出现在下跌趋势的末期。

### 4.3.3　买入走势 3：突破下降楔形上边线

在上涨趋势中，股价缩量回调，以楔形的形态不断震荡。之后，股价放量突破楔形上边线。这种走势即突破楔形上边线，如图 4－25 所示。这里的楔形左高右低，呈下降趋势，被称为下降楔形。

突破楔形上边线表明造成股价下跌的抛盘力量只是来自上升行情中的获

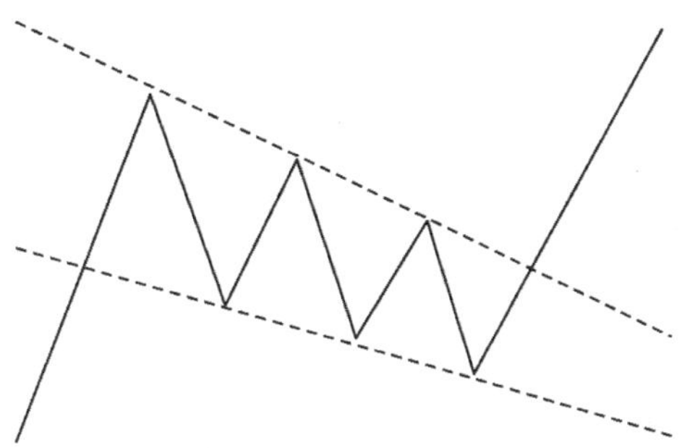

图 4－25　买入走势 3：突破下降楔形上边线

利回吐，并没有新的空方力量进场。经过震荡整理后，股价继续上涨的可能性较大，为买入信号。

如图 4－26 所示，在经过一波上涨走势之后，2022 年 5 月下旬到 6 月下旬，华菱线缆（001208）缩量回调，以下降楔形的形态不断震荡。

2023 年 6 月 24 日，该股股价放量向上突破楔形上边线，买点出现。

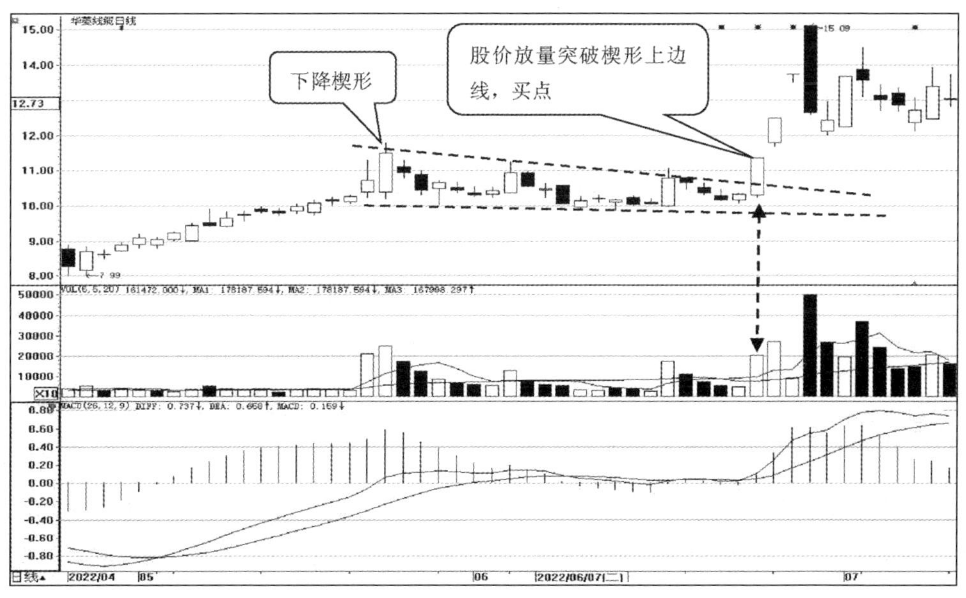


图 4－26　华菱线缆日 K 线

1. 投资者买入之后，可以将楔形上边线当作止损位。

2. 在股价回调的过程中，为更加精准地把握买点，投资者可以结合其他技术指标来进行综合性的研判。

### 4.3.4 卖出走势1：三角形整理形态结束后下跌

三角形整理形态出现后，当股价经过一段时间的震荡整理，于某一交易日向下跌破三角形整理形态的下边线时，表明形态完成，股价走势将向下，形成卖点，如图4－27所示。

这种下降趋势中出现的三角形又称下降三角形，实战中既有等边三角形（图4－27中所示类似等边三角形）又有直线三角形，其用法是一样的。

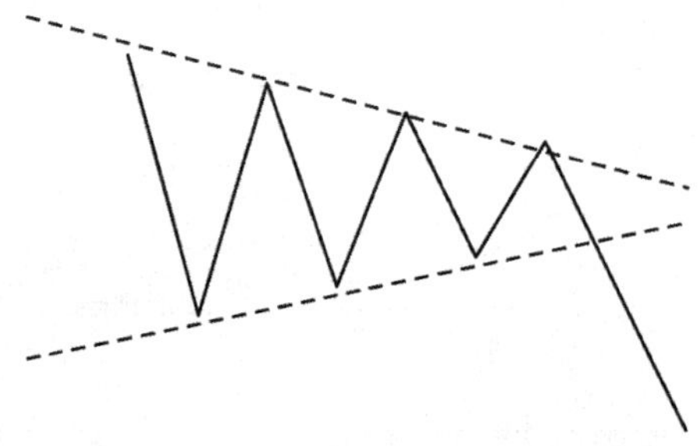

图4－27 卖出走势1：三角形整理形态结束后下跌

如图4－28所示，2022年3月至4月，盈峰环境（000967）日K线图上出现熊市中的三角形整理形态。

在反复震荡行情中，盈峰环境股价多次在同一价位获得支撑，但获得支撑后反弹的高点却越来越低。这表示多方力量不足，已经渐渐无力支撑股价。如果此时投资者手中持有股票，虽然不必急于卖出，但应该密切关注股价变化。

4月21日，股价放量跌破三角形下边线，卖点出现。此时投资者应该尽快将手中的股票卖出。

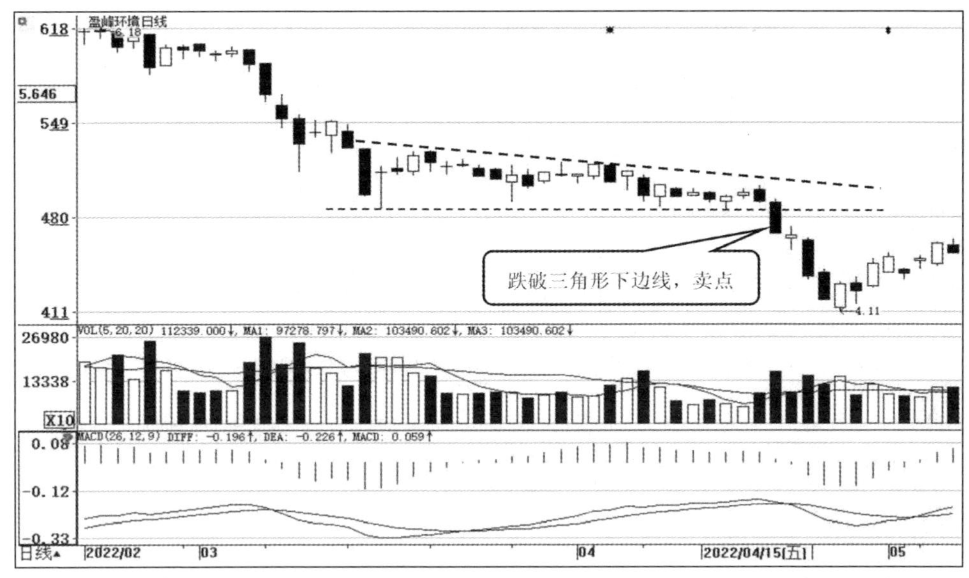


图 4－28　盈峰环境日 K 线

1. 三角形整理形态中，股价跌破三角形下边线，表明整理结束，形成卖出信号。

2. 三角形整理形态将要结束时，投资者需要注意突破或跌破的有效性。如果只有某根 K 线的影线在边线之外，这种突破或跌破并不是有效的，不构成买卖信号。

### 4.3.5　卖出走势 2：跌破矩形整理形态下边线

前文已经对突破矩形整理形态的买入技巧进行了说明。矩形整理形态是股价介于上涨和下跌之间的一种休整状态，在矩形通道中，股价在两条平行线之间上下震荡、横向伸展，直到股价形成突破。股价在矩形通道内震荡盘整一段时间后，除了向上突破，还可能向下跌破矩形整理形态的下边线，这种走势构成卖出信号，如图 4－29 所示。

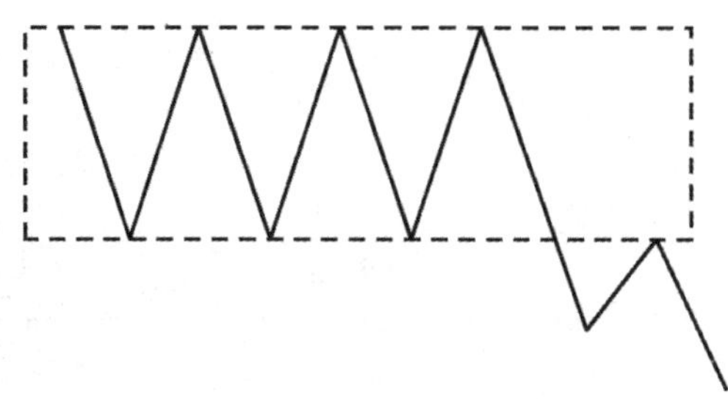

图 4－29　卖出走势 2：跌破矩形整理形态下边线

如图 4－30 所示，2022 年 4 月底，锡业股份（000960）股价经过一段时间的下跌之后进入震荡整理走势，且震荡中产生的阶段性高点和低点分别处于同一价格水平上，用直线将这些高点和低点分别连接后，形成矩形整理形态。

2022 年 7 月 15 日，股价向下跌破矩形下边线，卖点 1 出现。之后，股价反弹确认，又形成了卖点 2，投资者要注意把握。

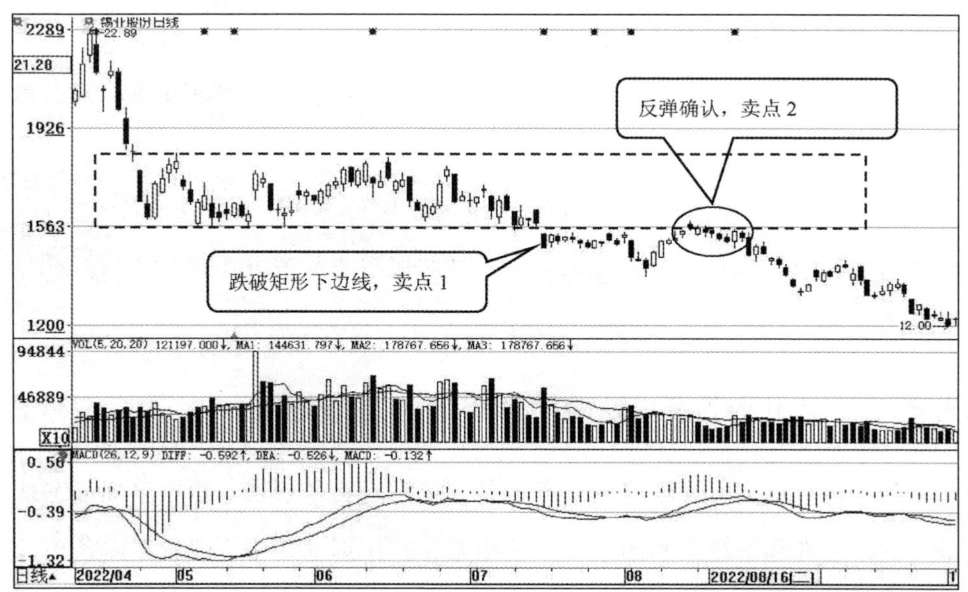


图 4－30　锡业股份日 K 线

1. 股价在矩形通道内震荡盘整一段时间后，向下跌破矩形整理形态的下边线，表明矩形整理结束，股价选择向下，为卖出信号。

2. 如果跌破矩形整理形态的下边线后，股价小幅回升，但不能突破矩形下边线，则表明整体走势仍处于弱势，继续下跌的概率大。

## 4.3.6　卖出走势 3：跌破上升楔形下边线

上升楔形是一个形似向上倾斜的木楔的整理形态。股价在整理中上涨，上方阻力线和下方支撑线均为向上倾斜的直线，但通常阻力线要比支撑线平缓一点，如图 4－31 所示。

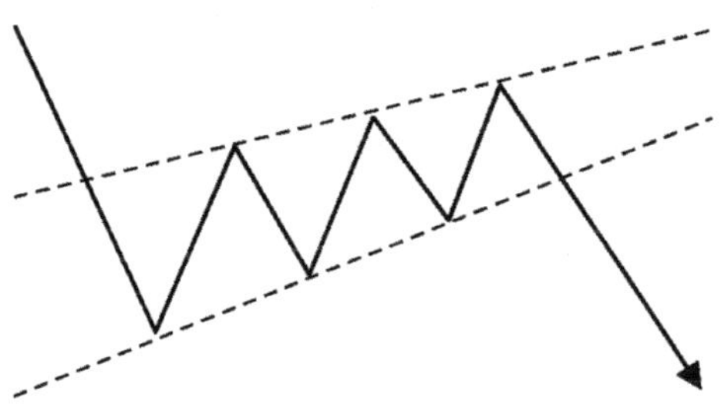

图 4－31　卖出走势 3：跌破上升楔形下边线

上升楔形形态出现在一段大幅下跌后的震荡反弹过程中。上升楔形形态只是多方在遭到持续打压后的一次无力挣扎，属于长期下跌过程中的短暂反弹行情，股价总的运行趋势不会因楔形改变，仍会沿原有趋势运行。

如图 4－32 所示，2022 年 10 月至 11 月，魅视科技（001229）的日 K 线图上出现了上升楔形形态。这表明股价在空方的打压下一路下跌，在股价下跌一段时间后，多方力量奋起挣扎，推动股价缓慢上升，形成一个楔形形态。而当股价上升到一定幅度时，空方力量再次来袭，股价将进入新

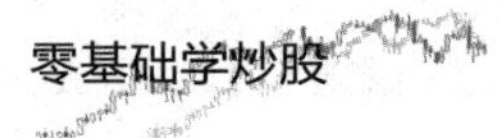

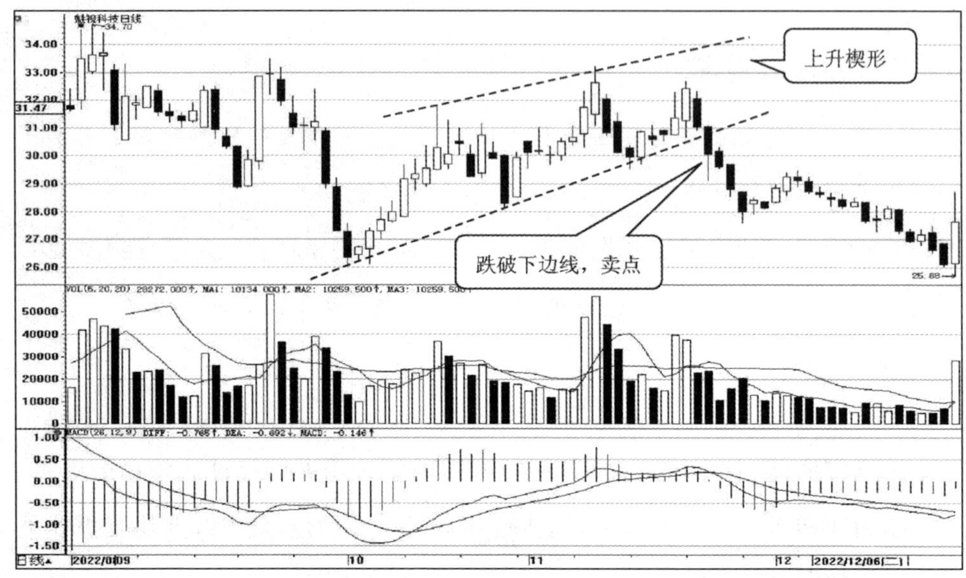


图 4－32　魅视科技日 K 线

一轮的下跌行情。

11 月 23 日，股价向下跌破上升楔形下边线，卖点出现。

# 第 5 章

# 利用技术指标找买卖点

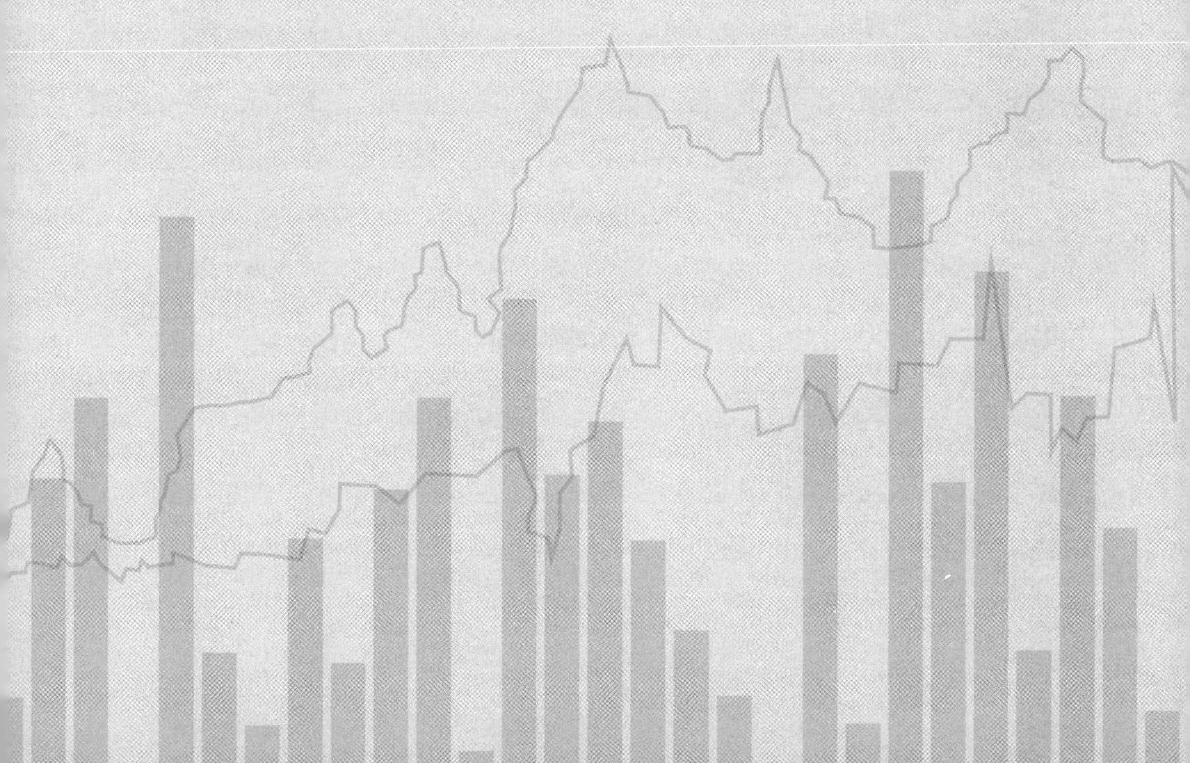

技术指标，指通过各种数学公式计算得出的股票数据集合，可以帮助投资者分析股价波动的趋势，评估买卖股票的风险，让投资者精确地找到买卖点。本章主要介绍的技术指标有均线指标、成交量指标、MACD 指标、KDJ 指标和 BOLL 指标。

## 5.1　按均线指标的 7 个形态买卖

均线指标是移动平均线指标的简称，可简写为 MA，它是一种趋向型技术指标。按照周期的不同，投资者可以将均线分为短期均线、中期均线和长期均线。一般来说，30 日以内的均线可看作短期均线，60 日左右的均线可看作中期均线，120 日及更长期的均线可看作长期均线。在实际使用中，投资者还可以根据实际情况或个人爱好，对均线日期参数进行调整。不同周期的均线指标如图 5－1 所示。

均线的使用范围很广，一旦均线指标发出买卖信号，会影响到投资者的买卖行为。例如，股价突破均线形成看涨信号后，会有大量的买盘推动股价的上涨。

### 5.1.1　买入形态 1：突破均线

当股价上涨至 30 日均线时，会受到均线的强阻力。如果股价在上涨至 30 日均线时没有成交量的配合，则股价往往会调头下跌。在成交量放大后，股价才有可能突破 30 日均线。

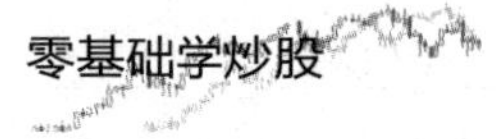

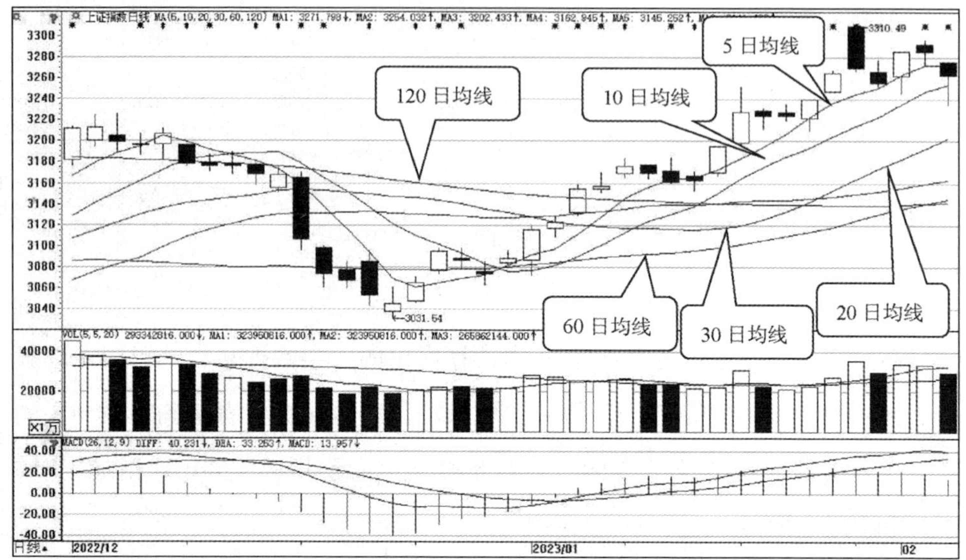


图 5－1　不同周期的均线指标

如果股价突破 30 日均线，且成交量放大，表明多方力量开始占据主导，后市看涨，买点出现。如图 5－2 所示，股价在低位运行一段时间后，放量向上突破了 30 日均线。

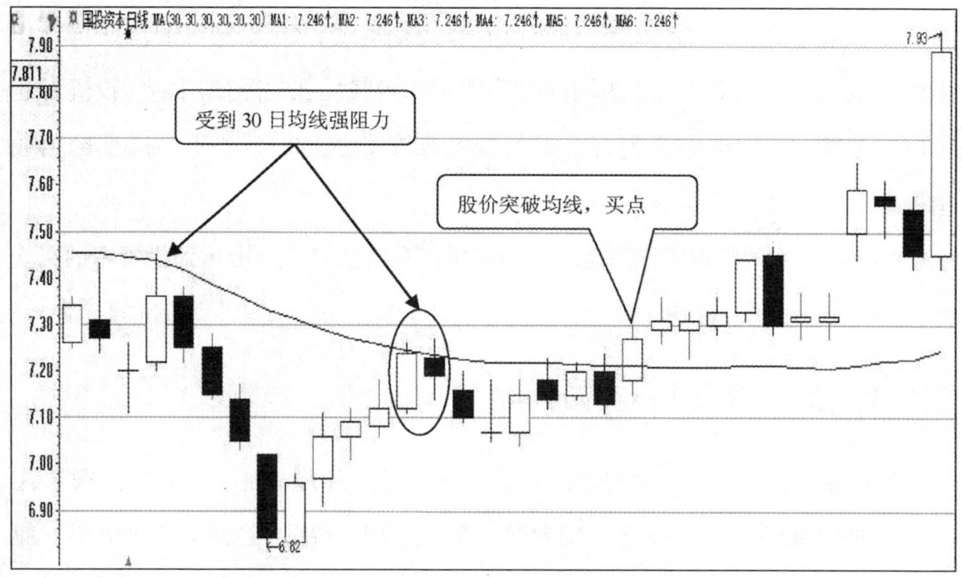


图 5－2　买入形态 1：突破均线

如图 5－3 所示，2022 年 10 月 31 日，黄山旅游（600054）的股价突破了其 30 日均线。这样的形态说明经过一段时间的上涨后，最近 30 个交易日内买入股票的投资者多数都已经处于盈利状态。他们将持续看好后市，未来股价将继续上涨。

当股价对 30 日均线形成有效突破后，买入时机出现。

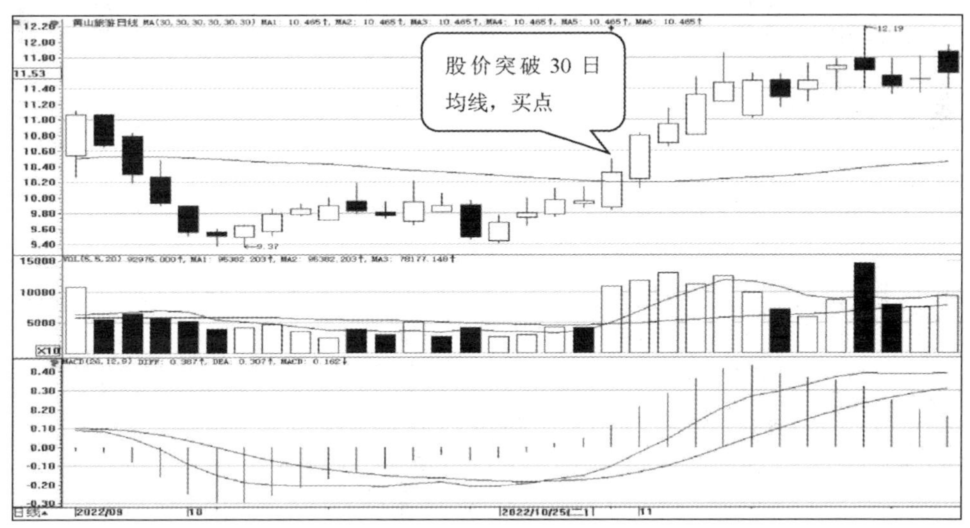


图 5－3　黄山旅游日 K 线

如图 5－4 所示，2023 年 7 月 3 日，皖维高新（600063）的股价放量突破其 30 日均线。这个形态是看涨买入信号，此时是第一个买入时机。

7 月 11 日，股价回抽到 30 日均线后获得支撑。这次回抽是对之前突破形态的确认，此时第二个买入时机出现。

在实战中，60 日均线也比较常用。

如图 5－5 所示，2022 年 2 月下旬至 3 月初，皖维高新（600063）在震荡下跌过程中受到 60 日均线的阻力。这个形态说明 60 日均线是股价下跌重要的阻力线。

3 月 29 日，股价放量突破 60 日均线。这说明多方力量开始将股价向上拉升，此时投资者可以积极买入股票。

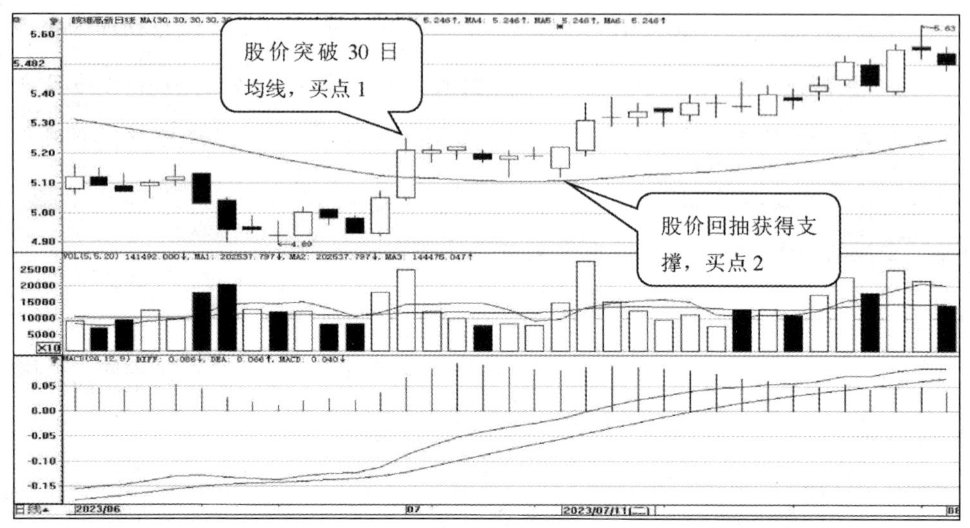


图 5－4　皖维高新日 K 线 1

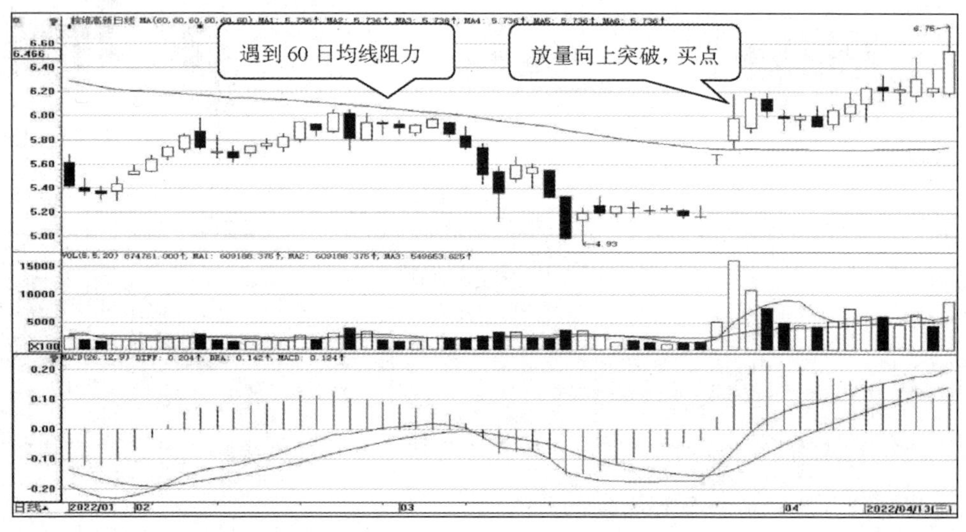


图 5－5　皖维高新日 K 线 2

实战经验

1. 一旦股价突破 30 日均线，这条均线就会由阻力线变成支撑线。未来股价下跌到这条均线位置时还有可能会见底反弹。

2. 股价在均线处的受阻时间短，同时成交量同步放大，则该形态的看涨信号就会更加强烈，在股价突破均线后的涨势也更凶猛。

3. 除了 30 日均线，实战中的投资者也可以使用其他周期的均线作为参考依据。

## 5.1.2　买入形态 2：获得均线支撑

这里继续以 30 日均线为例。30 日均线既是股价上涨的压力位，又是股价下跌的支撑位。如果股价下跌到 30 日均线位置止跌回稳，就表示股价在这个位置获得支撑。未来一旦股价脱离 30 日均线的支撑再次向上，就形成买入机会。

股价在 30 日均线处获得支撑表示多方力量凝聚在此价位，只要股价跌至该价位，就有多头买入。股价受到多方力量的强支撑，预示着多方力量不断买入，势必推动股价进入新的上涨行情。如图 5 –6 所示，股价跌至 30 日均线时受到支撑，之后出现新一波上涨走势。

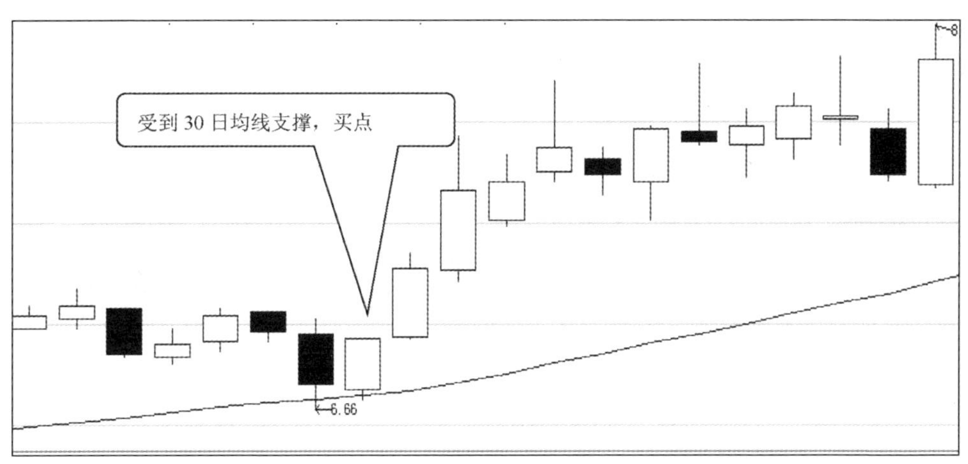


图 5 –6　买入形态 2：获得均线支撑

如图 5 –7 所示，2023 年 2 月至 3 月，海信视像（600060）股价两次下跌到其 30 日均线附近后并没有跌破 30 日均线，而是沿均线缓慢上涨。这个形态说明 30 日均线对股价形成了有效的支撑，未来股价还会继续上涨。当股价获得支撑开始上涨时，投资者可以抄底买入股票。

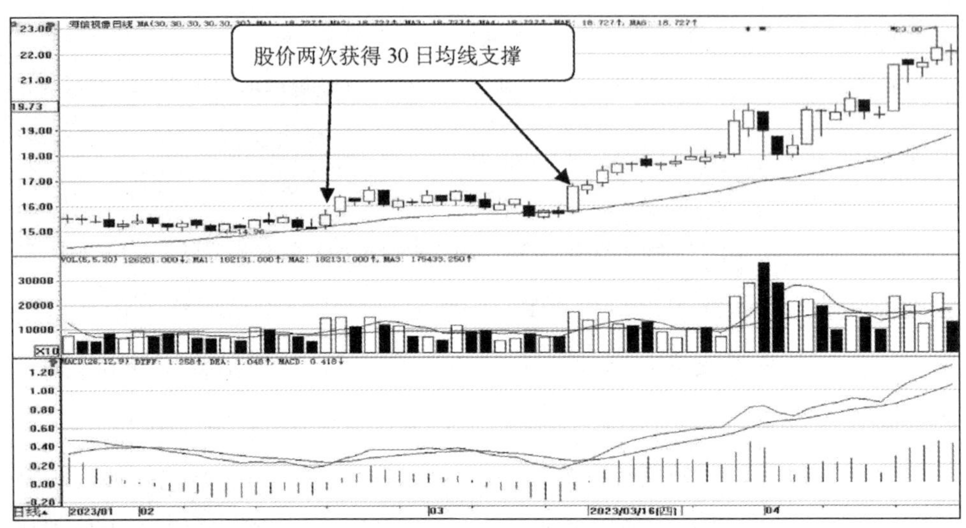


图5-7 海信视像日K线

1. 均线周期选择的关键是合适，实战中最好根据历史数据选择最适合的均线周期。

2. 当股价跌至均线位置时，短线投资者可以在股价缩量企稳时买入，而稳健的投资者则可以等待股价开始回升时，再入市买入股票。

3. 买入股票的投资者，可将止损位设在30日均线处，一旦股价跌破止损位，应尽快卖出股票。

## 5.1.3 买入形态3：均线黄金交叉

均线黄金交叉是指短期均线上穿长期均线所形成的交叉形态，如图5-8所示。在黄金交叉形态中，短期均线和长期均线都是向上的上升走势，表明整体走势处于上涨行情的初期或者上涨行情的中期。

均线黄金交叉表示多方力量极其强势，拉升股价进入上涨行情。有时候，短期均线突破长期均线后还会有一个回抽确认的过程，也是重要买点。

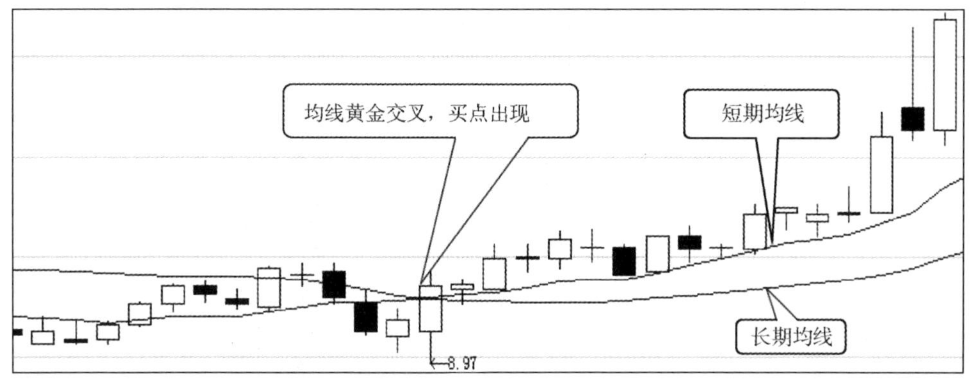


图5-8　买入形态3：均线黄金交叉

如图5-9所示，2023年7月21日，冠城大通（600067）的10日均线成功放量突破30日均线，此时30日均线逐渐走平并开始上涨。二者形成了均线金叉形态。这个形态说明随着股价不断上涨，短期内的交易价格已经超过长期交易价格。此时上涨趋势已经形成，并且未来股价的上涨速度还可能会越来越快。此时买入时机出现。

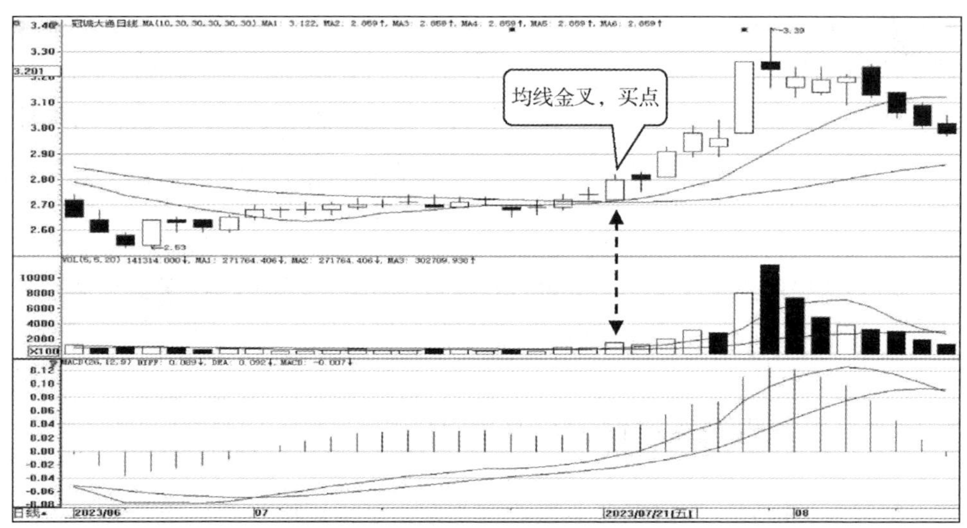


图5-9　冠城大通日K线

如图5-10所示，经过调整，开创国际（6000097）的股价开始回升。2021年8月25日，该股出现了均线放量金叉的形态，发出买入信号，投资者

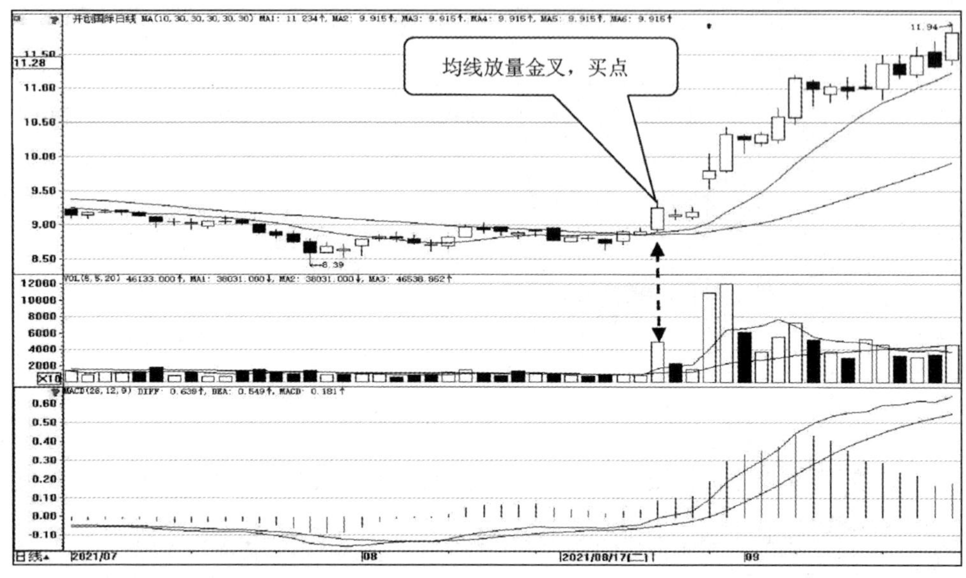


图 5－10　开创国际日 K 线

可以买入股票。此后，股价持续大幅上涨。

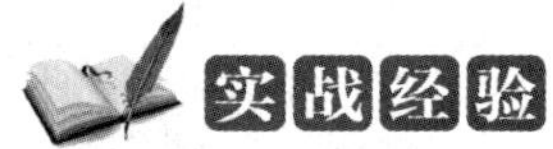

实战经验

1. 均线黄金交叉出现后，两条均线的方向应该均向上。如果两条均线开始走平并缠绕在一起，就说明股价进入一个横盘震荡走势，此时并不是买入时机。

2. 如果在均线金叉的前后，MACD 指标也出现了金叉，即双重金叉，那么买入信号的可靠性将大大加强。

### 5.1.4　买入形态 4：均线多头排列

均线多头排列往往出现在上涨行情初期，是指短期均线处于长期均线之上的一种排列方式。均线在底部经过黏合后，通过调整呈现多头排列时，表示多方力量增强，股价进入加速上涨行情，如图 5－11 所示。无论短线投资者还是中长线投资者，在均线多头排列时买入，通常都会有很大的收获。

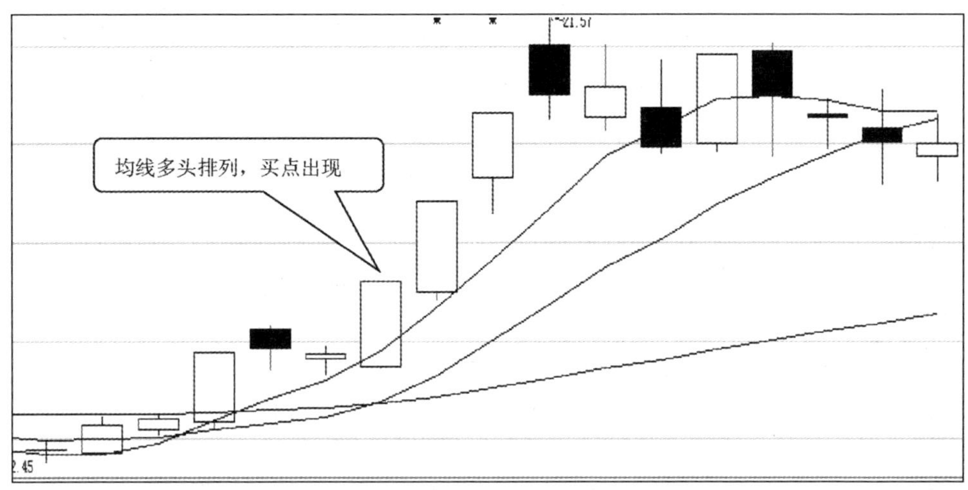


图 5－11　买入形态 4：均线多头排列

如图 5－12 所示，2023 年 1 月 19 日，同方股份（600100）的 5 日均线、10 日均线和 30 日均线完成了多头排列。这说明市场进入多方强势的上涨行情，未来股价将在多方的推动下持续上涨，买点出现。

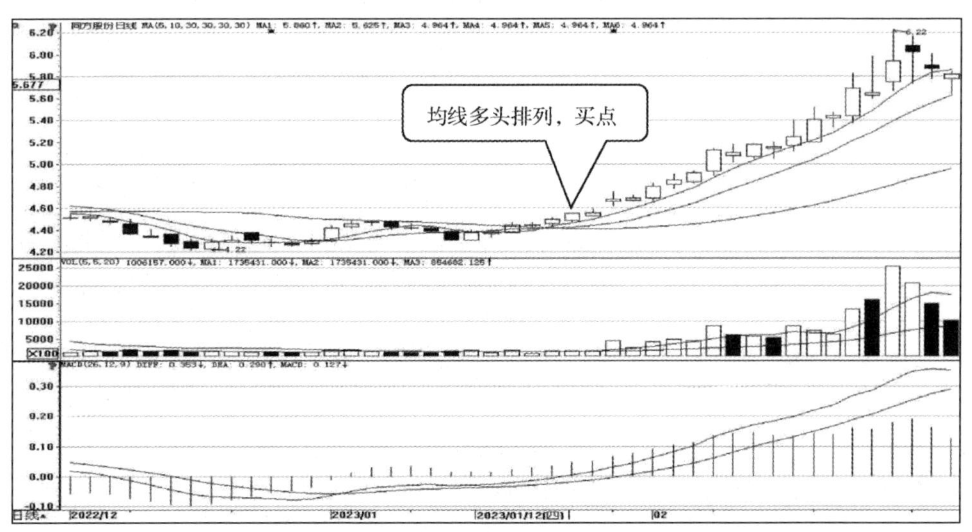


图 5－12　同方股份日 K 线

如图 5－13 所示，2023 年 7 月 12 日，亚盛集团（600108）股价经过盘整之后开始向上，同时出现了均线多头排列的走势，这表明多方力量开始强势

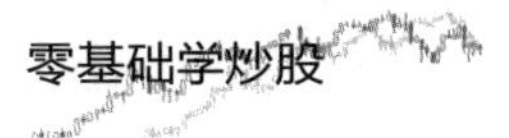

拉升股价，发出买入信号。此时虽然股价疲软乏力，K线也收出一根阴线，但上涨趋势已经形成，投资者可以在均线形成多头排列的时候买入股票。

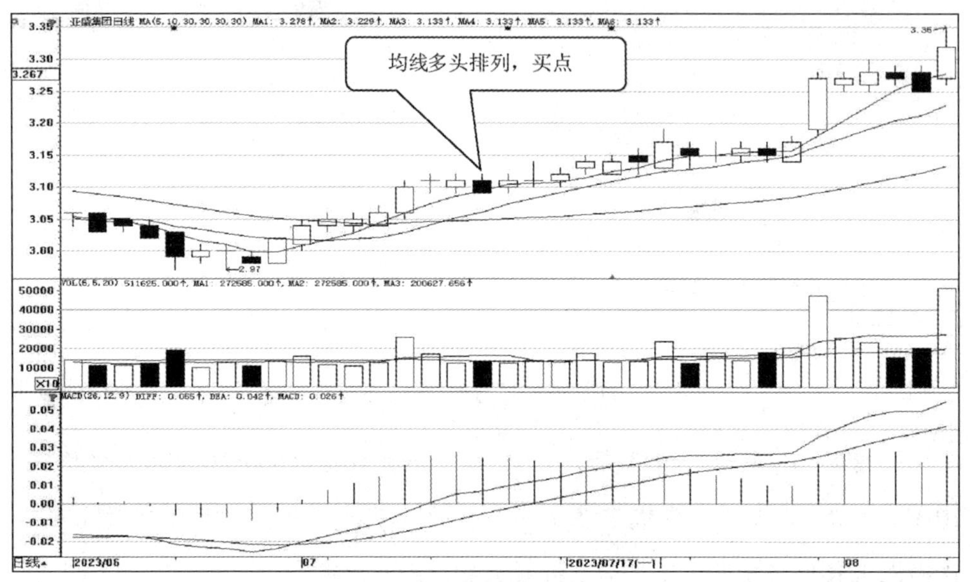


图5－13　亚盛集团日K线

1. 均线的多头排列表明股价进入了一个稳定的上升期。投资者此时介入，虽然不能抓住股价最初的上涨阶段，但是能够最大限度地规避风险，是非常合适的追涨买点。

2. 均线的多头排列走势越陡峭，其上升速度就越快，也更适合短线投资者的买入。

## 5.1.5　卖出形态1：跌破均线

在上涨走势中，股价与30日均线都呈现上升趋势。股价沿30日均线上涨表示在均线价位，有多方力量的强烈支撑，每当股价跌至此价位，多方力量会将空方力量消耗掉，继而再次拉升股价。

而一旦股价跌破均线，就表明空方力量将均线处的多方力量消耗掉，往往预示着股价即将进入下跌行情。通常前期均线支撑作用越明显，跌破均线信号越可靠。有时，股价跌破均线后会有一个反弹确认的过程，也是重要卖点。股价跌破 30 日均线的形态如图 5－14 所示。

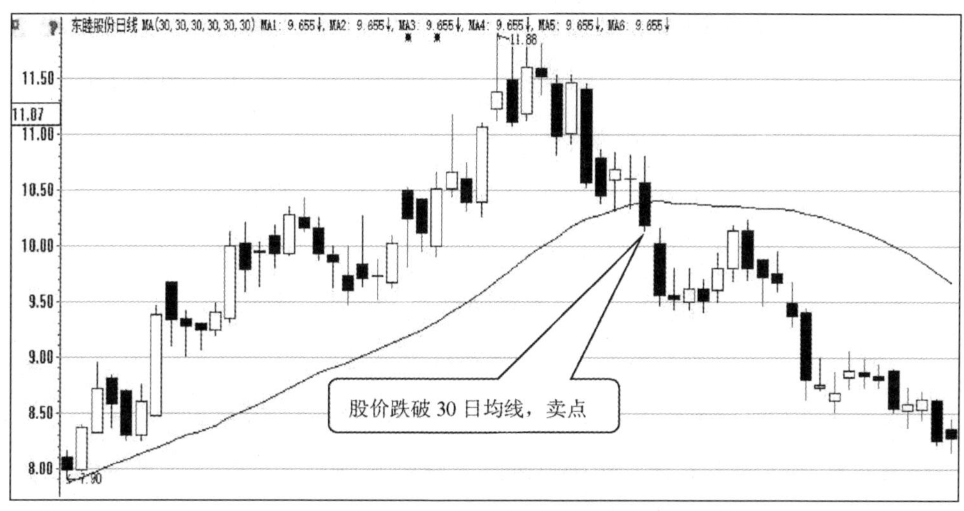


图 5－14　卖出形态 1：跌破均线

如图 5－15 所示，2023 年 3 月 10 日，兴发集团（600141）的股价跌破其

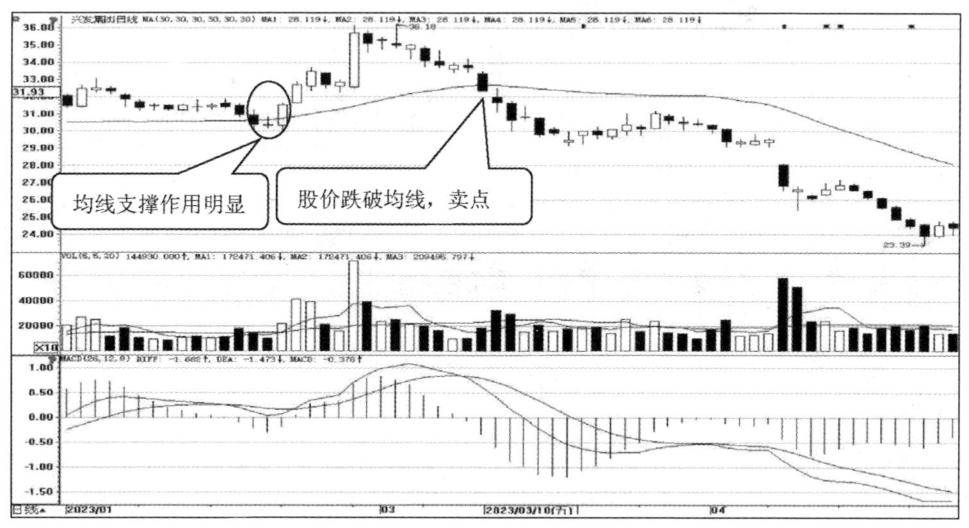


图 5－15　兴发集团日 K 线

30 日均线。这个形态说明经过持续下跌后，当前股价已经低于过去 30 个交易日买入股票投资者的平均交易价格。这些投资者中多数已经处于套牢状态。他们将因此而看淡后市，未来股价将受到持续打压。此时是投资者卖出股票的时机。

在此之前，2 月 20 日，股价回调到 30 日均线附近受到支撑，同时 K 线形成早晨之星的看涨形态，之后股价果然上涨。该形态说明 30 日均线支撑作用明显，所以 3 月 10 日股价跌破的卖出信号也更为可靠。

如图 5－16 所示，2023 年 4 月 21 日，杭钢股份（600126）的股价跌破其 30 日均线。这是一个看跌卖出信号，此时形成第一个卖出时机。

5 月 9 日，股价反弹到均线位置时遇到阻力下跌。这次反弹是对之前看跌信号的确认，此时该形态的第二个卖出时机出现。

值得注意的是，5 月 9 日股价反弹到均线位置时，当日股价高开高走但在下午盘很快就被打压下来，K 线形成流星线的看跌形态，这是下跌动能强劲的信号，更增加卖点 2 的看跌意义。

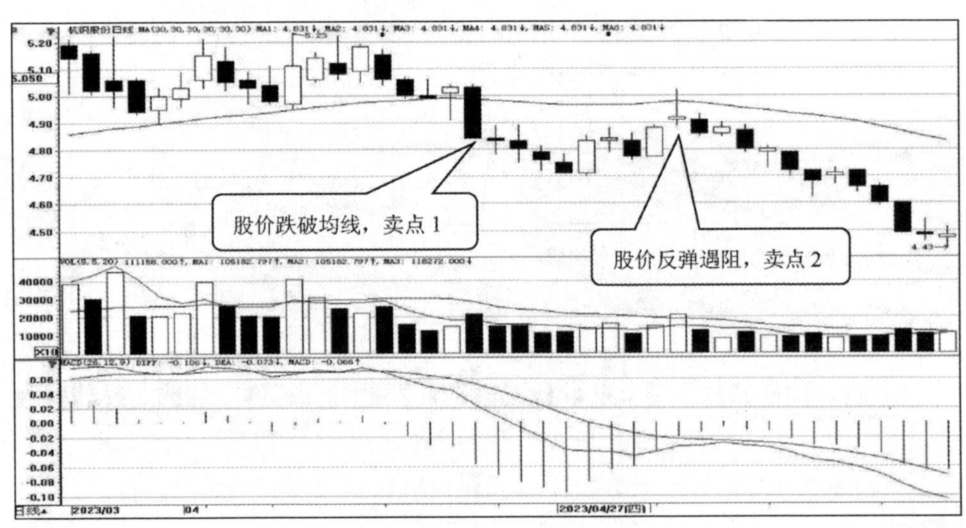


图 5－16　杭钢股份日 K 线

1. 股价沿30日均线上涨幅度越大，一旦跌破30日均线，其下跌空间也会越大。

2. 股价沿30日均线上涨，高位出现跌破30日均线的K线下跌幅度越大，其发出的卖出信号越强烈。

## 5.1.6 卖出形态2：受到均线阻力作用

在股价下跌的过程中，股价可能出现反弹。当反弹触及30日均线时，受到30日均线的强阻力，随后股价出现调头向下的走势，如图5－17所示。这种走势表明股价受到空方的打压，多方力量被空方力量吞噬，后市股价将继续进入下跌行情，为卖出信号。

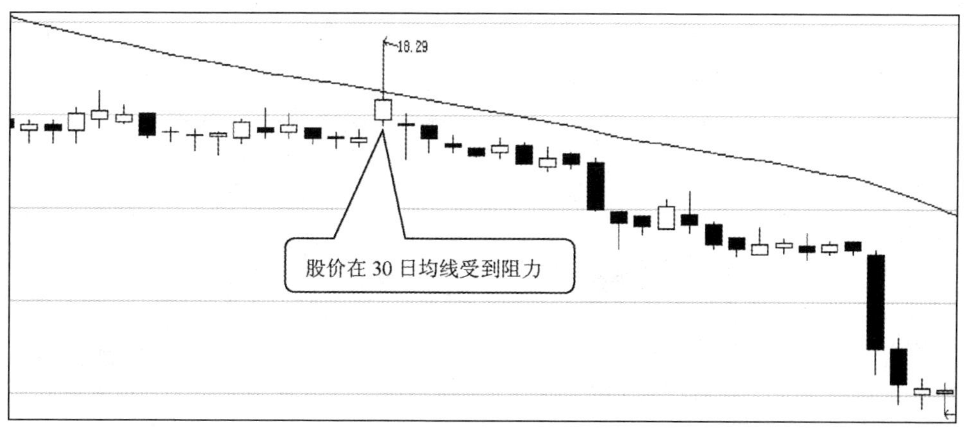


图5－17 卖出形态2：受到均线阻力作用

如图5－18所示，2023年4月18日和19日，金发科技（600143）股价反弹到30日均线后遇到阻力下跌。这样的形态说明多方无力继续拉升股价，未来股价将在空方的打压下持续下跌。看到这个信号，投资者应该卖出股票。

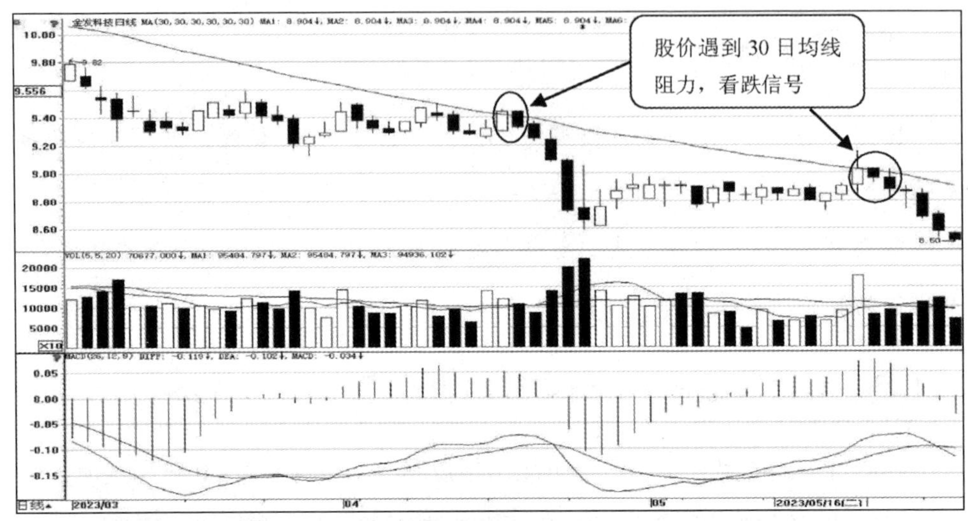


图 5－18　金发科技日 K 线

随后的行情中，股价再次在 30 日均线附近受阻下跌（5 月 23 日至 25 日）。这说明 30 日均线对股价形成了较强的阻力，未来股价可能会持续下跌。

如图 5－19 所示，2023 年 8 月上旬，已经处于下跌趋势中的返利科技（600158）在 30 日均线处受到阻力，表明空方力量在均线处阻力较强，同时

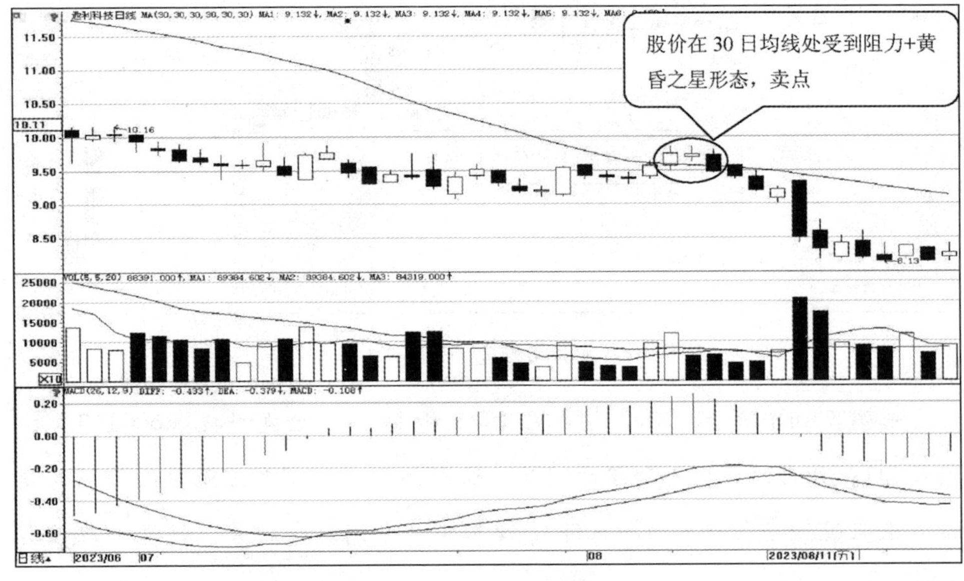


图 5－19　返利科技日 K 线

K 线形成黄昏之星的看跌形态，更增加了看跌信号的可靠性。投资者应在股价受阻时卖出股票。

1. 股价在 30 日均线处受到阻力，如果股价再次下跌时，出现顶部卖出形态，则其所发出的卖出信号更强烈。

2. 均线的周期越长，该均线对股价的阻力作用就越明显。

3. 股价再次开始下跌时所形成的阴线下跌幅度越大，则其发出的卖出信号越强烈。

### 5.1.7　卖出形态 3：均线死亡交叉

短期均线向下击穿长期均线时，所形成的交叉即死亡交叉形态。死亡交叉形成时，短期均线呈现下跌走势，长期均线可以走平，也可以向下。

均线死亡交叉形态表示股价短期受到空方力量的打压，开始出现下跌走势。由于股价的短期下跌引起了场内持股者的恐惧，继而加入空方阵营，继续打压股价进入长期下跌。均线死亡交叉是一个看跌卖出信号，如图 5 – 20 所示。有时候，死亡交叉之后，还会有一个反弹确认的过程，也是重要卖点，投资者要注意把握。

如图 5 – 21 所示，2023 年 3 月中旬开始，凌钢股份（600231）的 10 日均线开始掉头下跌，同时其 30 日均线也逐渐走平。

3 月 29 日，10 日均线跌破了 30 日均线，此时其 30 日均线也进入了下跌趋势，二者完成均线死叉形态。这个形态说明股价将进入持续的下跌行情，而且未来股价下跌的速度将会越来越快。此时是卖出股票的时机。

如图 5 – 22 所示，2023 年 3 月 14 日，金鹰股份（600232）经过一段高位整理走势后，出现了均线死亡交叉。投资者应及时卖出股票。此后，股价彻底转势，跌幅较大。

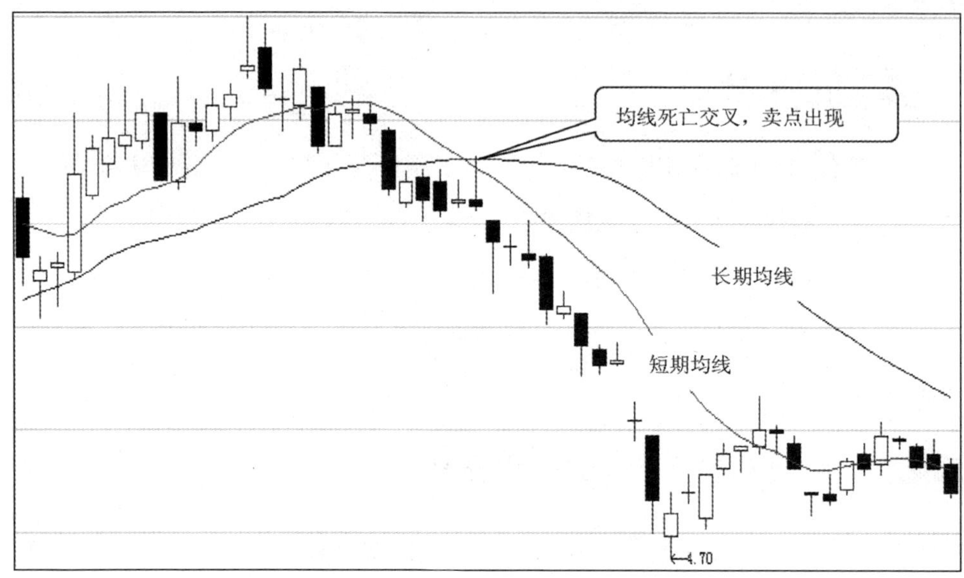


图 5－20　卖出形态 3：均线死亡交叉

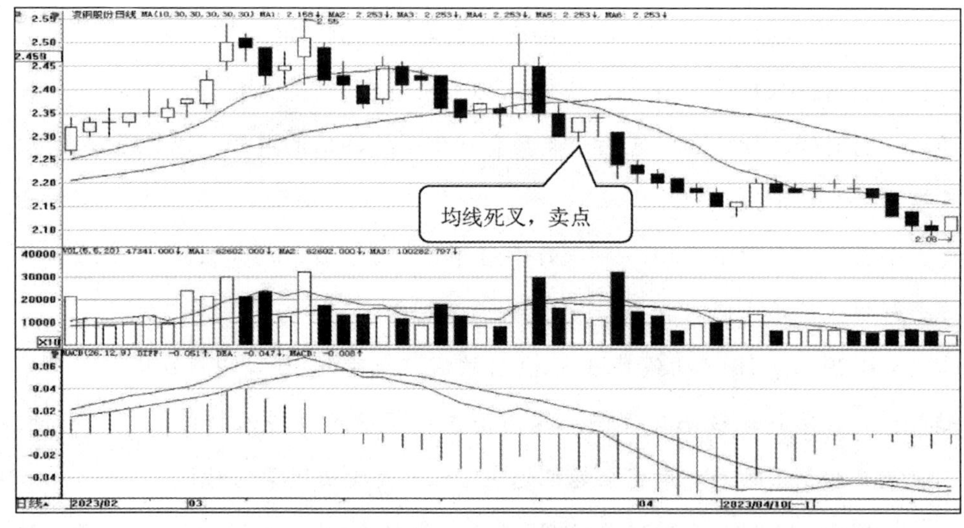


图 5－21　凌钢股份日 K 线

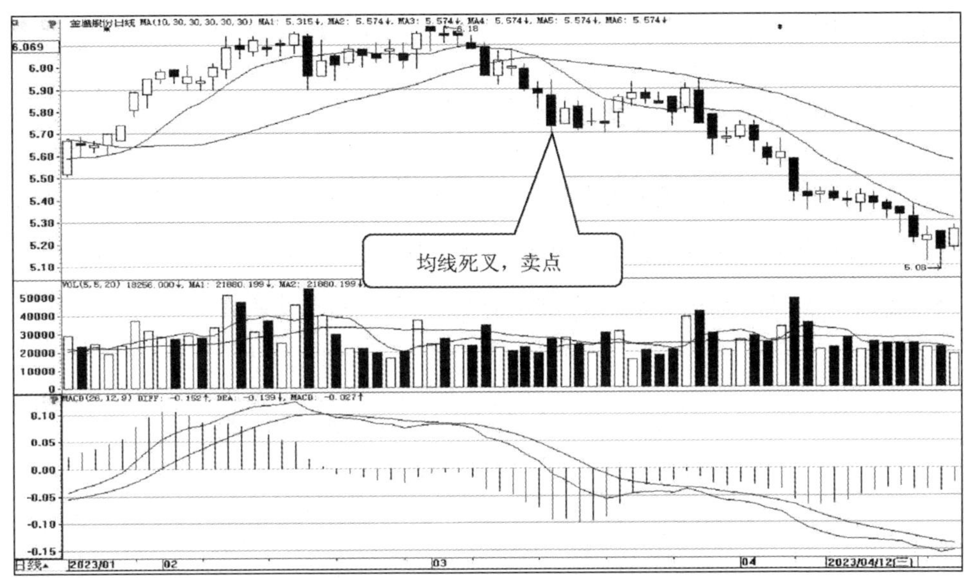


图5－22　金鹰股份日K线

1. 在均线死亡交叉走势中，如果之前股价涨幅较大，则其所发出的看跌卖出信号更加强烈。

2. 在均线死亡交叉走势中，如果下跌初期的下跌幅度较小，则其发出的下跌卖出信号更强烈，否则极有可能为主力的诱空动作。

3. 在均线死亡交叉的同时出现大阴线下跌走势时，说明空方力量极其强势，这时的卖出信号也更加强烈。

## 5.2　按成交量的4个形态买卖

成交量是股票在单位时间内的交易数量。在K线走势图中，成交量显示为一根根柱状线，与上方同一个交易日的K线一一对应。成交量是一个非常重要的辅助分析指标。因此对成交量的分析，应该与价格变化联系起来，不可脱离股价变动单独分析成交量。

### 5.2.1 买入形态1：快速放量上涨

快速放量上涨是指随着股价的不断上涨，成交量也呈现快速放大的走势，如图5-23所示。这种走势表示多方力量快速增强，拉升股价不断强势上涨，价量配合理想。短期内，后市可继续看好，投资者可伺机在量价齐升确认后短线买入。

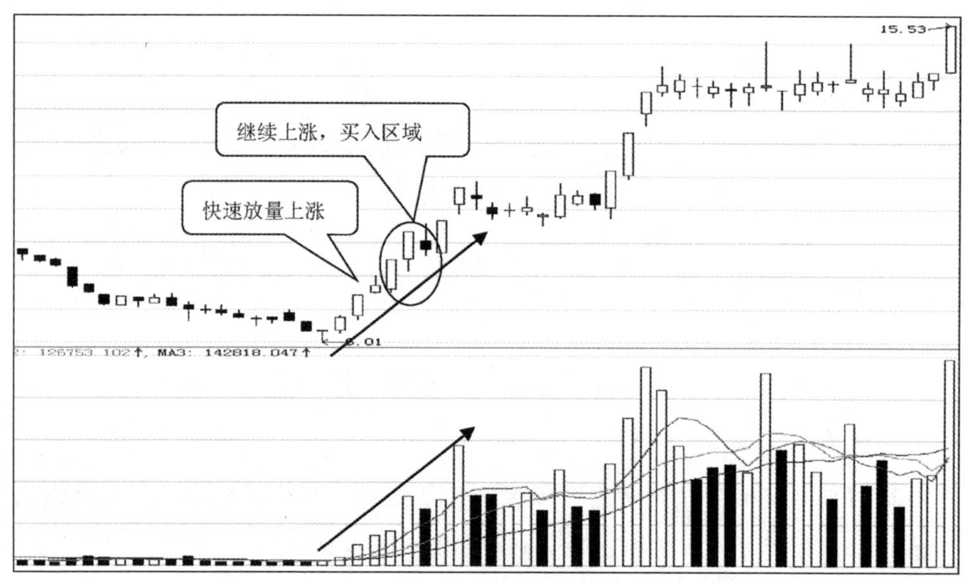


图5-23 买入形态1：快速放量上涨

如图5-24所示，2023年4月26日，云南城投（600239）股价经过短期震荡之后，成交量明显放大，出现快速放量上涨，这表明股价多方力量快速增强，开始拉升股价，预示着股价完全进入上涨行情。投资者可以在股价快速放量上涨确认时买入股票。

如图5-25所示，陕建股份（600248）的股价经过一波缓缓上涨后，于2023年4月7日开始出现快速放量上涨走势，预示着股价进入上涨行情。投资者可以在快速放量上涨确认后买入股票。

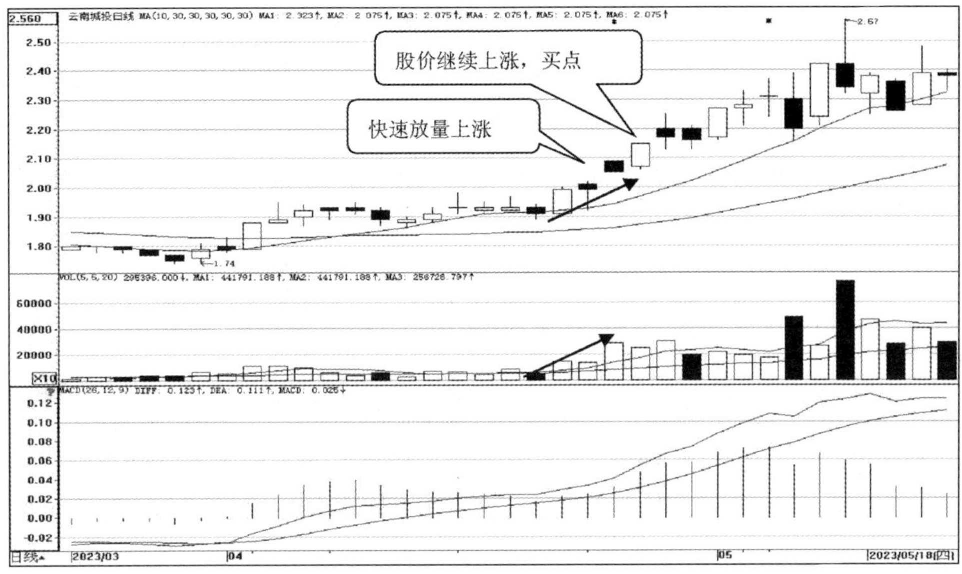


图 5－24　云南城投日 K 线

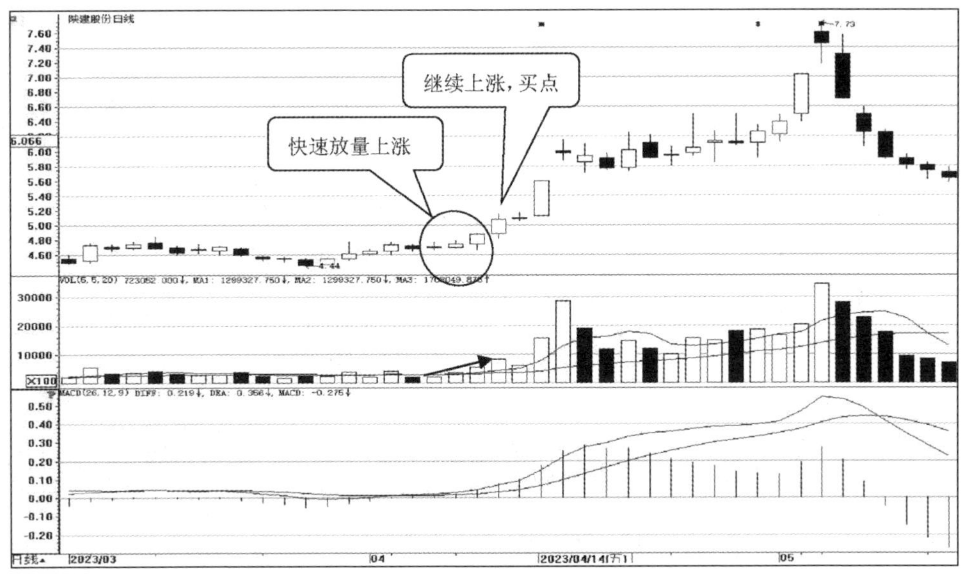


图 5－25　陕建股份日 K 线

实战经验

1. 在经过一段较长时间的整理后股价出现快速放量上涨，往往是股价调整结束，新的上涨行情来临的标志。

2. 在快速放量上涨走势中，股价上涨幅度较大，但持续时间较短，投资者需具备快速反应的能力。

## 5.2.2　买入形态2：缩量下跌

股价在前期重要支撑位有一段震荡整理行情，下跌至重要支撑位时往往受到支撑，随后会发生反弹。如果股价在下跌至前期重要支撑位的过程中呈现缩量走势，表示空方力量逐渐减弱，这预示着股价即将进入多方主导的上涨行情，如图5－26所示。

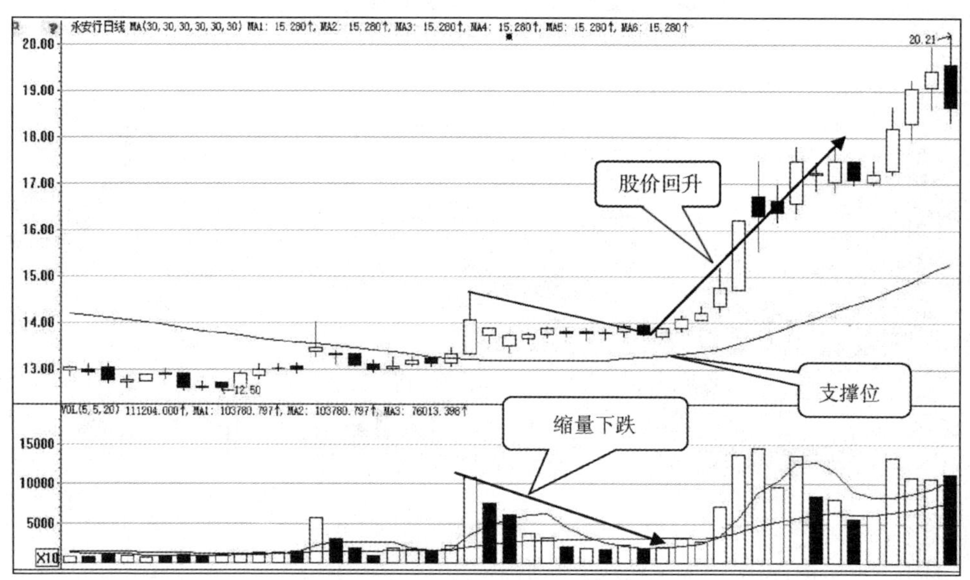


图5－26　买入形态2：缩量下跌

如图5－27所示，2023年5月中下旬，威龙股份（603779）的股价缓缓下跌，在30日均线附近受到明显支撑，且成交量缩量，出现了缩量下跌走势，表明空方力量逐渐减弱，走势随时可能出现反转。

5 月 30 日，成交量明显放大，股价高开但持续向下，表明空方势力仍然较强。6 月 2 日，股价开始放量上涨，此时买点出现，投资者可以买入股票。

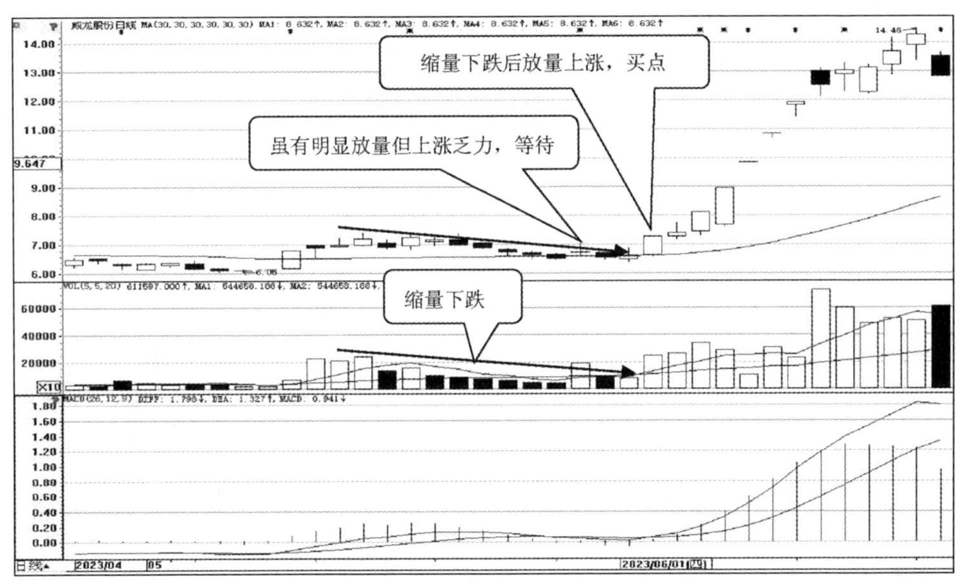


图 5－27　威龙股份日 K 线

1. 股价缩量下跌持续的时间越长，表明空方力量释放越充分，反弹的力度也就越大。

2. 股价缩量下跌时的成交量越小，说明底部确立越牢固，股价后市上涨势头也就越猛。

3. 投资者买入股票后，可将买入价设为止损价，一旦股价跌破此价位，投资者应及时卖出股票。

## 5.2.3　卖出形态 1：放量下跌

放量下跌是指在经过前期上涨后，股价开始大幅下跌，同时成交量放大

的走势，如图 5－28 所示。这种走势表示多方力量逐渐减弱，空方力量趁势袭来，将多方力量吞噬，并进一步开始打压股价进入下跌行情。股价在一段涨幅后开始放量下跌，出现的第一根大阴线即卖点。此时，投资者应及时卖出股票。

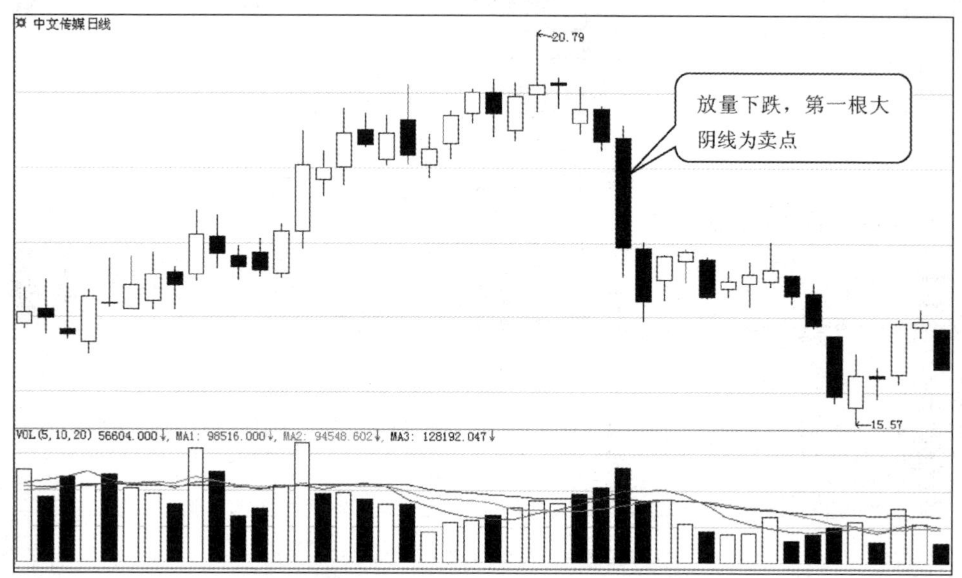


图 5－28　卖出形态 1：放量下跌

如图 5－29 所示，经过前期上涨，新化股份（603867）的股价在高位滞涨。2023 年 7 月 3 日，股价走出大阴线，同时放出巨量，表明空方已经占据主动，并开始打压股价进入下跌行情。此时卖点出现，投资者应及时卖出股票。

如图 5－30 所示，2023 年 3 月中旬，嘉友国际（603871）股价创新高后开始向下。之后，该股回调到 30 日均线附近两次受到支撑向上，但都无法创出新高。4 月 27 日，股价放出巨量，盘中虽一度跌停但仍被拉升，最终留下长下影线，显示上涨动能依然强劲。

5 月 9 日，股价在经过一波上涨后放量跌停，且跌破 30 日均线，显示出较强的下跌动能。这种走势表明空方已经占据主动，下跌趋势形成，卖点出现。

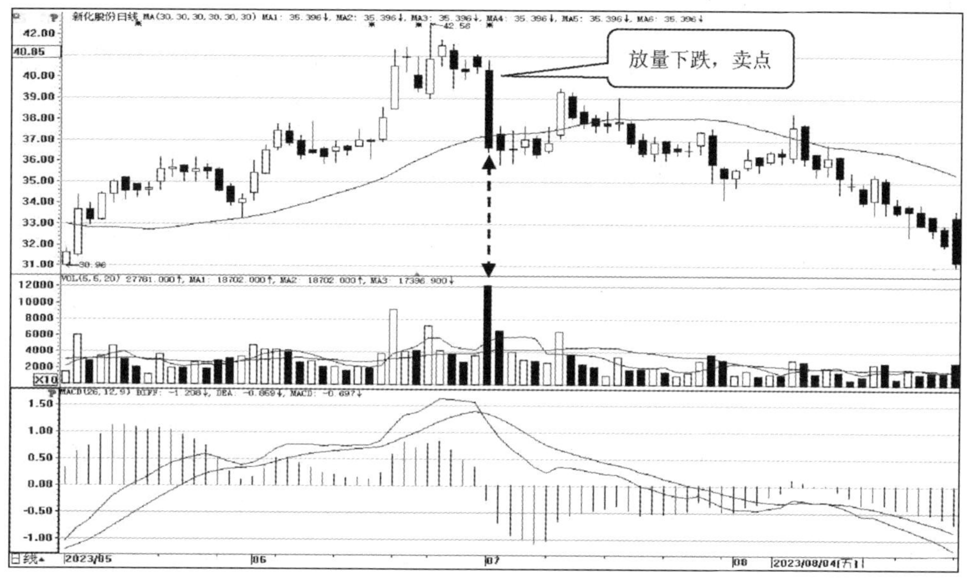


图 5－29　新化股份日 K 线

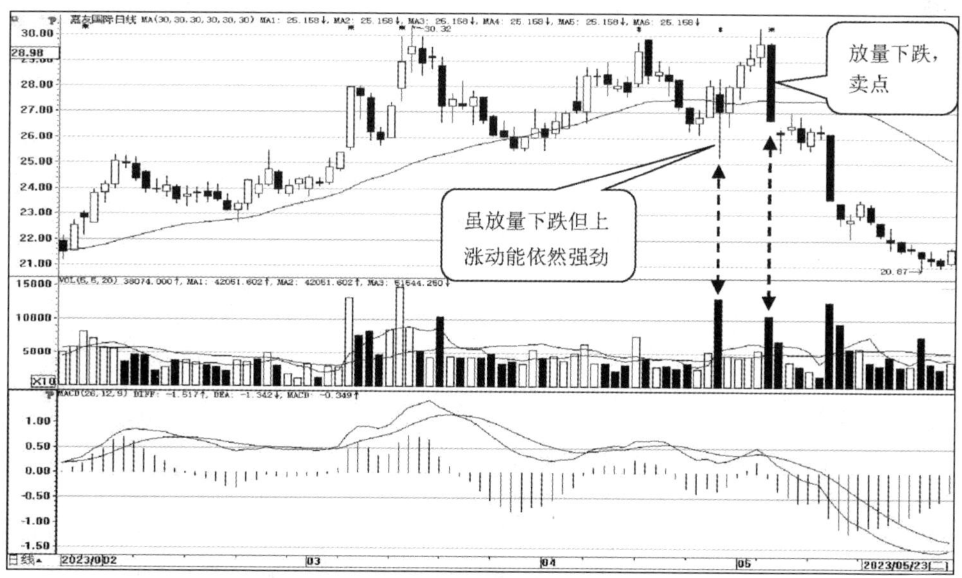


图 5－30　嘉友国际日 K 线

1. 股价在一段涨幅后开始放量下跌时，其涨幅越大，则其出现的第一根放量大阴线所释放的卖出信号越强烈。

2. 大阴线的跌势越猛烈，其看跌卖出信号越强烈。

3. 在一段涨幅后的放量下跌走势中，其下跌的成交量越大，说明空方力量越强，打压股价越猛烈。

## 5.2.4　卖出形态2：高位价平量增

高位价平量增是指股价经过一波加速上涨至高位后横盘震荡，成交量维持在高位的走势形态，如图5－31所示。

高位价平量增表明多方力量拉升股价至高位后，上方的抛盘压力和空方力量不断消耗多方的力量，多方在经过短暂拉升股价后，力量逐渐衰弱。这预示着股价将进入下跌走势，投资者可在成交量骤减时卖出股票。

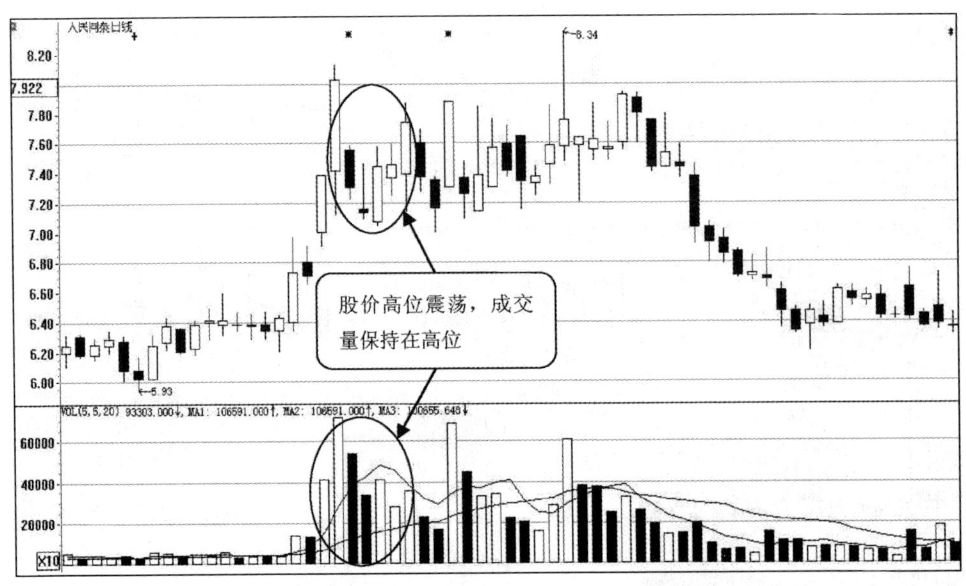


图5－31　卖出形态2：高位价平量增

如图5－32所示，经过前期上涨，2022年11月8日至11日，中体产业（600158）的股价在10.50元上下持续震荡，同时伴随着大成交量，形成高位价平量增走势。这表明多方力量正在被空方力量吞噬，股价即将进入下跌行情。

11月14日，中体产业的股价持续震荡，但成交量明显降低，此时卖点出现，投资者应及时卖出股票。

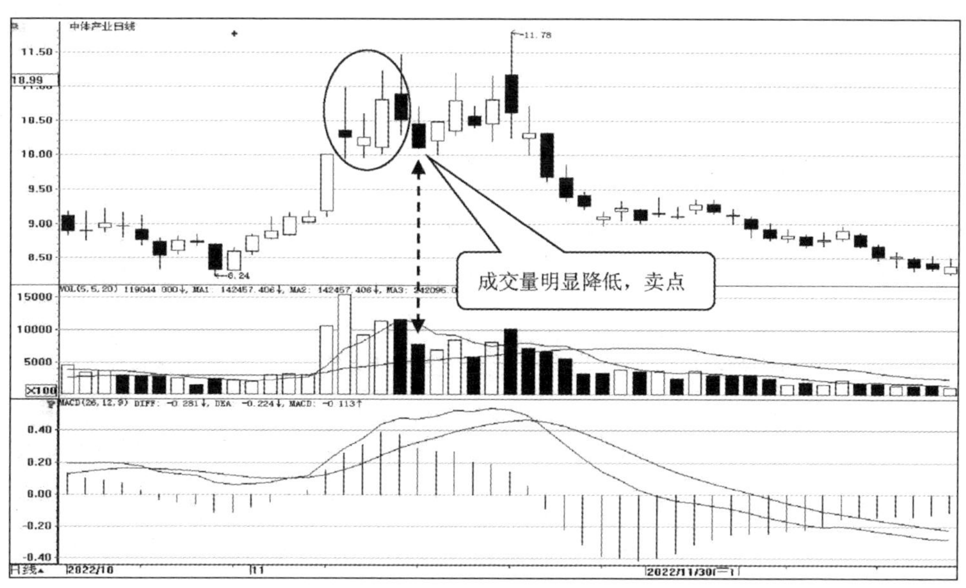


图5－32 中体产业日K线

## 5.3 按MACD指标的4个形态买卖

MACD指标是指数平滑移动平均线指标的简称，是一种趋向型技术指标。MACD指标由两条曲线和一组红绿柱线构成。两条曲线中，波动较快的是DIFF线，波动较慢的是DEA线；红绿柱是MACD柱线，如图5－33所示。

MACD指标中的DIFF指标线表示收盘价短期、长期指数平滑移动平均线间的差。DEA指标线表示DIFF线的$n$日指数平滑移动平均线。当DIFF线和DEA线都在零轴上方时，说明市场正处于多方主导的上涨行情；当两者都在

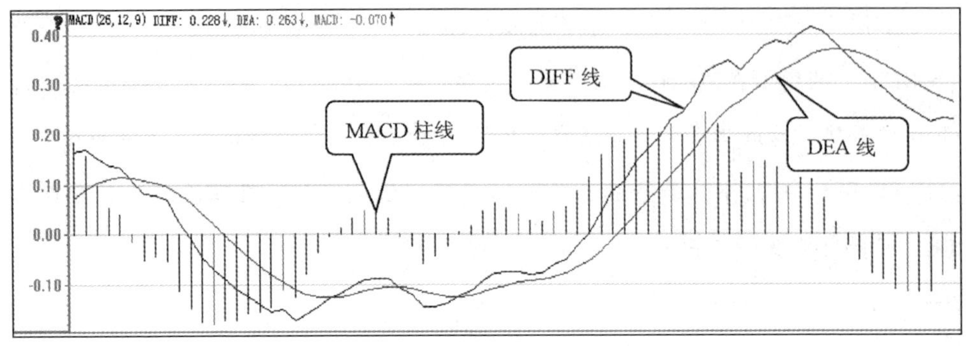


图 5－33　MACD 指标

零轴下方时，则说明市场处于空方主导的下跌行情。

MACD 柱线表示 DIFF 线与 DEA 线的差。该差值为正时，表现为红色柱线，说明多方力量强势；为负时，则为绿色柱线，说明空方力量强势。

## 5.3.1　买入形态 1：MACD 指标黄金交叉

MACD 指标中，DIFF 线由下向上突破 DEA 线的走势为 MACD 指标黄金交叉，如图 5－34 所示。MACD 指标黄金交叉表示多方力量强势，股价即将进

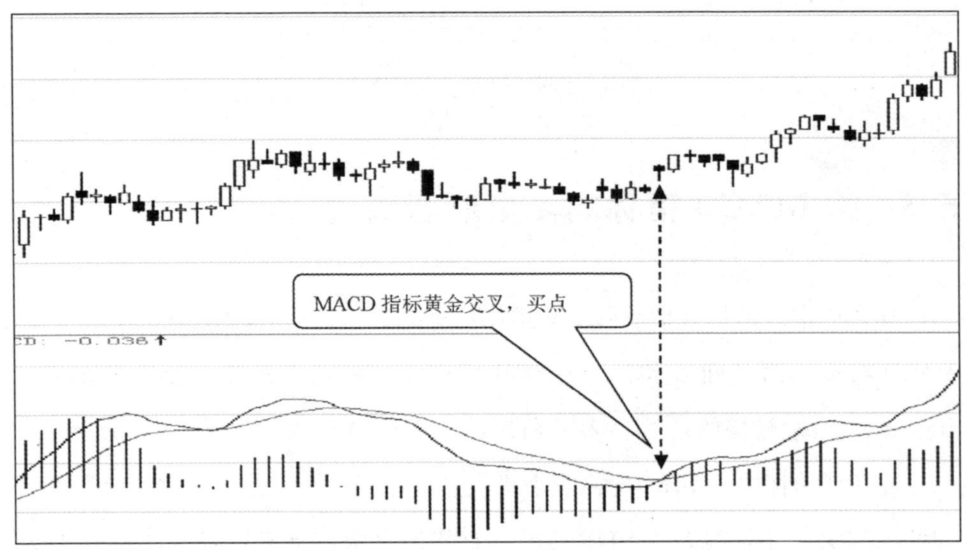


图 5－34　买入形态 1：MACD 指标黄金交叉

入多方主导的上涨行情，为看涨买入信号。

如图 5－35 所示，2022 年 12 月 29 日，无锡银行（600908）的 MACD 指标在零轴附近形成金叉，表明市场上涨动能强劲。同时，股价向上突破 30 日均线，表明上涨趋势已经初步形成。两个看涨信号同时出现，投资者可以果断买入。

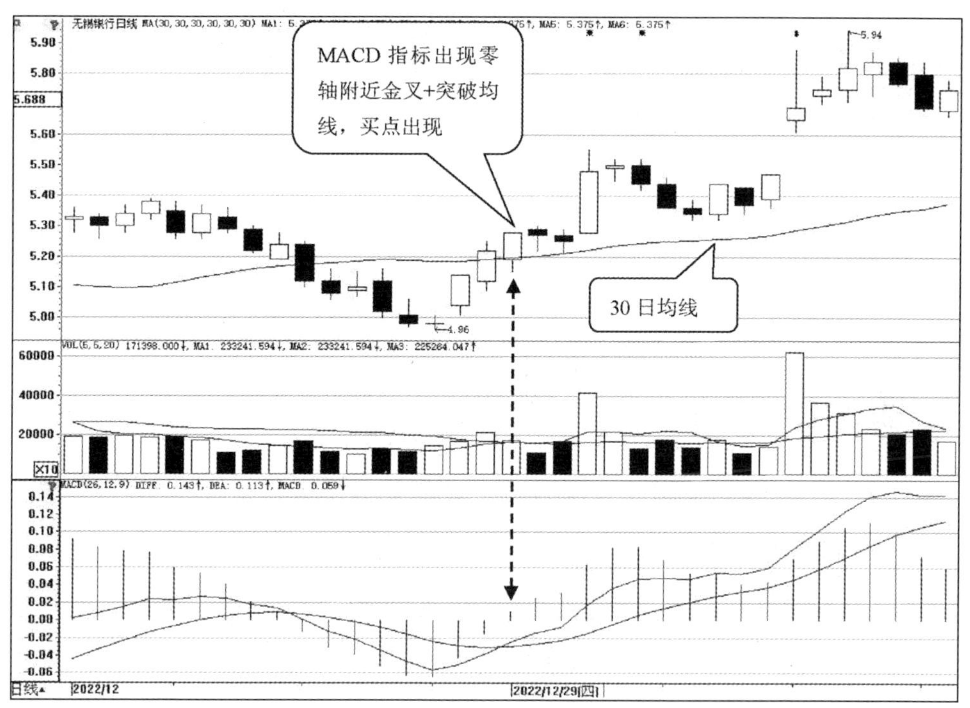


图 5－35 无锡银行日 K 线

如图 5－36 所示，2022 年 10 月 18 日，武进不锈（603878）的股价在上涨趋势中经过回调之后再次上涨，同时 MACD 指标出现金叉。它表明该股回调已经结束，股价将重新延续前期上涨趋势。投资者要注意抓住这个买点。

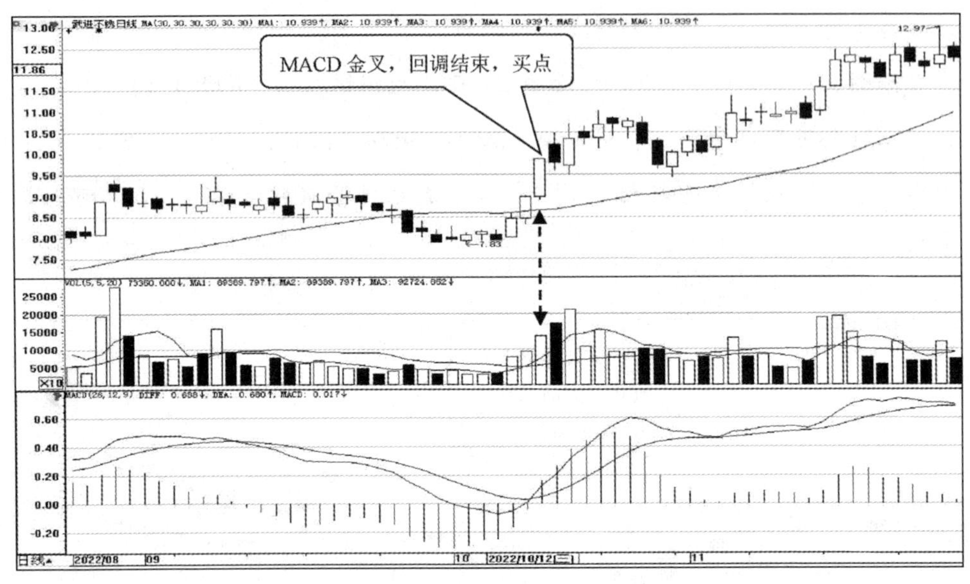


图 5－36　武进不锈日 K 线

实战经验

1. MACD 指标出现黄金交叉时，若股价整体上涨幅度不大，则金叉后，后市上涨信号更加强烈。

2. 如果 MACD 指标出现金叉的同时成交量逐步放大，则是对多方力量增强的验证。这样的情况下该买点会更可靠。

## 5.3.2　买入形态 2：MACD 指标底背离

MACD 指标底背离即 DIFF 线底背离，当股价下跌至低位时，接连形成两个底部，这两个底部呈现下降走势，而 DIFF 线却呈现上升走势，如图 5－37 所示。MACD 指标底背离往往出现在下跌行情中，表示股价将要见底，后市将进入多方主导的上涨行情。这是一个看涨信号。

如图 5－38 所示，2022 年 4 月底，上工申贝（600843）的股价创出新低，而 DIFF 线没有创出新低，形成了 DIFF 线与股价的底背离形态。它表明市场

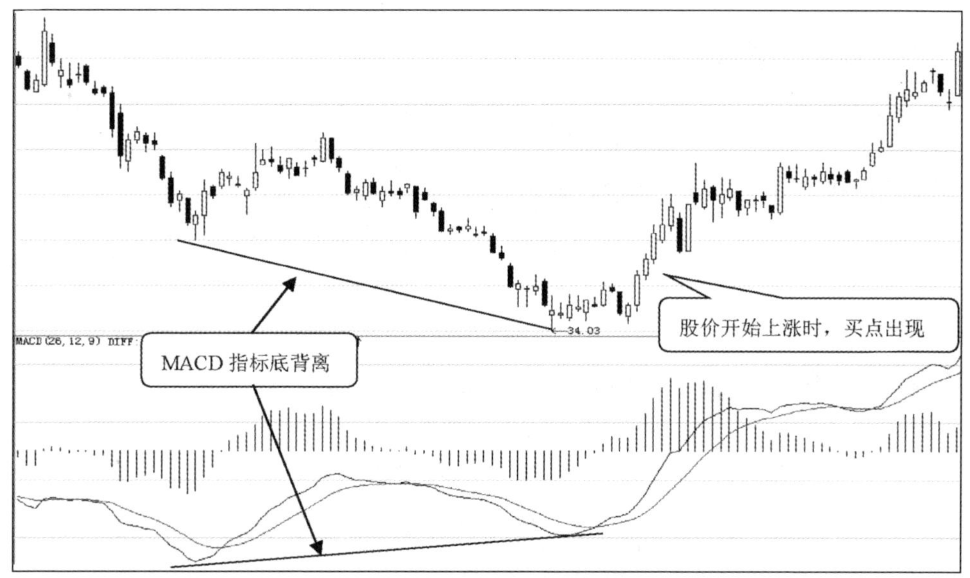


图 5－37　买入形态 2：MACD 指标底背离

上涨动能正在积聚，股价有较大可能出现一波上涨走势。5 月 10 日，MACD 指标出现金叉，更增加了看涨信号的可靠性，投资者可以积极买入。

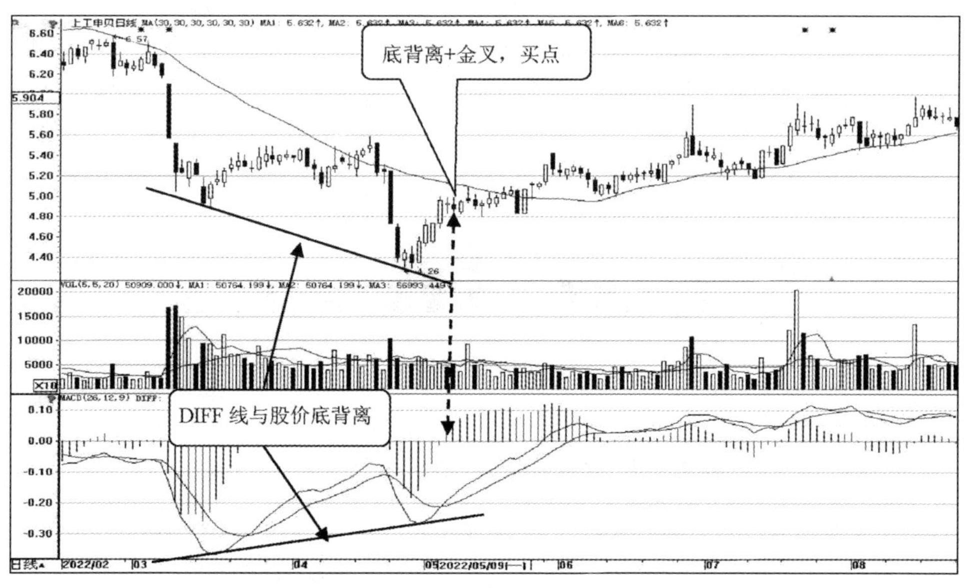


图 5－38　上工申贝日 K 线

1. 在下跌行情中出现MACD指标底背离时，投资者最好不要冒进，应等待股价出现明显回升时，再买入股票。

2. 在两个底部中，第二个底部的成交量越大，则其后市上涨的信号也就越强烈。

## 5.3.3 卖出形态1：MACD指标死亡交叉

在MACD指标中，当DIFF线向下击穿DEA线时，形成MACD指标死亡交叉，如图5－39所示。MACD指标死亡交叉表示空方力量强势，股价即将进入空方主导的下跌行情，发出卖出信号。

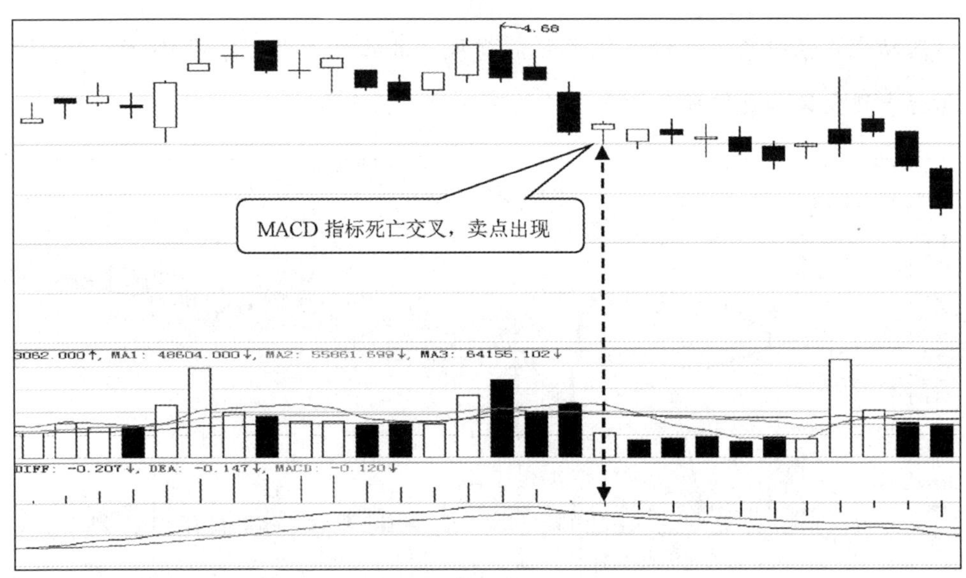


图5－39 卖出形态1：MACD指标死亡交叉

如图5－40所示，2023年2月22日，丹化科技（600844）的DIFF线在零轴上方靠近零轴的地方跌破DEA线形成死叉。它表明市场下跌动能开始释放，为卖出信号，投资者要果断卖出持股，否则将被套牢。

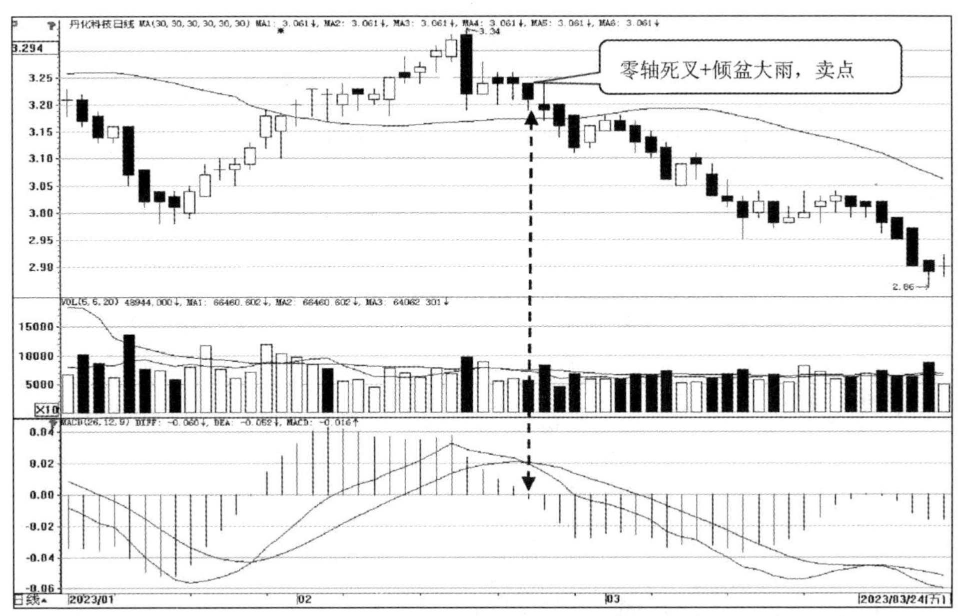


图 5－40　丹化科技日 K 线

1. 在 MACD 指标出现死亡交叉时，若股价整体下跌幅度不大，则死亡交叉发出的后市下跌信号更加强烈。

2. 如果 MACD 指标出现死亡交叉的同时成交量逐步放大，则是对空方力量增强的验证。这样的情况下该卖点会更可靠。

## 5.3.4　卖出形态 2：MACD 指标顶背离

MACD 指标顶背离即 DIFF 线顶背离，当股价上升至高位时，接连形成两个顶部，这两个顶部呈现上升走势，而 DIFF 线却呈现下降走势，如图 5－41 所示。MACD 指标顶背离往往出现在上涨行情中，顶背离表示股价将要见顶，后市将进入由空方主导的下跌行情。这是一个看跌信号。

如图 5－42 所示，2022 年 8 月下旬，远东股份（600869）的股价创出新高，但 DIFF 线没有创出新高，形成 DIFF 线与股价的顶背离。它表明市场下跌动能正在积聚，股价有较大可能出现一波下跌走势。

8 月 26 日已经是股价连续下跌的第三天，同时 MACD 指标出现死叉，更增加了下跌信号的可靠性。投资者可以及时卖出持股。

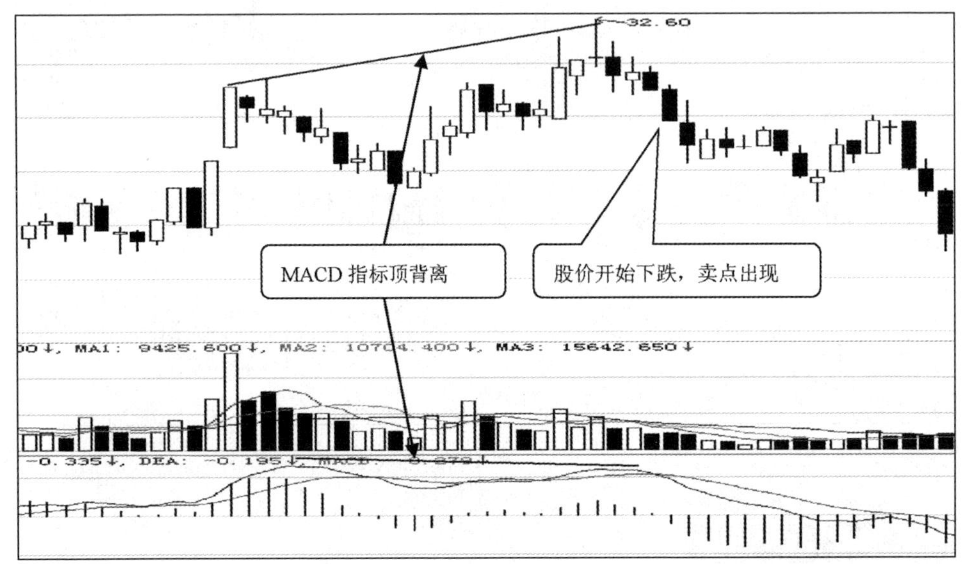


图 5－41　卖出形态 2：MACD 指标顶背离

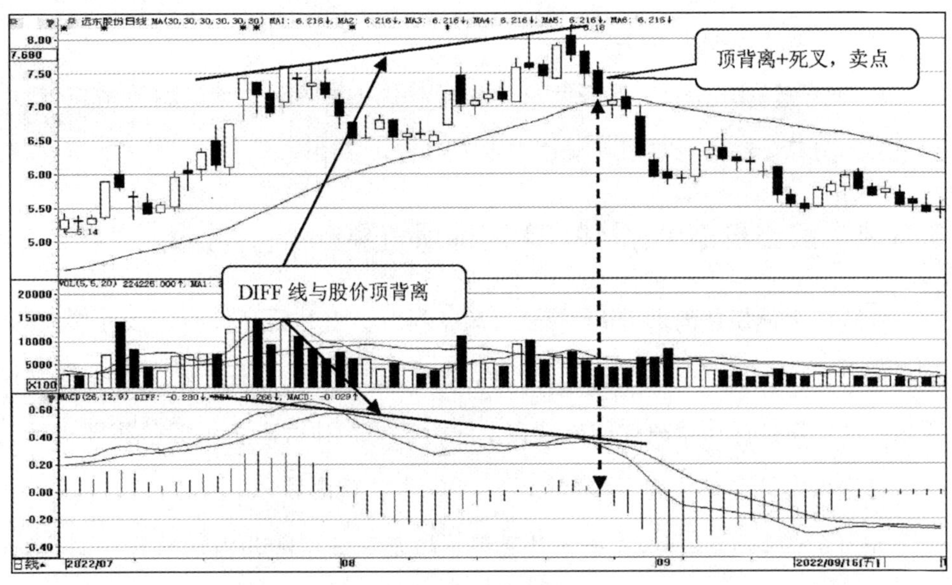


图 5－42　远东股份日 K 线

1. 在上涨行情中出现 MACD 指标顶背离时，若股价涨幅较大，其所发出的卖出信号较强。

2. 在两个顶部中，第二个顶部的成交量越大，说明卖盘越多，则其后市下跌发出的卖出信号也就越强烈。

## 5.4　按 KDJ 指标的 4 个形态买卖

KDJ 指标是随机指标的简称，是反映超买超卖强度的一种技术指标。如图 5－43 所示，KDJ 指标由三条曲线组成，分别是指标线 K、指标线 D、指标线 J。这三条曲线中波动最快的是指标线 J，指标线 K 次之，指标线 D 的波动最为缓慢。

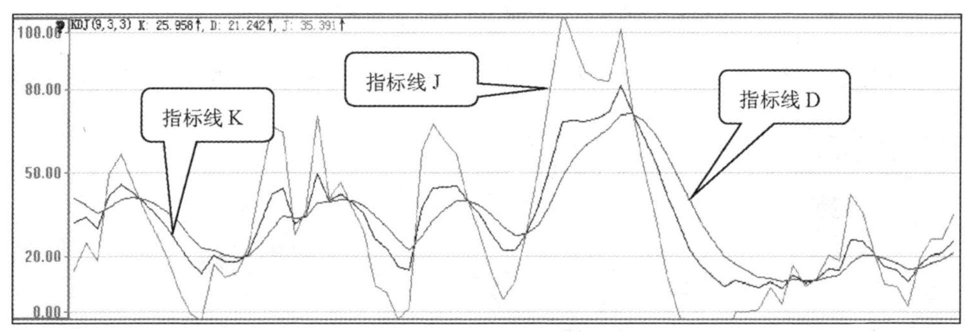


图 5－43　KDJ 指标

当指标线 D 大于 80 时，说明股价处于超买。当指标线 D 小于 20 时，说明股价处于超卖。当指标线 J 大于 100 时，说明股价处于超买。当指标线 J 小于 0 时，说明股价处于超卖。

### 5.4.1　买入形态 1：KDJ 指标黄金交叉

KDJ 指标黄金交叉是指标线 K 向上击穿指标线 D 的形态，如图 5－44 所示。KDJ 指标黄金交叉可能发生在任何行情中。通常来说，股价在低位时的 KDJ 指标黄金交叉，其所发出的上涨信号比较可靠。

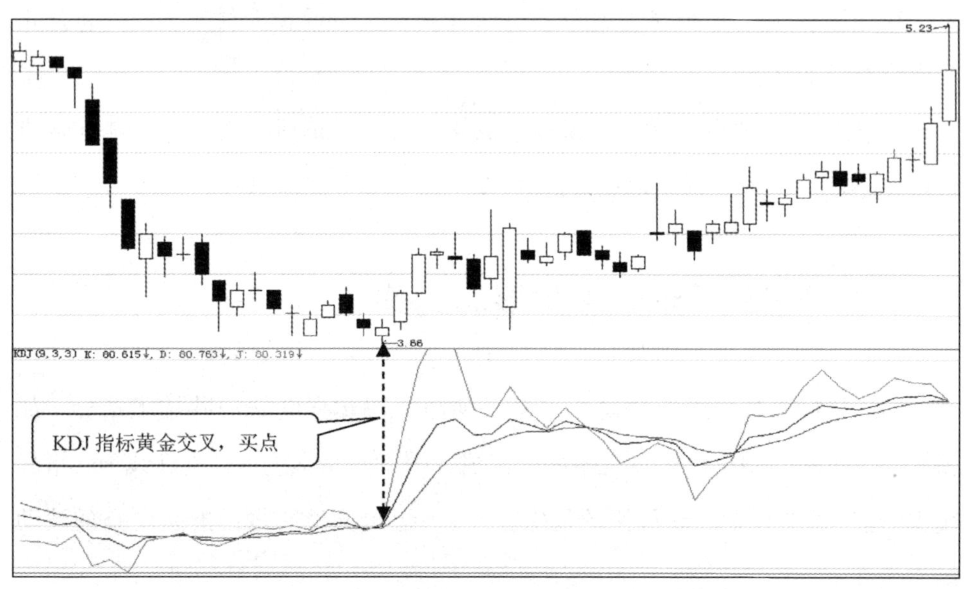


图 5－44　买入形态 1：KDJ 指标黄金交叉

如图 5－45 所示，2023 年 5 月 29 日，经过一波下跌后，博瑞传播

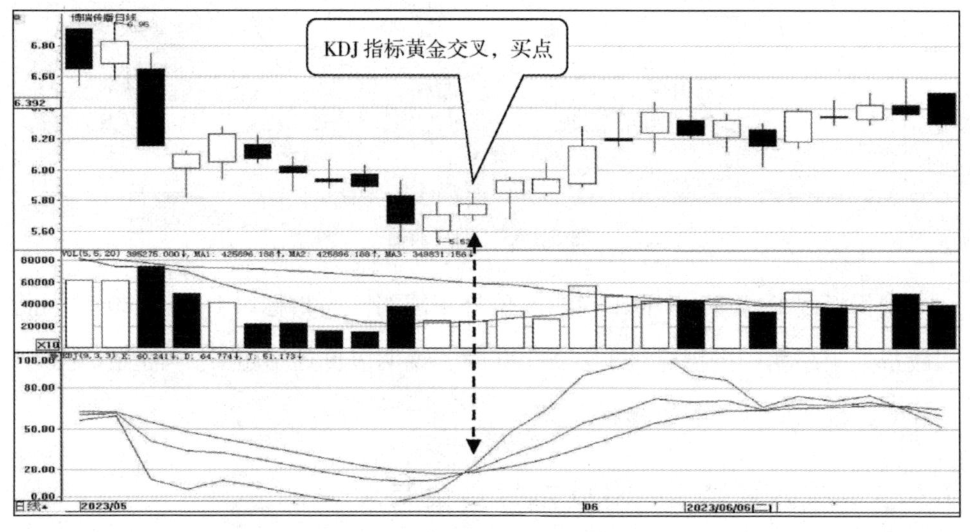


图 5－45　博瑞传播日 K 线

（600880）的股价走势图中，KDJ 指标出现黄金交叉。这个信号表明多方力量在强势拉升股价，由此发出看涨信号，预示着股价即将进入上涨行情。投资者可以在 KDJ 指标出现黄金交叉时买入股票。

1. KDJ 指标出现黄金交叉时，如果 K 线形态同时发出看涨信号，则买入信号更加强烈。

2. 如果 KDJ 指标出现黄金交叉时，成交量迅速放大，则该形态的看涨信号就更加强烈。

## 5.4.2　买入形态 2：KDJ 指标底部超卖

当 KDJ 指标中的指标线 D 跌破 20 时，KDJ 指标就进入了超卖状态，如图 5－46 所示。这表示空方力量已经强盛到极致，面临后续力量不足的风险，股价继续下跌的空间已经很小。一旦多方力量复苏，股价有望被持续拉升。

图 5－46　买入形态 2：KDJ 指标底部超卖

投资者可密切关注多方力量复苏的信号，如K线在超卖区域出现看涨形态，KDJ形成金叉，指标线D脱离超卖区向上等，一旦出现这些信号就可以短线买入。

如图5－47所示，2022年12月下旬，经过前期下跌，博闻科技（600883）KDJ指标中的指标线D进入超卖状态，股价接下来有较大可能反转向上。

12月30日，在超卖区域中KDJ指标形成金叉，同时K线形成看涨吞没形态。这些信号表示空方力量已经耗尽，股价继续下跌的空间已经很小，多方力量复苏，股价有望被拉升，此时投资者可以买入股票，建立仓位。

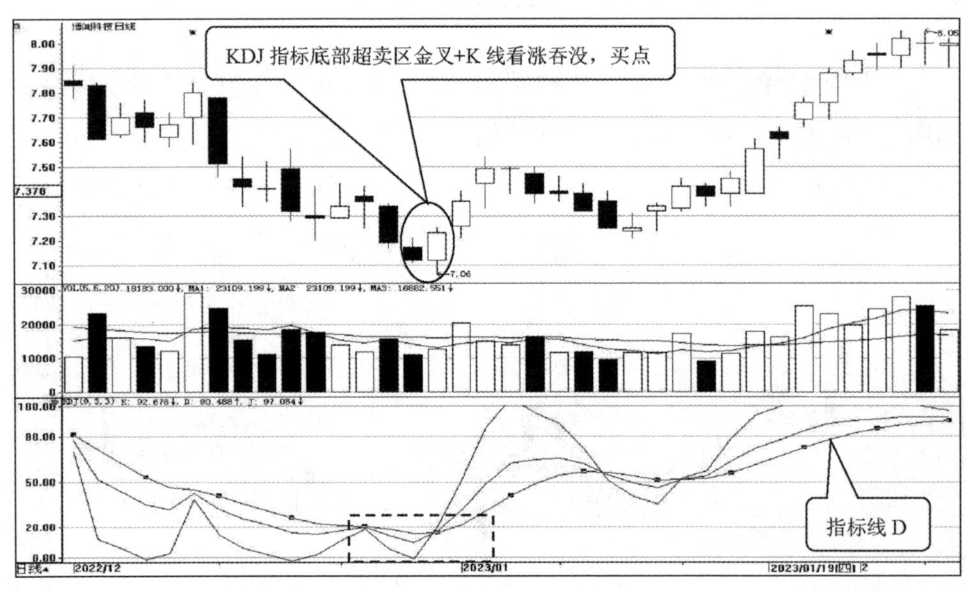


图5－47　博闻科技日K线

1. KDJ指标进入超卖状态后，股价通常不会立刻出现反弹，投资者应耐心等待指标走出超卖区间，并结合其他技术指标进行买卖股票的操作。

2. 如果 KDJ 指标底部超卖的同时，成交量逐渐萎缩，而超卖结束后成交量放大，则该形态的看涨信号会更加强烈。

### 5.4.3　卖出形态 1：KDJ 指标死亡交叉

KDJ 指标死亡交叉是指标线 K 向下击穿指标线 D 的形态，如图 5－48 所示。KDJ 指标死亡交叉可能发生在任何行情中，表示空方力量骤然增强，股价即将开始一波下跌，发出卖出信号。通常来说，股价在高位时的 KDJ 指标死亡交叉，其所发出的下跌信号更为可靠。

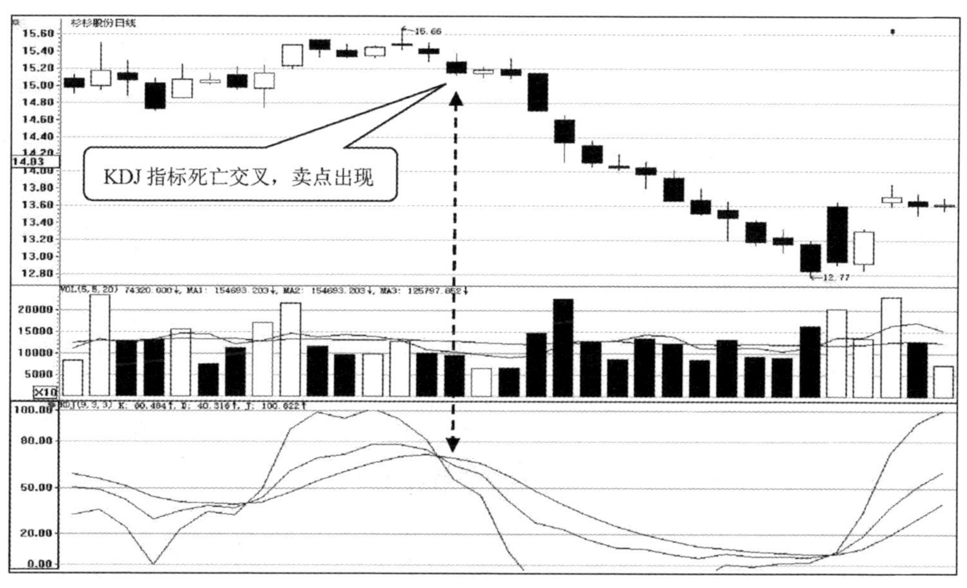


图 5－48　卖出形态 1：KDJ 指标死亡交叉

如图 5－49 所示，宏发股份（600885）的股价先经历了一波上涨走势。2023 年 8 月 11 日，KDJ 指标出现了死叉形态，这表明空方力量骤然增强，开始打压股价进入下跌行情，并发出卖出信号。且这个 KDJ 指标死亡交叉的位置较高，卖出信号较强。此时，投资者应及时卖出股票。

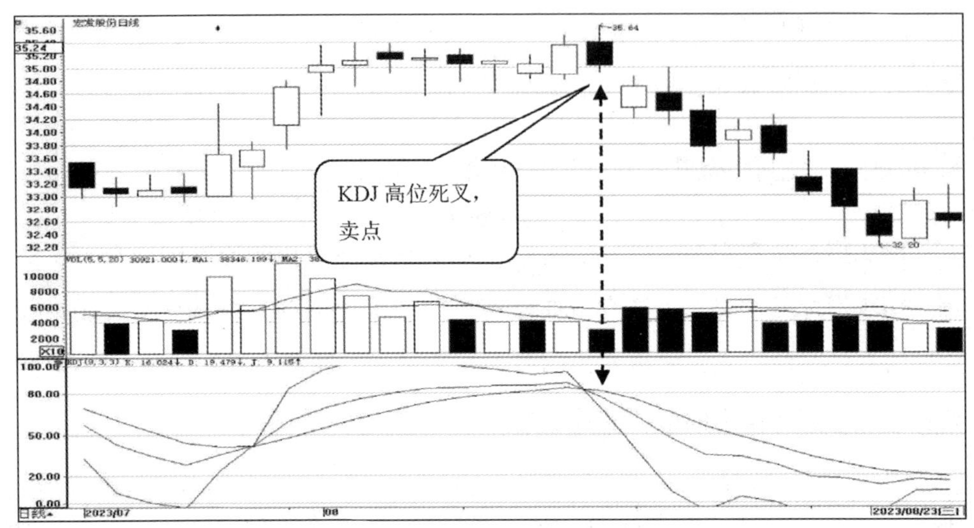


图 5－49　宏发股份日 K 线

实战经验

1. KDJ 指标出现死亡交叉时，如果 K 线形态同时发出看跌信号，则其发出的卖出信号更加强烈。

3. 如果 KDJ 指标出现死亡交叉的同时，成交量迅速放大，则该形态的看跌信号就更加强烈。

## 5.4.4　卖出形态 2：KDJ 指标顶部超买

当 KDJ 指标中的指标线 D 向上突破 80 时，KDJ 指标就进入了超买状态，如图 5－50 所示。这表示多方力量已经强盛到极致，面临后续力量不足的风险。股价接下来有较大可能反转向下，投资者可密切关注空方力量复苏的信号，如 K 线在超买区域出现看跌形态，KDJ 指标形成死叉，指标线 D 脱离超买区向下等，一旦出现这些信号就可以短线卖出。

如图 5－51 所示，2023 年 3 月下旬，经过前期短期大幅上涨，张江高科（600895）KDJ 指标中的指标线 D 进入超买状态，股价接下来有较大可能反转向下。

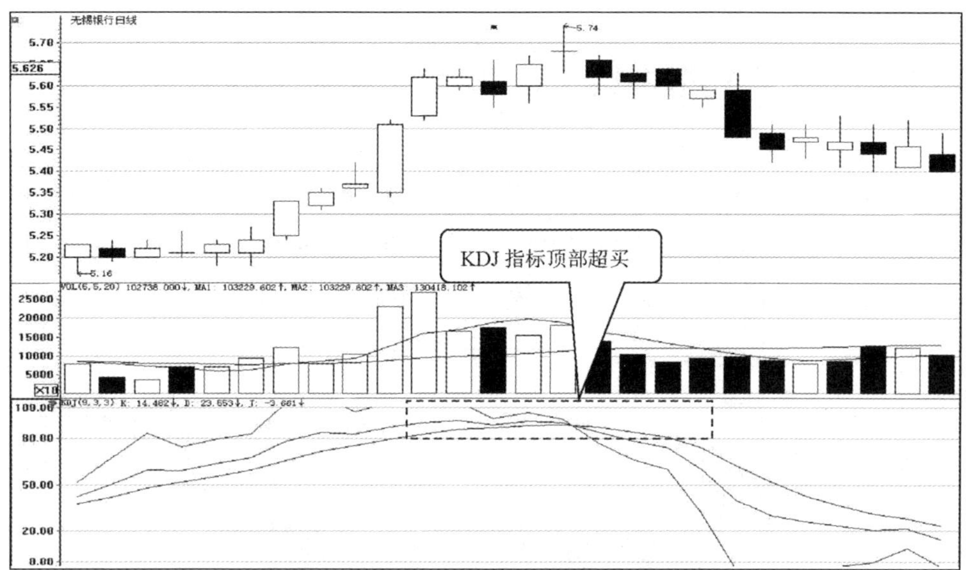


图 5－50　卖出形态 2：KDJ 指标顶部超买

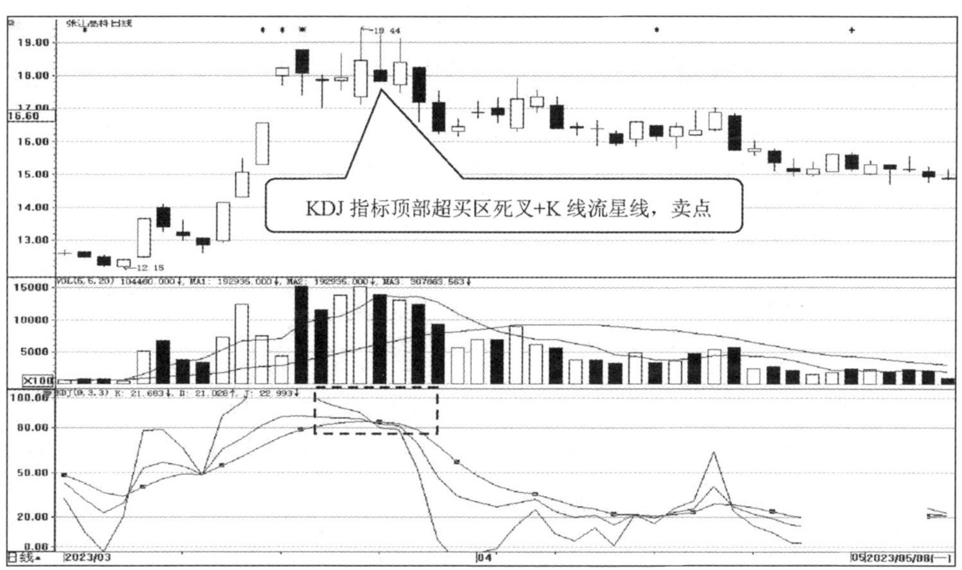


图 5－51　张江高科日 K 线

3 月 27 日，在超买区域中 KDJ 指标形成死叉，同时 K 线形成流星线的看跌形态。这些信号表示多方力量已经耗尽，股价继续上涨的空间已经很小，空方力量复苏，股价大概率会下跌，此时投资者可以卖出股票。

# 5.5 按 BOLL 指标的 2 个形态买入

BOLL 指标的中文名称为布林线指标，是研判股价运动趋势一种的中长期技术分析工具。其由三根曲线组成，分别为 MID（布林中轨）、UPPER（布林上轨）和 LOWER（布林下轨），如图 5－52 所示。

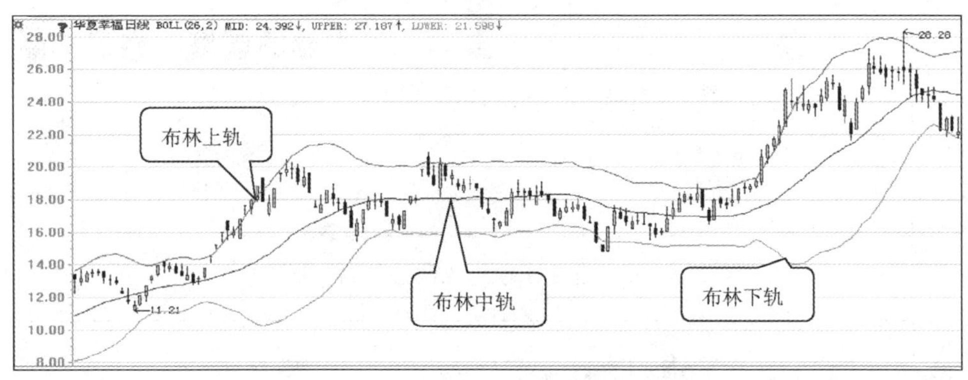


图 5－52 BOLL 指标

布林中轨是股价的移动平均线（通常参数为 20），当布林中轨呈现上升趋势时，说明市场由多方主导，正处于上涨行情。当布林中轨呈现下跌趋势时，说明市场由空方主导，正处于下跌行情。布林上轨和布林下轨分别是中轨值加上和减去一个特定数值得出来的。

根据移动平均线对股价的支撑和阻力作用，BOLL 指标的三条曲线也具有对股价的支撑和阻力作用。其主要作用是规定了股价波动的带状区域，无论市场处于何种行情，股价的主要波动都在 BOLL 指标的带状区域中。

## 5.5.1 买入形态 1：BOLL 指标喇叭口敞开，同时中轨向上

BOLL 指标喇叭口敞开是指 BOLL 上轨上涨、下轨下跌、中轨也有向上拐头的趋势，如图 5－53 所示。此时，股价往往伴随上升趋势呈现上涨态势。BOLL 喇叭口敞开，同时中轨开始向上，表示市场进入由多方主导的上涨行

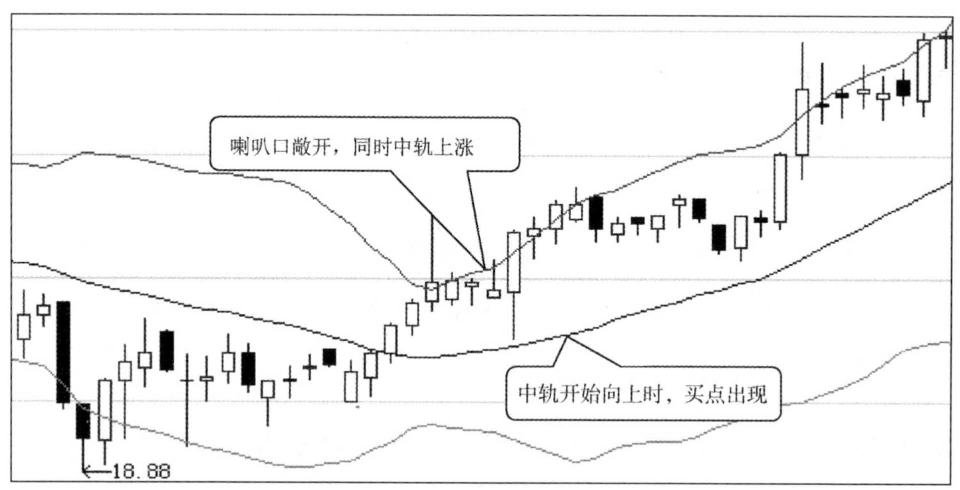


图 5－53　买入形态 1：BOLL 指标喇叭口敞开，中轨向上

情，发出买入信号，后市股价上涨的概率大。

如图 5－54 所示，2022 年 7 月 6 日，山西路桥（000755）经过长期震荡走势后放量大涨，突破 BOLL 指标上轨，BOLL 上轨向上移动，下轨向下移动，中轨也开始向上，喇叭口形成发散形态。该形态表明短线上涨动能急剧增强，市场进入由多方主导的上涨行情。此时买点出现，投资者可以考虑买入。

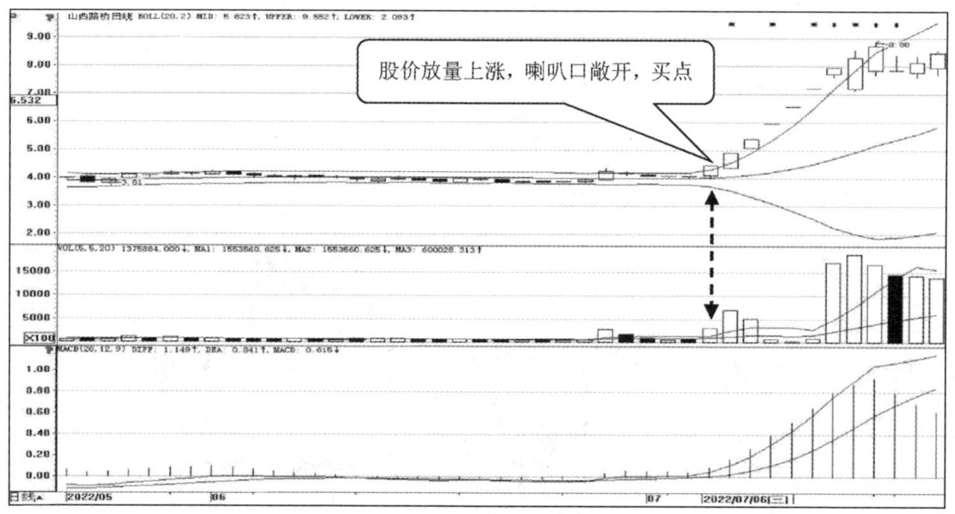


图 5－54　山西路桥日 K 线

1. 在 BOLL 指标喇叭口敞开时，若中轨向上的同时成交量也放大，其买入信号更加强烈。

2. BOLL 指标喇叭口敞开结束时，开口出现收缩，表示股价波动幅度越来越小，即将进入横盘整理行情，是上涨行情即将结束的信号。看到这个信号，投资者可以卖出股票。

## 5.5.2 买入形态 2：得到 BOLL 指标下轨支撑

BOLL 指标下轨对股价形成支撑，这种走势常常发生在震荡行情中。当股价跌至 BOLL 指标下轨时，获得下轨的支撑，随后股价开始反弹上涨，如图 5－55 所示。BOLL 指标下轨对股价形成支撑，表示在震荡市中，多空双方势均力敌，股价在 BOLL 指标上下轨之间徘徊震荡。此时，投资者可以在 BOLL 通道内高抛低吸以降低持股成本，当股价受到下轨支撑时短线买入。

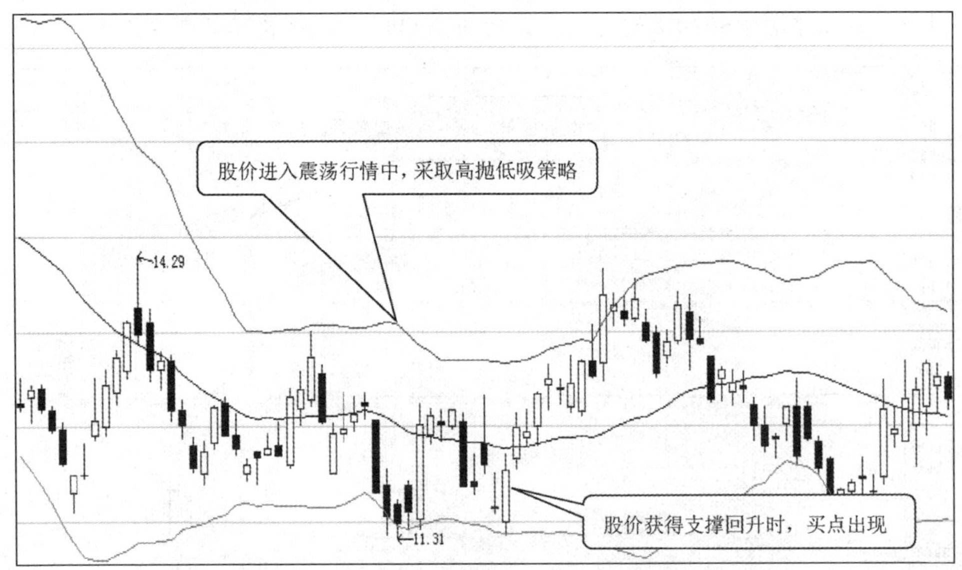


图 5－55　买入形态 2：得到 BOLL 指标下轨支撑

如图5－56所示，2023年5月开始，中百集团（000759）在经过一波下跌趋势后逐渐止跌企稳，BOLL指标中轨逐渐走平，表明市场进入震荡行情。

5月30日，股价跌至BOLL指标下轨附近受到支撑，同时K线形成锤子线的看涨形态，买点出现。6月27日，股价第二次在下轨附近受到支撑，同时K线形成看涨吞没形态，第二个买点出现。投资者要注意把握这两个买入良机。

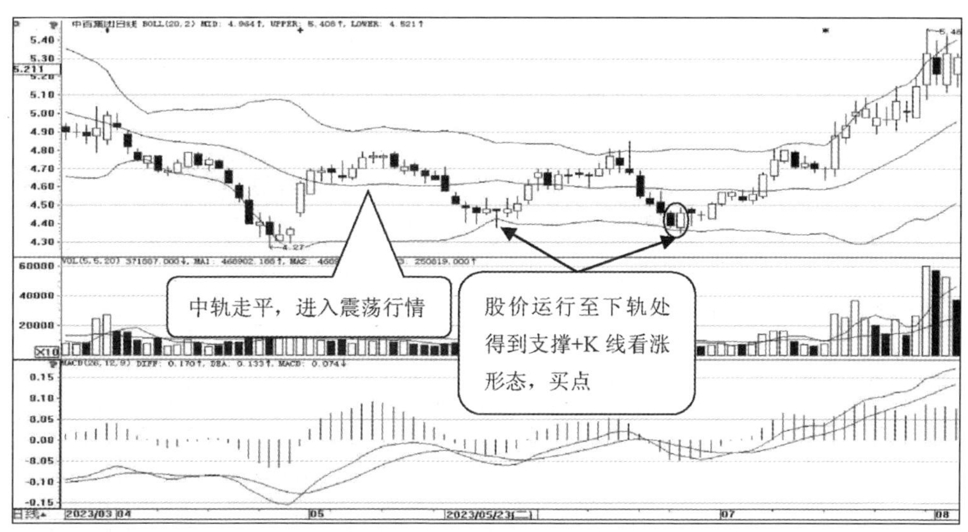


图5－56　中百集团日K线

1. 当股价在BOLL指标下轨位置获得支撑反弹时，如果成交量温和放大，则该走势的买入信号会更加可靠。

2. 股价由下轨获得支撑到突破中轨所耗费的时间越短，说明多方越强势，该走势的买入信号也就越强烈。

3. 股价下跌到BOLL指标下轨位置时，并不一定总能获得支撑。如果BOLL下轨向下移动，投资者不可买入股票，还需要观望。

# 第 6 章

# 新手选股的6种策略

## 6.1　选择基本面优良的股票

选择基本面优良的股票通常是根据财务报表来判断上市公司的基本面优劣，进而作出买卖决定。

上市公司公布的财务报表，详细介绍了公司在每个报告期间内的经营情况和经营业绩，是投资者选择股票的一个重要参考。

按照上市公司的财报买卖股票时，投资者要重点关注以下内容。

第一，炒股，炒的是预期。

炒股不是炒以前发生的事情，而是炒预期要发生的事情。一家公司的业绩好，只能说明它以前或者当前的业绩好，并不能断定以后的业绩仍然会好。因此对财务报表进行分析，投资者不能只根据某期的财务数据来分析，而应根据最近几期的财务数据，经过对比发现其中的变动趋势，选择那些业绩持续增长的公司。

第二，不可单独依据财报作出判断，应结合行业发展前景、大盘趋势等进行综合分析。

不可否认的是，要想从财报中发现有用的信息，需要比较专业的财务知识。对于大多数的普通投资者而言，并不具备这种专业能力。但这部分投资者还是可以将财报作为股票交易中的参考。此外，行业发展前景以及大盘的趋势，对股票定价的影响非常大，因此投资者更应进行综合分析。

与炒股要炒预期相对应，选股也要选择成长股。选择那些预期业绩能够持续保持增长的公司的股票，无疑将使投资者有很大机会获取超额利润。判断一家公司是否具有成长性，可以从每股收益增长、净资产收益率和主营利润增长率这三个指标来进行分析。

## 6.1.1 每股收益持续增长

每股收益，指上市公司的净利润与总股本的比值，也就是在财务报告的期间内，每一股能够产生多少利润。例如，伊利股份2022年的年报中，每股收益是1.48元，意味着在2022年这一年里，每一股伊利股份的股票可以产生1.48元的利润。

每股收益越高，就说明上市公司的盈利能力越强。当每股收益出现连续增长时，就说明该公司的经营情况在不断向好，盈利能力在持续稳定地增强。这样的股票值得投资者重点关注。

自2016年开始，国际黄金价格开始进入攀升期，相应的国内黄金股票的业绩也开始稳步增长。图6-1是中金黄金2018年至2022年的每股收益变动趋势图。投资者可以看出，从2018年开始，中金黄金的经营业绩逐步增长，说明其基本面还是非常优良的。

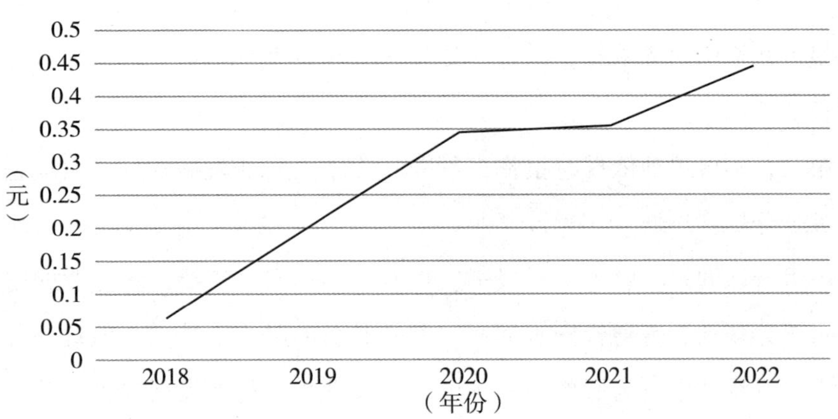


图6-1 中金黄金每股收益变动趋势

从2022年4月底开始，伴随着大盘的触底反弹，中金黄金股价也开始反转向上，由于其优良的基本面，其上涨幅度远超大盘，如图6-2所示。

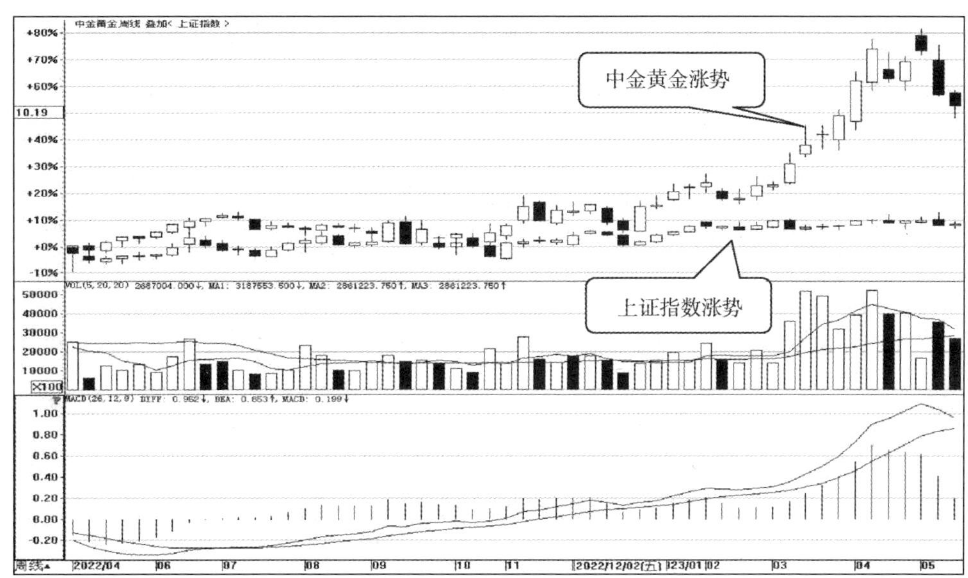


图 6－2　中金黄金 2022 年至 2023 年牛市走势（周线）

## 6. 1. 2　高净资产收益率

净资产收益率是净利润和净资产的比率。公司的资产可以分为两类：净资产和负债，其中净资产又称为股东权益。净资产收益率反映的就是公司运用股东资本的盈利能力。指标越高，说明上市公司运用股东资本所获取的利润就越多。如果一家公司能够保持高净资产收益率，那么就说明这家公司正处于健康的成长期。

净资产收益率可以有效地弥补每股收益的固有缺陷。由于每股收益以总股本作为计算基础，而上市公司的总股本经常会发生变动，例如，公司因分红送股而总股本增加，那么每股收益往往会下降，即每股收益被稀释了。此时投资者并不能据此判断公司的盈利能力下降了。用净资产收益率就能有效地避免这一缺陷。

一般来说，净资产收益率在 20% 以上，就说明公司的盈利能力非常出色，属于高成长公司。

图 6－3 是贵州茅台（600519）2018 年至 2022 年的净资产收益率变动趋势图。投资者可以看出，从 2018 年开始，贵州茅台的净资产收益率基本在 30% 以上，说明其基本面非常优良。

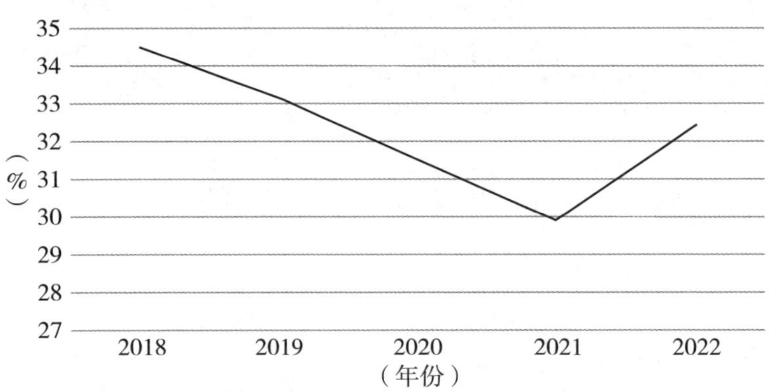


图 6－3　贵州茅台净资产收益率变动趋势

图 6－4 是贵州茅台 2018 年至 2022 年的整体走势。可以看出，该股涨势惊人，早期买入的投资者都获利巨大。正是由于出色的成长性，贵州茅台成为市场上有名的高成长性牛股和众多资金的避风港。

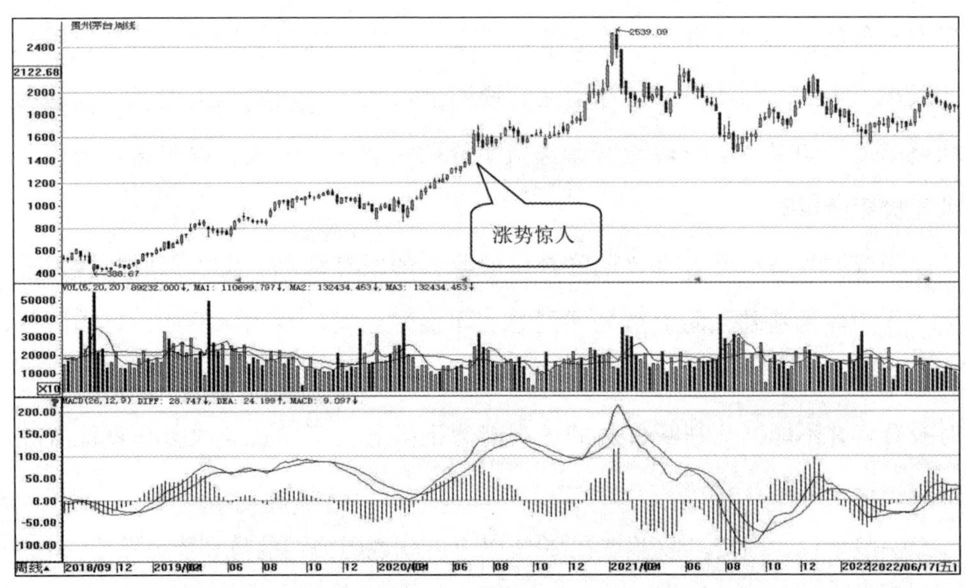


图 6－4　贵州茅台 2018 年至 2022 年牛市走势（周线）

## 6.2　选择龙头股

在股市交易中，知道“板块”，并且会识别“板块”的龙头股，对于投资者的盈利非常重要。在同一板块中的这些股票，可能属于同一行业，也可能属于同一地域或者同一大股东，总之，具有某些共性。投资者如果仔细研究这些同板块的个股涨跌就会发现，虽是它们基本上保持着共涨共跌，但涨幅大小、力度强弱、持续时间长短还是有很大的区别的。在这些股票当中，表现最为强势、涨幅最大的就是这个板块的龙头品种。这些品种往往是“先板块之动而动，后板块之落而落”，非常值得短线投资者关注。

但是，有些投资者对于是否追击龙头股难以抉择，主要存在以下三个疑虑。

第一，市场上这么多板块，哪个会成为未来的热点板块？

第二，这个板块里面，哪只股票会成为龙头股？

第三，龙头品种一旦启动，上涨非常迅速，等反应过来往往已经涨停了，追高的风险是不是太大？

尽管投资者有很多疑问，但是抓住龙头品种所能带来的巨大收益，还是非常值得投资者积极参与的。从经验来看，即使以超过其他个股 10% 到 20% 的价格去追入龙头品种，其获利仍然要超过其他非龙头股。另外，龙头品种一般行情持续时间长，即使其他品种已经开始走弱，它还能保持相当的强势，投资者可以从容卖出。

那么，如何发现领涨板块，进而发掘里面的龙头品种呢？这里有几个要点。

### 6.2.1　选板块

在利好政策影响下，或者目前市场的主要预期中，哪个行业受益最大？

有两种判断方法。

第一，看利好政策。每次涉及相关行业或公司的利好政策一出台，股市往往都会掀起一轮对该行业板块的热炒。比如从 2022 年 10 月起，受新冠疫情结束利好的刺激，市场上掀起了旅游酒店板块的炒作热潮，龙头股西安旅游（000610）1 个多月上涨约 100%，如图 6－5 所示。

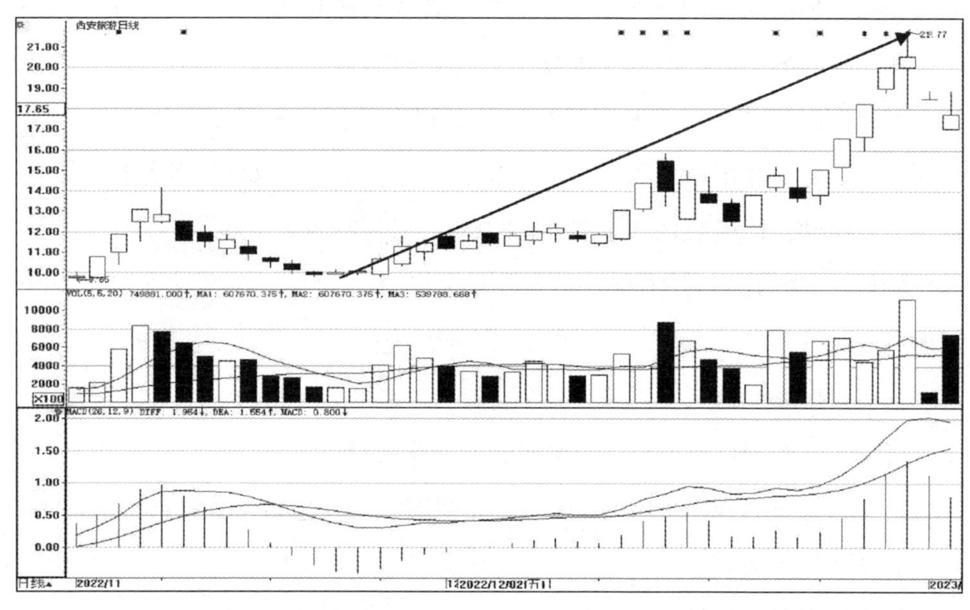


图 6－5　西安旅游日 K 线

第二，看市场主要预期。炒股在某种程度上来说就是在炒预期，投资者可以从身边的事物出发，洞察市场上出现的各种主要预期，提前做好布局，从而有的放矢，获得超常收益。一些久负盛名的投资大师，如索罗斯、彼得·林奇等人都是个中好手。

如图 6－6 所示，2022 年 2 月底，受俄乌冲突影响，市场不确定性预期突然增大，黄金作为风险厌恶型资本的首选避险品种，价格上涨预期也随之大涨。赤峰黄金（600988）作为国内黄金股的四大龙头之一，价格也随之上涨。投资者可追涨买入。

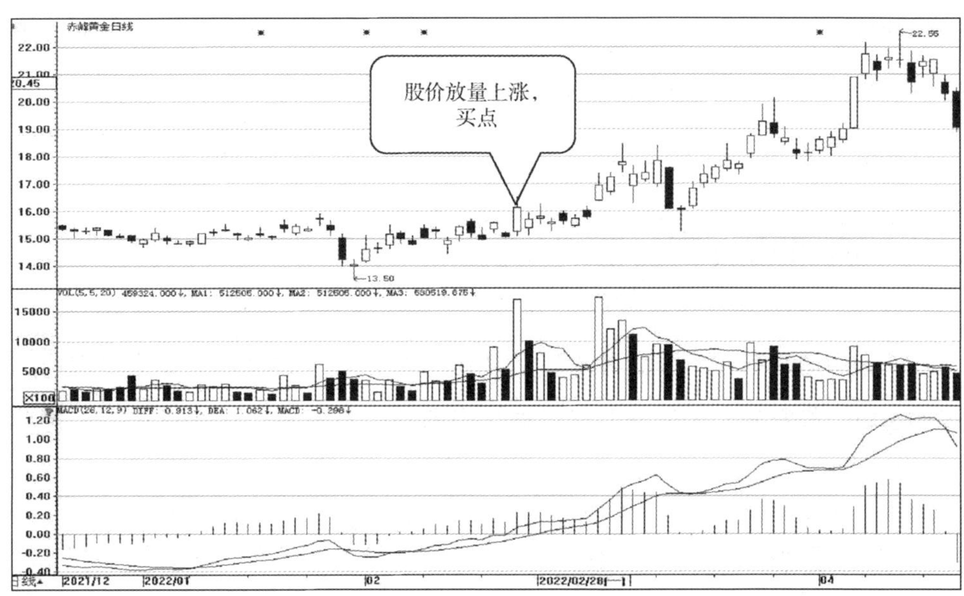


图 6-6　赤峰黄金日 K 线

## 6.2.2　选个股

在预期的主流热点中，哪只股票会成为龙头品种呢？此时有两种判断方法。

第一，看实力。在一个行业内寻找实力最强的公司，那么这家公司的股票很可能会受到市场主力的重点关注，成为龙头品种的概率也更大。

第二，看股本。在整个板块当中，流通股本要适中，同时股价应该稍低一些。流通股本适中方便较大规模的资金进出和控盘，同时又不会因为盘子太大而难以炒作。股价稍低一些容易得到市场追捧。符合这些特征的股票就可以作为龙头品种的备选。

这两个方法可以结合使用，投资者建立起自选龙头股名单，然后等待市场的选择。无论投资者事先看好哪个板块、哪只股票，最后都需要经过市场的检验。等板块启动，哪只股票走势最强，哪只股票最先封住涨停，那么这只股票就是市场挑选的龙头品种。

如果真正的龙头股出现在自己的备选股里面，那么投资者就可以从容地入场操作。如果自己的备选股表现不好，投资者也不应该固执，跟随市场热点操作才是赚钱的正道。

## 6.3 选择热点题材股

股市中历来都有“题材炒作”的传统，在某个时间段，总有受到市场热捧的题材。投资者如果能够及时把握住当前的热点题材，将能够大大地提高自己的盈利概率。

### 6.3.1 重组

我国股市成立以来，重组题材一直是一个炒作对象，股市中也屡屡上演重组成功后“乌鸦变凤凰”的故事。

一般来说，重组主要分为两种类型。一种是大股东对旗下资源的整合，如央企重组等。另一种重组方式就是未上市公司通过对已上市公司注入资产的重组行为实现借壳上市。在这种重组模式下，以往的绩差公司会彻底地改头换面，成为一家新公司，其股价也会一飞冲天。这种重组方式在绩差类公司，特别是有退市风险的 ST 类公司中最为常见，因此这些业绩差、即将退市的股票，就成为市场上主要的重组炒作品种。

如图 6－7 所示，2023 年 8 月 4 日，曾经的养猪明星*ST 正邦（002157）发布关于与重整投资人签署《重整投资协议》的公告，同时公布了重组草案。8 月 7 日开盘后，该股连续出现 3 个涨停。

高收益也伴随着高风险。投资者买入绩差重组股，也面临着较大的退市风险。如果这些绩差股重组失败，就将在主板终止上市，并退入三板市场交易。而股票进入三板市场后股价会大幅下跌，投资者将面临大幅亏损的风险。

因此，缺乏内幕消息的普通投资者，不宜参与这种即将退市的股票。即

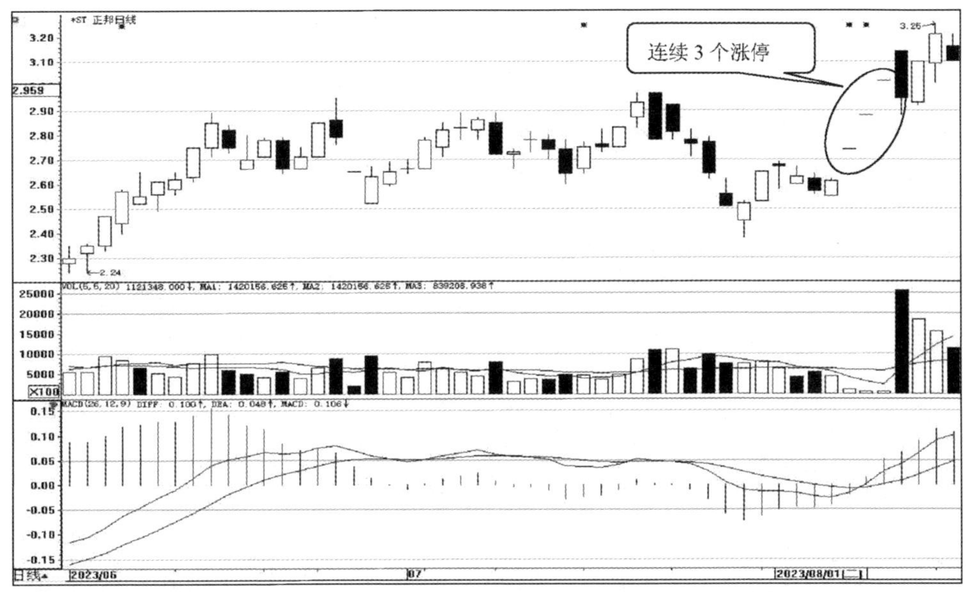


图 6－7　*ST 正邦日 K 线

使参与，也只能是短线投机，在该股暂停上市前就卖出离场。对于那些风险承受能力强的投资者，可以将资金分散在几只重组股上。以一部分股票重组成功后的巨大收益来弥补另一部分股票重组失败后的损失，达到分散风险的目的。

## 6.3.2　低碳环保

随着环境问题的日益严峻，低碳经济以及环保问题越来越受到人们的广泛关注。相应的，市场中的低碳环保概念也逐渐受到资金的关注。

低碳环保概念是一个涵盖范围很大的题材。就低碳而言，只要是有着很低的碳排放量，或者能够有效降低碳排放量的行业，均可以归入低碳板块，如物联网、新能源等。

（1）低碳概念之一：物联网

在股市中，物联网板块的主要品种有：射频识别龙头股远望谷（002161）、二维码识别股新大陆（000997）、自动识别芯片生产商厦门信达（000701）等。

如图 6－8、图 6－9 所示，2022 年至 2023 年，作为物联网和大数据产业的龙头股，远望谷、新大陆一旦出现牛市，其涨幅都远超同期大盘，表现出龙头股在上涨趋势中的强势。

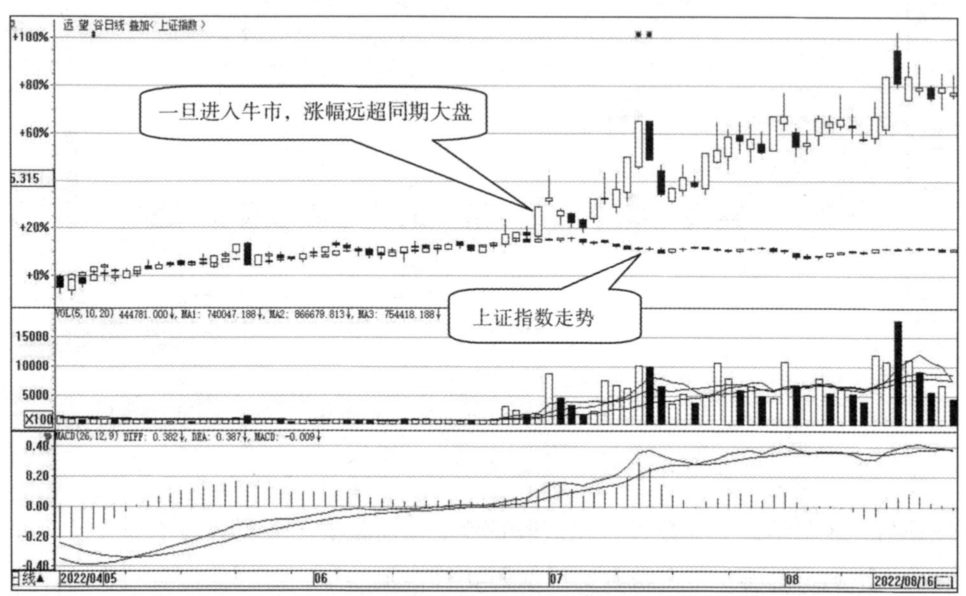


图 6－8　远望谷日 K 线

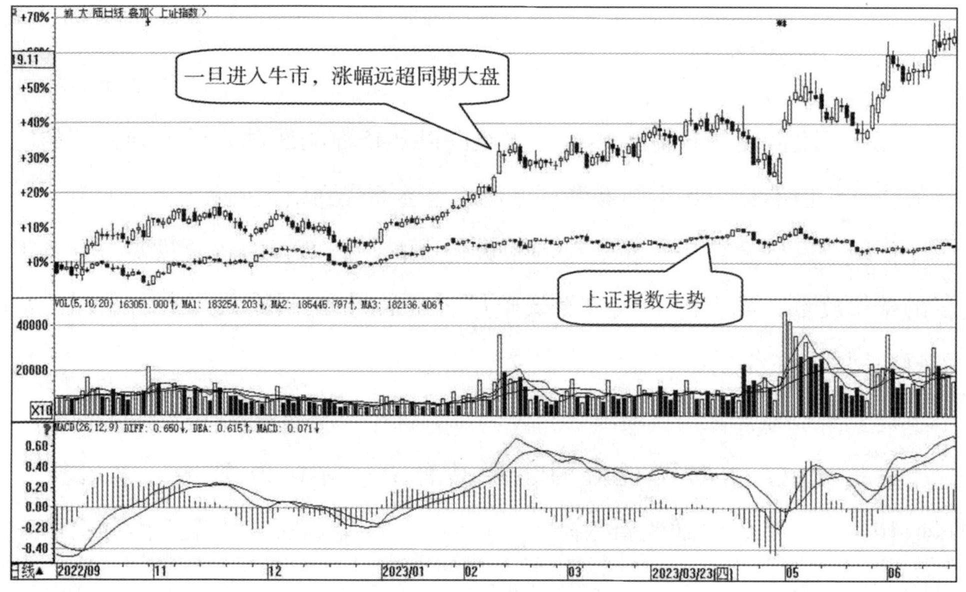


图 6－9　新大陆日 K 线

（2）低碳概念之二：新能源

在原油价格高企、传统能源产业污染日益严重的情况下，新能源成为各国政府的重点发展产业。尤其新能源产业中的锂电池概念，受到了股票市场的热烈炒作。市场上甚至出现了“有‘锂’走遍天下”的说法，可见炒作气氛之浓厚。近年来，我国连续出台众多新能源行业的利好政策，行业“大红包”层出不穷。在利好政策刺激下，比亚迪（002594）、宁德时代（300750）、亿纬锂能（300014）等行业龙头股也随之明显上涨。

如图 6－10、图 6－11 所示，在国家政策的强力刺激下，2018 年至 2022 年，新能源概念股集体大涨，尤其是领军品种比亚迪，在这期间的股价最大涨幅超过了 7 倍。而宁德时代在上市 4 年时间里涨幅超 10 倍，成为有名的十倍股。

图 6－10　比亚迪周 K 线

图 6－11　宁德时代周 K 线

## 6.4　选择主力重仓股

山不在高，有仙则灵，股不在好，有庄则灵。炒股时，如果能够跟上主力的重仓股，享受主力抬轿的乐趣，自然是投资者的绝佳选择。

### 6.4.1　判断主力重仓股的方法

投资者可以通过以下几个方面来寻找主力重仓股。

第一，投资者可以主要通过观察基金重仓持股品种中那些新增品种以及增持品种的变化情况，来寻找主力重仓股。

第二，投资者还可以通过上市公司定期报告中的前十大股东的变化情况，寻找前十大股东中有众多主力机构，或者有新主力机构入驻的股票。

第三，从走势上来看，常常与大盘逆势而动的股票往往是主力重仓股。尤其是大盘下跌时上涨、大盘小涨时大涨的股票，更加值得投资者重点关注。

第四，从盘中走势上来看，走势比较呆滞、成交比较清淡、小单子不多、偶尔有大单子出没的股票，往往是主力重仓股。此时股票已经主要集中在主力手中，流落在散户手中的股票已经不多。

### 6.4.2　买卖主力重仓股的技巧

第一，当主力重仓股经过一段时间调整后，成交量逐渐缩减，当成交极度低迷，日换手率在1%以下时，说明主力已经洗盘到位，此时是跟庄买入的时机。

第二，当主力重仓股遇到突发性利空打压而大幅下跌时，由于主力并没有及时出货，或者根本没有出货计划，股价后市回升的概率极大。出现这种情形的主力重仓股，当其缩量企稳时，就是投资者的买入时机。

第三，当主力重仓股创出新高，但是成交量反而缩减时，说明筹码锁定良好，主力志存高远，后市仍可继续看好，此时也是投资者的买入时机。

第四，如果主力重仓股在持续上涨之后成交量开始放大，往往说明有大量筹码开始松动。而此时持有大量筹码的只有重仓在手的机构，出现高位放量情形，就是主力出货的征兆，此时投资者应该果断卖出离场。

第五，如果主力重仓股在大幅上涨后，出现放量下跌的形态，往往是主力杀跌出货的迹象，此时投资者也应果断卖出。

## 6.5　选择抗通货膨胀股

### 6.5.1　通货膨胀的分类

通货膨胀按照程度不同，可分为温和通货膨胀和恶性通货膨胀。

在温和通货膨胀下，通货膨胀率很低，物价仅以较缓慢的速度上涨。这种通货膨胀通常被理解为一种积极经济政策的结果，旨在调整某些商品价格并以此推动经济增长。在此情况下宏观经济运行良好，投资者信心一般不会受到影响。

恶性通货膨胀是指通货膨胀率加速上涨或者高通货膨胀率一直持续的现象。这时投资者会出现恐慌心理，为了资金保值而大量囤积消费品，市场供求关系会遭到破坏。生产型企业的设备、原材料、工资等各项成本均会大幅上涨，导致企业盈利水平下降甚至亏损。同时，国家为了控制通货膨胀，会采取宏观调控措施，如增加税收、减少贷款、加息、提高银行存款准备金率，甚至实施价格管制等。这些措施都会影响股指走向。

### 6.5.2 抗通胀概念

恶性通货膨胀会影响宏观经济发展，对整个大盘属于宏观利空消息。但是一些受通货膨胀影响较小的股票，将成为资本市场的避风港，形成抗通胀概念。抗通胀概念股票主要集中在黄金、房地产、资源、农业等行业板块，如图 6－12 所示。

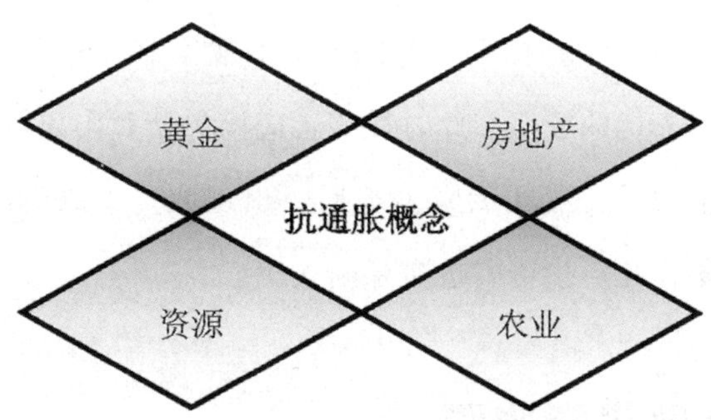


图 6－12　抗通胀概念主要板块

黄金和房地产是投资者在通货膨胀中寻求资金保值增值的主要途径。因此，黄金和房地产公司的业绩在通货膨胀中有望增加，而这两类公司的股票也会有不错的投资机会。但是投资者也应该注意，一旦国家开始宏观调控，房地产行业或将成为调控的对象。所以，投资者在购买有抗通胀概念的房地产股票时应该注意防范风险，多关注国家政策变动。

资源和农业类上市公司的产品价格会随着通货膨胀而增加，但这两类公司的生产成本并不会有太大变化。因此，资源和农业类股票也是投资者在抗通胀概念中的操作重点。

## 6.6　选择消费垄断优势股

在“股神”巴菲特的选股标准中，非常注重消费类上市公司，尤其是那些具有垄断优势的消费品公司。这是因为，身处消费品行业，可以保证公司经营比较稳定，不会像周期性行业那么大起大落。具有垄断优势，又可以使公司有能力获取超额利润，在市场竞争中处于非常有利的位置。

图 6－13 是泸州老窖（000568）从 1994 年上市到 2023 年近 30 年间的季 K 线图。在我国的高端白酒领域，泸州老窖虽然不如贵州茅台，但也是当之无愧的龙头之一。在这几十年里，众多主力机构纷纷入场锁仓，该公司的股价也迭创新高，走势良好。

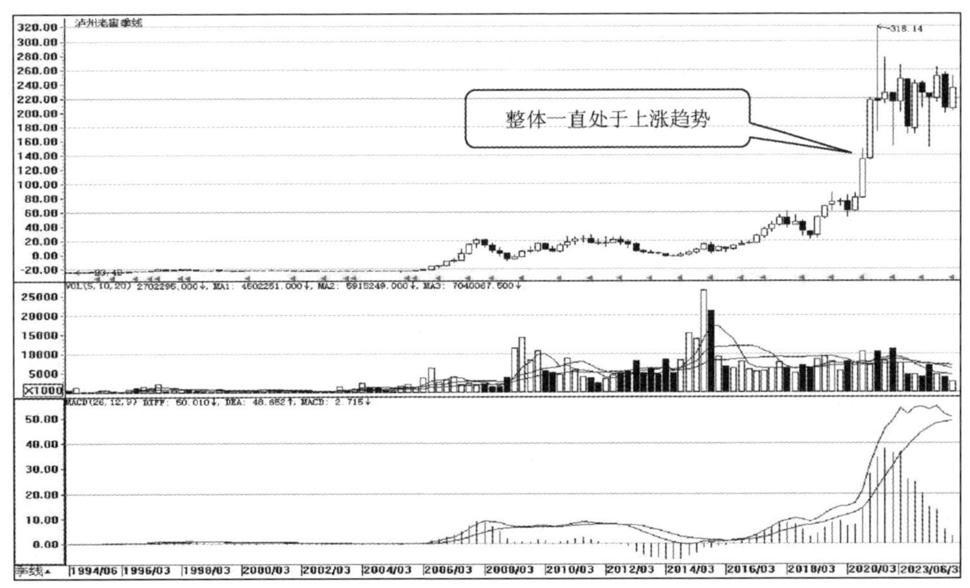


图 6－13　泸州老窖季 K 线（前复权）

图6-14是东阿阿胶（000423）从1996年上市到2023年20多年间的半年K线图。在我国的医药保健领域，东阿阿胶的知名度和品牌美誉度都处领先位置，是当之无愧的龙头之一。在这20多年里，众多主力机构纷纷入场锁仓，该公司的股价整体持续上涨，涨幅十分惊人。

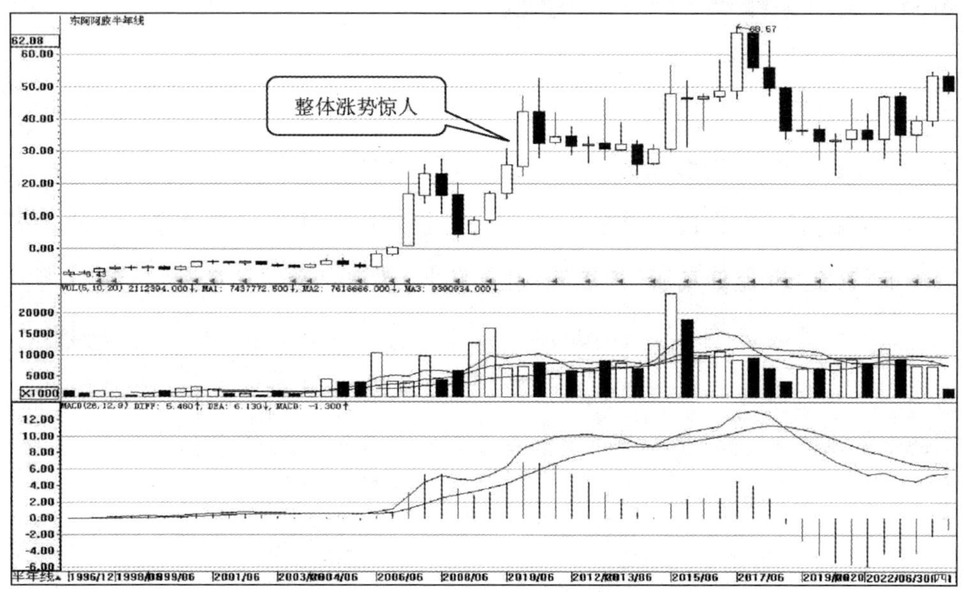


图6-14　东阿阿胶半年K线（前复权）

# 第 7 章

# 新手炒股常见的12个错误

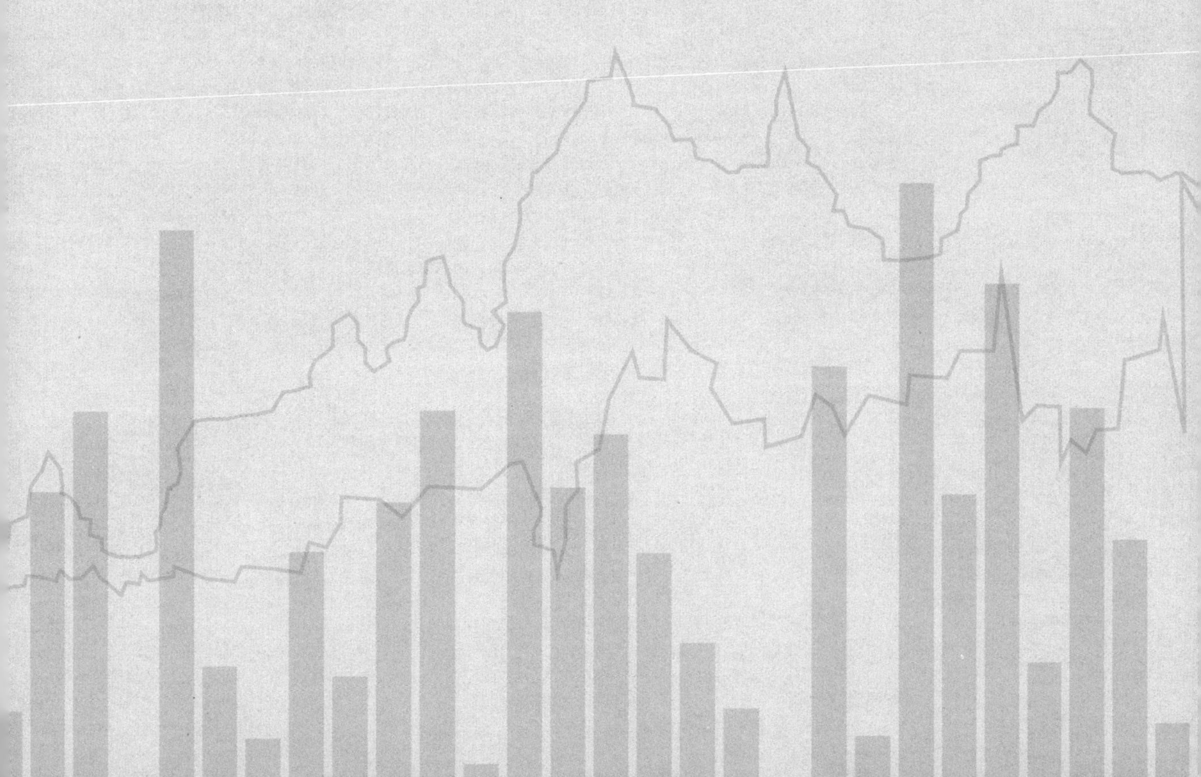

## 7.1　一开始就定下过高的收益目标

对于投资新手来说，需要明确炒股能够获得的合理收益率。但这是很多新手入市时容易忽略的一个问题。

新手对于炒股的收益率经常有超过正常水平的预期，认为炒股是一个暴利行业，每年可以获得几倍甚至更多的利润。实际上这只是一种误区。短期来看，确实有人能够在几周的时间里就让自己的资金翻倍，但那只是个别人在特殊时间段内的特殊现象。没有人能够长期保持这么高的收益率。如巴菲特，他是公认的“股神”，炒股赚钱的典范性人物，有史以来在股市上赚到最多钱的投资者。在巴菲特几十年的炒股生涯里，有的时候每年可以赚到超过50%的收益，有的时候也会亏损，但长期算下来，平均每年的收益率只有20% ~25%。

新入市的投资者应该合理估计自己的盈利能力。如果预期的收益率高于正常水平，当实际收益达不到预期时，投资者就会陷入焦急的状态，这非常不利。

在合理估计自身盈利能力的基础上，投资者可以根据自己投入股市的资金来预计每年能够从股市上赚到的钱。如投资者投入 10 万元炒股，平均每年赚到 2 万元已经是很好的成绩了。如果制定的盈利目标太高，会给自己带来太大压力，不利于新手的成长。

## 7.2　用“输不起”的钱来买股票

投资者需要使用长期闲置不用的资金来投资股市。这里的“长期”应该是 3 ~5 年甚至更长的时间。如果投资者的资金只能使用几个月，最好不要投入股市。

股市的涨跌很难预测，特别是对于股市新手来说，如果在一个不正确的时间点入市，可能需要3~5年甚至更长的时间才能逐渐形成一套稳定的盈利模式。如果在此期间炒股的资金需要挪作他用，可能让投资者的炒股生涯提前终止。

在股票交易中，很多交易方法都需要持续投资较长时间。价值投资方法就是其中的典型。价值投资是凭借上市公司盈利能力的持续增加来赚取收益的，而上市公司的盈利增加是以季度和年为衡量单位的，因此，价值投资通常需要投资者连续持股几年的时间。如果在这段时间内投资者将资金挪作他用，很可能会错过股票投资的收益。

新手要尤其注意的是，不要用别人的钱来炒股。

股神巴菲特曾经讲过他第一次炒股的故事。

1941年，巴菲特11岁。这时他已经通过出售高尔夫球以及在棒球场贩卖爆米花和花生等小生意赚到了120美元。经过一番仔细的研究后，巴菲特决定开始他的第一笔股票投资，他的姐姐多丽丝被招募为合伙人。他为自己和多丽丝各买入城市服务公司的3股优先股，每股38.25美元。他们每人为此花了114.75美元。

但不幸的是，在他买入股票后不久，市场就开始持续下跌。城市服务公司的优先股股价从38.25美元一路下跌到27美元。当时在上学的路上，多丽丝每天都“提醒”他，他们的股票正在下跌。这段时间小巴菲特感觉到压力大得可怕。

面对巨大的压力，当股价回升的时候，小巴菲特以每股40美元的价格将股票卖出。扣掉手续费后，他和多丽丝每人赚了5美元。但不幸的是，在他卖出后不久，城市服务公司的股价最高上涨到202美元。

通过这件事情，巴菲特总结了三个教训，并把这些教训作为日后交易的准则。

第一个教训：买入股票后就不要过分关注自己的买入成本。

第二个教训：不要不动大脑，急于抓住蝇头小利。

第三个教训：不要为别人的资金负责。

如果投资者用别人的资金炒股，一旦出现投资失误，那可能会因此而烦恼和不安，很难作出正确判断。如在巴菲特的故事里，如果能不被别人干扰，更耐心一点，他可能赚到更多。

## 7.3　不守自己定的“规矩”

股票市场上有句名言叫作“计划你的交易，交易你的计划”。

从投身股市的第一天起，投资者就有必要不断告诫自己，对任何一起买卖行为都尽可能先制订计划，避免在市场中受情绪的左右，因为冲动而作出错误的决定。制订计划可以使人放缓节奏，减少失误；还能使人更深入地了解个股的情况，对个股越熟悉，就越有把握，对重复性的错误的记忆也越深刻。

计划制订后，投资者就要严格按照自己的计划交易。无论如何，计划是在平静中制订的，是在全面思考后制订的。投资者买入股票后，往往有很多浮躁情绪。有的投资者在股票上涨时就不舍得卖，之前的计划都不会执行，这就会使自己的计划落空。由于贪婪心作祟，股票涨了还想再涨一点，股票跌了想着等反弹，长此以往，投资者难以形成自己的交易方法，随意性很大，亏损也会很大。

如图 7－1 所示，在这段来伊份（603777）的走势中，投资者可以在股价突破前期高点时买入股票。随后如果投资者没有事先制订好交易计划，可能会陷入以下的交易模式。

当股价上涨到高位时，因为没有明确的止盈位，所以越涨越不愿卖出股票，反而可能在高位加仓买入。

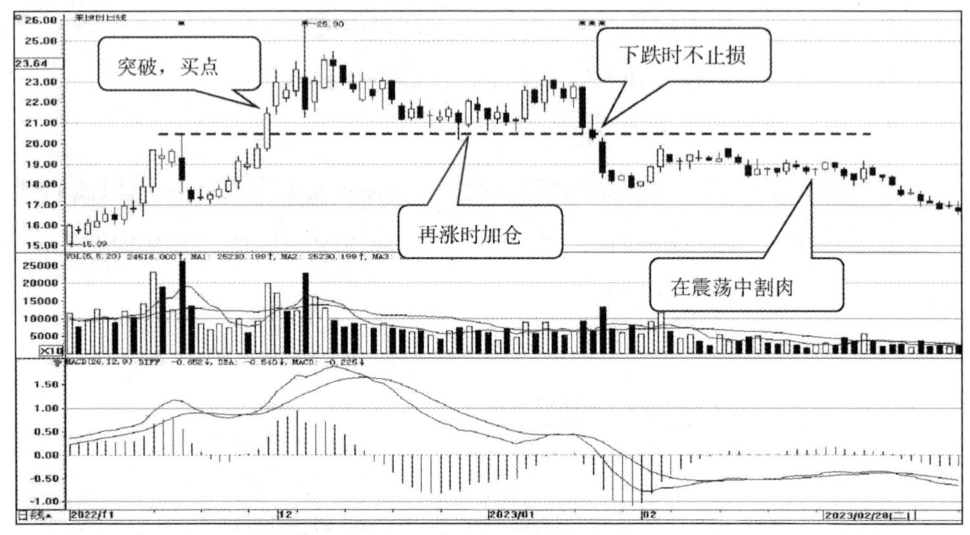


图 7－1　来伊份日 K 线

当股价下跌时，没有明确的止损位，不愿承认自己的“损失”，固执地持有股票，好在股票没有跌破前期的突破价格，还没有出现真正的亏损。

当股价再次上涨时，对后市行情重燃信心，继续加仓买入，希望摊匀成本。

股价再次下跌跌破前期突破价格时不止损，继续持有股票。

等股价下跌到一个低位持续震荡时，逐渐失去持股的信心，割肉卖出，或者虽然持有但开始对股市不闻不问。

## 7.4　急功近利的思想

股市中有个规律叫做“七亏二平一赚”，意思是说股市上所有投资者中，有 70% 的人在亏损，20% 的人能保持不赚不赔，只有 10% 的人在赚钱。而在新股民的群体中，这个亏钱的比例可能还要更高。

之所以有这么多新股民都在亏钱，与急功近利的思想有很大关系。这个思想普遍存在于新股民身上，其具体表现有很多形式。

急功近利思想的第一个表现就是“无证上路”。大家都知道，要想开车上路，除了知道“红灯停、绿灯行”的基本规则外，还应该学习各种交通规则，熟练掌握驾驶技术，并且还要考取驾照。股市投资是一项比开车要高深得多的事业，仅仅知道“低买高卖”就入场炒股是远远不够的。

一个对技术、基本面分析一无所知，对股市风险控制毫无认识的投资者，绝对不可能成为股市的赢家。这就好像一个既不懂交通规则，也没有驾驶技术的人，突然把车开到高速路上，绝对不可能安全到达终点。

新股民急功近利的另一个典型表现就是想赢怕输。买入股票后股价稍有上涨，就急于卖出股票锁定利润；一旦股价下跌，又不愿将浮动的亏损变成实际损失，捂股不卖。虽然说大家炒股都是为了追求利润，但如果像这样过分注重短线得失，往往会在遇到牛股时踏空行情，遇到熊股时又会被深度套牢。

为了解决这个问题，新股民最需要的就是在买入股票前制订严格的交易计划，包括获得多少收益时止盈卖出，承受多少损失时止损卖出。交易计划一旦制订，就要严格执行，绝对不能再做临时的改变。

新股民急功近利还有一个典型的表现就是喜欢臆断庄家动向。经常有新股民会评说庄家：“把股价拉这么高，看你怎么出货!”“再打压就把自己套牢了。”在他们看来，庄家的一举一动似乎都在自己的眼皮底下。但实际情况呢?

虽然每个庄家都在重复建仓、打压、拉升、出货的步骤，但新股民很难判断庄家什么时候拉升，拉升多少，庄家是在洗盘还是在出货。所以，假如你是分析和看盘的高手，完全可以抓住庄家的尾巴大赚一把。但是如果你没有这样的本领，只是臆断庄家动向，那么很可能会成为庄家最后出逃的“轿夫”。庄家坐庄时有一种专门的技术叫作“骗线”，这就是专门为这些喜欢臆断庄家动向的投资者准备的。

## 7.5 迷信内幕消息

对内幕消息的偏好是许多新股民的通病。通常新股民都认为只有自己和极少数人才知道这个内幕消息，根据这个内幕消息操作就能获得大利。这是不劳而获，期望天上掉馅饼的白日梦，最终的结局只有梦醒亏损。当我们按照内幕消息买入股票时，很可能是市场上“消息灵通”的一群人出货的时候。

进入股市后，朋友、同事都经常会给我们一些小道消息。他们的用意可能是好的，但却有失客观性。庄家很常用的伎俩是“助涨然后下泻”。内幕消息发布者会在短时间内将小道消息透漏给中小股民。部分迷信内幕消息的投资者会在同一时间购买。股票价格开始被推动而上涨，也就是助涨。股价一上涨就会有许多对内幕消息将信将疑的人买入，股价会继续上涨。上涨到最后，开头完全不相信内幕消息的那些人也会跟风买入。一段时间过后，股价上升到一个历史新高。在这个时候，消息发布者就会抛出自己持有的股票以获取巨额利润。然后股价开始下跌，市场上出现恐慌性抛盘，股价下跌速度越来越快。经过疯狂的下泻后，留在股民手中的只是一堆不值钱的垃圾股。

除了迷信内幕消息，新股民还会陷入很多类似的误区，如迷信专家、迷信权威、迷信大师、迷信理论、迷信股神等。许多新股民对电视上、报纸上指点江山的“著名分析师”很“感冒”，花费巨额费用成为他们的会员，对他们的点评奉若神明，但真相往往是残酷的。

假如我们找来 1024 个人，把对当天大盘涨跌完全相反的预测结果发给同样多的人。从第二天开始，每天都只给前一天收到正确结果的那一半人发新的消息。如此下来，总会有 1 个人收到的消息一直是正确的，同时还会有相当一部分人收到的消息正确率在 70% 或者 80% 以上。这些投资者都会对我们的“预测能力”敬佩不已。剩下那部分人是赚是赔，跟我们就毫无关系了。在国内的股票市场上，有很多投资顾问就是这样把自己包装成“股神”的。

其实，很多新股民都知道内幕消息可能是主力的陷阱，也知道自己可能成为最后接手的人，但大家还是对这些消息趋之若鹜，其原因只有一个：人们总是希望依赖别人，想让别人告诉自己买什么股票能挣钱，而不是理性地思考。

很多新股民选股票看的既不是公司业绩，也不是技术形态，而仅仅是听人推荐。只要有人推荐了，不管三七二十一买了再说。至于这家公司经营什么，历史走势如何，全然不顾。这些股民中有的可能是没有时间仔细选股，但更多的人是根本不知道怎样选股。在这种情况下，有无人推荐便成了选股的唯一标准。

因此，新股民为了走出迷信内幕消息的误区，最主要的还是应该建立自己的选股标准。只有知道如何选出即将上涨的股票，才能不再盲目迷信内幕消息。

## 7.6　喜欢买“低价股”

需要在几只股票中作出选择时，我们应该选哪只买入？答案很简单：买入未来可能上涨幅度最大的股票。但是在实际操作中，很多股民却不明白这个简单的道理，执着于买入价格更低的股票。

买低价股的本质是投资者在炒股时依然执着于日常生活中的“买菜思维”，希望以同样价格买入更多的东西。似乎持有股票数量越多自己就越富有，赚钱也就越容易。人们会认为 10 元买入的股票要涨到 20 元比较容易，50 元的股票涨到 100 元就十分困难了，而 100 元的股票要涨到 200 元几乎是不可能的事。冷静下来想，谁都知道这样的想法是不对的。但潜意识的巨大力量还是驱使大家去寻找低价股。

图 7－2 为 2023 年 9 月 8 日上午 10：57 左右上证 A 股涨幅排名前 20 位的个股。从图中可以看出，这些大涨的股票中股价低于 10 元的只有 3 只，而 40

元以上的则有8只，说明股票价格是否大幅上涨，跟股价绝对值的高低并没有什么相关性。

| 序号★ | 代码 | 名称 | 最新股价 | 涨跌 | 涨幅 | 换手率 | 量比 | 涨速 |
|---|---|---|---|---|---|---|---|---|
| 1 | 688549 | N中巨芯-U | 13.33 | +8.15 | 57.34% | 47.77% | | -1.33% |
| 2 | 688195 | 腾景科技 | 42.88 | +4.79 | 12.58% | 11.45% | 4.56 | -0.26% |
| 3 | 603667 | 五洲新春 | 18.43 | +1.68 | 10.03% | 6.12% | 1.66 | |
| 4 | 605588 | 冠石科技 | 55.73 | +5.07 | 10.01% | 2.52% | 0.22 | |
| 5 | 605365 | 立达信 | 18.03 | +1.64 | 10.01% | 20.11% | 9.42 | |
| 6 | 600895 | 张江高科 | 21.58 | +1.96 | 9.99% | 3.76% | 2.83 | |
| 7 | 600202 | 哈空调 | 6.41 | +0.58 | 9.95% | 11.31% | 5.99 | |
| 8 | 688259 | 创耀科技 | 82.85 | +6.33 | 8.27% | 8.93% | 3.51 | -0.13% |
| 9 | 600114 | 东睦股份 | 11.40 | +0.86 | 8.16% | 7.62% | 2.58 | 0.62% |
| 10 | 600189 | 泉阳泉 | 8.69 | +0.57 | 7.02% | 7.98% | 10.45 | 0.11% |
| 11 | 688662 | 富信科技 | 37.17 | +2.42 | 6.96% | 3.33% | 1.62 | 4.03% |
| 12 | 601727 | 上海电气 | 4.77 | +0.31 | 6.95% | 1.62% | 10.93 | 0.21% |
| 13 | 688160 | 步科股份 | 72.12 | +4.71 | 6.99% | 12.37% | 1.87 | -1.21% |
| 14 | 603283 | 赛腾股份 | 42.82 | +2.62 | 6.52% | 1.51% | 3.51 | -0.79% |
| 15 | 688331 | 荣昌生物 | 55.64 | +3.38 | 6.47% | 0.99% | 2.56 | -0.04% |
| 16 | 603163 | 圣晖集成 | 39.73 | +2.30 | 6.14% | 19.06% | 5.45 | 0.33% |
| 17 | 603119 | 浙江荣泰 | 24.82 | +1.43 | 6.11% | 6.50% | 1.78 | 0.40% |
| 18 | 688279 | 峰岹科技 | 101.52 | +5.55 | 5.78% | 0.99% | 1.38 | -0.03% |
| 19 | 603728 | 鸣志电器 | 69.93 | +3.74 | 5.65% | 1.18% | 1.40 | -0.74% |
| 20 | 603607 | 京华激光 | 18.22 | +0.93 | 5.38% | 9.74% | 9.60 | 0.22% |

图7－2　2023年9月8日上证A股涨幅榜

新股民钟情低价股，除了受传统“买菜思维”的影响，还有一个很大的原因是认为股价下跌总有底部。新股民中的部分人往往容易产生越是低价股风险越小的认识误区。在他们看来，股价已经低到3～4元，再跌也跌不到哪儿去。这是因为新股民还没有明白涨幅、跌幅与市值之间有什么关系。

图7－3为2023年9月8日上午11：04左右上证A股跌幅排行榜的前20名。从图中可以看到，在20只个股中，有14只个股经过下跌后股价低于10元。股价低的股票不一定下跌空间就小。

在日常生活中，很多人都知道“便宜没好货，好货不便宜”。这个道理在股票投资时同样适用。股票价格高说明这只股票被投资者认可，能够吸引资金不断地买入。如果股票价格很低，必然是有内在原因的。这些公司要么是过去表现不好，要么是现在遇到了什么问题。所以对于低价的股票，投资者

| 序号 ★ | 代码 | 名称 ●¤ | 最新股价 | 涨跌 | 涨幅 | 换手率 | 量比 | 涨速 |
|---|---|---|---|---|---|---|---|---|
| 1 | 603258 | 电魂网络 | 33.82 | -3.76 | -10.01% | 7.87% | 2.28 | |
| 2 | 603226 | 菲林格尔 ¤ | 5.87 | -0.65 | -9.97% | 6.19% | 3.28 | |
| 3 | 600792 | 云煤能源 ¤ | 3.89 | -0.43 | -9.95% | 5.52% | 3.21 | |
| 4 | 603389 | 亚振家居 | 5.98 | -0.65 | -9.80% | 6.67% | 3.30 | |
| 5 | 603377 | 东方时尚 RCB | 6.14 | -0.65 | -9.57% | 2.84% | 5.47 | 0.33% |
| 6 | 600683 | 京投发展 | 6.80 | -0.71 | -9.45% | 7.37% | 2.26 | 0.29% |
| 7 | 600322 | 天房发展 R | 2.79 | -0.28 | -9.12% | 8.63% | 1.42 | 0.36% |
| 8 | 603256 | 宏和科技 ¤ | 9.10 | -0.91 | -9.09% | 3.67% | 2.89 | 0.89% |
| 9 | 605188 | 国光连锁 | 9.40 | -0.82 | -8.02% | 2.16% | 2.09 | -0.42% |
| 10 | 601086 | 国芳集团 | 5.48 | -0.44 | -7.43% | 3.23% | 1.18 | |
| 11 ★ | 600633 | 浙数文化 R | 15.17 | -1.20 | -7.33% | 4.38% | 1.63 | 1.13% |
| 12 | 600277 | 亿利洁能 R | 2.85 | -0.21 | -6.86% | 1.72% | 6.99 | |
| 13 | 603551 | 奥普家居 ¤ | 10.94 | -0.78 | -6.66% | 2.08% | 1.85 | 0.09% |
| 14 | 603106 | 恒银科技 | 7.42 | -0.52 | -6.55% | 5.24% | 1.27 | |
| 15 | 605069 | 正和生态 ¤ | 11.57 | -0.80 | -6.47% | 15.92% | 1.22 | -0.34% |
| 16 | 600280 | 中央商场 | 4.24 | -0.29 | -6.40% | 3.89% | 0.92 | 0.24% |
| 17 | 601677 | 明泰铝业 RCB | 13.51 | -0.89 | -6.18% | 2.33% | 1.80 | -0.66% |
| 18 | 601188 | 龙江交通 | 3.39 | -0.22 | -6.09% | 2.25% | 2.68 | -0.88% |
| 19 | 601900 | 南方传媒 R | 16.18 | -1.02 | -5.93% | 1.44% | 1.38 | 0.43% |
| 20 | 600257 | 大湖股份 R | 7.83 | -0.48 | -5.78% | 10.08% | 0.87 | -0.25% |

图 7－3　2023 年 9 月 8 日上证 A 股跌幅榜

不仅不要过分追捧，还应该尽量回避。

实际上，对于新股民，那些价格中等、业绩优秀、有良好发展前景的公司股票是很好的选择。能够在低价股中挖掘“价值洼地”固然是很好的获利途径，但对于新股民来说这样操作是要冒很大风险的。

## 7.7　过于频繁地交易

美国股票投资大师江恩把投资者在股市中的失败归结于三个原因，其中一个就是频繁交易。有些投资者频繁做短线，希望能够通过“短平快”的方式快速致富。有些投资者这山望着那山高，总觉得别的股票好。刚买入的股票，涨得只要稍微慢点，就迫不及待地卖出换股。结果账户里的钱不仅没有增加，反而越来越少。辛辛苦苦费了很大的劲，却相当于给证券公司打工了。

频繁交易之所以会导致亏损，主要有以下几个原因。

第一，股票的短期走势具有很大的随机性和不确定性。交易周期越短，这种不确定性就越大，投资者在操作和判断上的难度也越大。要想通过频繁的短线交易获利，对投资者的要求非常高。投资者不仅需要有高超的判市技巧，还需要有良好的心态、敏捷的反应速度并且能够严格执行交易纪律。而以上这些，多数投资者都不具备。因此，多数投资者频繁交易的结果都是持续亏损。

第二，频繁交易反映的是投资者急于求成的心理，在这种心理驱使下，投资者很难保持一个客观冷静的交易心态，非常容易引起判断和操作的失误，无形中增加了赔钱概率。

第三，频繁交易极大地增加了交易成本。投资者每一次进行交易时，都需要承担相应的成本，包括支付印花税、佣金等。交易次数少的时候，这些税费并不起眼，但是当交易非常频繁的时候，累计的税费将是一个巨大数字。

假设有一个投资者，账户内资金有 10 万元，每周买卖一次。我们假设他的本金始终保持在 10 万元，那么一年 52 周下来，这位投资者的总交易金额达 1040 万元。按照双向 2‰的佣金费率，支付的佣金为 20800 元；按照单向 1‰的税率，支付的印花税为 5200 元。当然，还有其他过户费等支出，我们忽略不计。仅佣金和印花税这两项，该投资者一年共支付 26000 元，相当于本金的 26%。也就是说，按照这个交易频率，该投资者每年至少需要 26% 的盈利，才能实现保本。

第四，频繁交易将导致投资者缺乏足够的时间去分析研究即将买入的股票，从而增加了失误的概率。

投资者尤其是中小投资者，要尽量避免频繁交易，应追求成功率，而不是交易次数。

首先，在强势市场里不要轻易卖出，不要一看到短线有了收益，就产生“落袋为安”的想法，要敢于持股和捂股。

其次，在弱势市场里要学会空仓等待，要少操作或不操作。当大势不好时入场交易，犹如逆水行舟，不仅费力，而且往往还费钱。

最后，对于普通中小投资者来说，大部分人都有自己的主要职业，炒股只是个“副业”，能够投入股市的时间、精力都有限，因此并不适合做短线的频繁交易。在股市里有所谓“3 年不开张，开张吃 3 年”的说法，这种立足于中长线的大波段交易，比频繁交易更适合大多数投资者。

中长线走势的规律性要远大于短期走势，比较易于把握，同时也会有充足的时间让投资者细细思考。一次精彩的中长线操作，可能要强于多次成功的短线操作。而投资者在短线交易中多次成功所积累的收益，可能因为一次判断失败而化为乌有。

## 7.8　为摊匀成本而补仓

不断补仓来摊匀成本是很多新股民失败的重要原因。几乎所有新股民都有在股价下跌过程中补仓的习惯。

如图 7－4 所示，在股价持续下跌过程中，很多股民都会不断重复这样的心理过程。在股价下跌过程中不断加仓买入，摊匀成本，但最终的结果往往是由浅套到深套，最后变成死套。等股价真正见底开始反弹时，这些投资者早已没有资金买入。

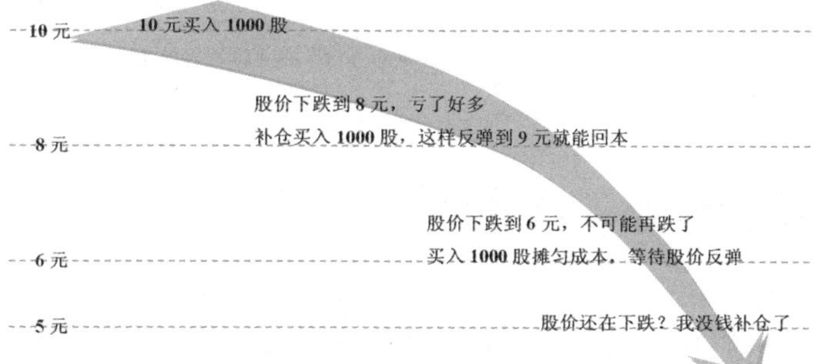


图 7－4　在股价下跌过程中不断补仓

新股民陷入这个误区的原因是有“不服输”的心理，坚持自己“从哪里跌倒，就要从哪里站起来”。这种韧性用在其他事业上或许能使人成功，但如果在炒股时这样做，很可能让自己血本无归。

巴菲特认为，“你用不着非要从原来跌倒的地方爬起来”。在购买股票时，我们需要考虑的是这只股票能否上涨。如果判断股价上涨就买，如果判断股价下跌就不要买。这与自己已经购买的股票是盈利还是亏损没有关系。

股价运行不会看任何人的眼色，跟它斗气完全没有用。我们在一只股票上亏的钱完全可以在另一只股票上赚回来。

当股票下跌时，投资者最佳的解决方案应该是止损卖出。在买入股票前为自己理性地设置一个止损位，股价一跌到这个位置，无论有什么理由都应该卖出止损。补仓的操作只适合在股价上涨时进行。当股价上涨时，如果发现行情的走向强于预期，投资者可以加仓买入股票，如图 7 –5 所示。

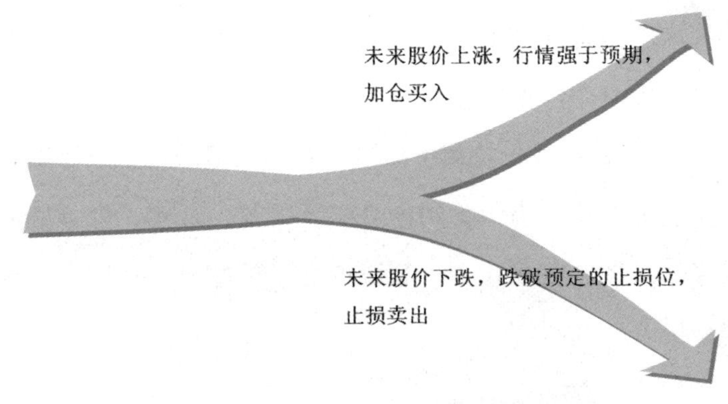


图 7 –5　根据股价涨跌制订不同的操作计划

## 7.9　选择滞涨股等待补涨

当行情已经启动一段时间后，许多之前踏空的投资者也开始入市。不过其中有不少投资者觉得，有些股票已经涨得太高了，可能已经涨不动了，现在不能再买了；而有些股票看起来还趴在底部，后面肯定会有补涨的机会，买这些品种，既安全，盈利又多，是绝佳的买入品种。

那么，这种买入滞涨股的交易行为，是不是合理的选择呢?

在整个牛市当中，并非所有股票最终的涨幅都一样，不同的品种、不同的板块，其启动时间、涨幅大小往往会相差很大。其中启动时间最早、走势最强、涨幅最大的品种，就是这波牛市行情的主流品种。而启动时间晚的，往往是弱势品种。

主流品种的上涨行情，往往贯穿整个牛市行情的始末。而弱势品种在牛市中的上涨往往只是昙花一现。其涨幅很小，而且上涨持续时间短，风险可能会更大。

## 7.10　不敢追击龙头股

新股民选股时常犯的一个错误，就是不敢追击板块的龙头股。

一个板块启动之时，启动最早、涨幅最大、涨势最猛的品种，就是这个板块的龙头股。一般来说，投资者事先很难判断哪个板块会成为热点板块。当热点板块开始浮现时，其龙头品种往往已经有了两到三个涨停。此时很多投资者往往会选择该板块中涨幅较小的品种，而不敢去追已经有了较大涨幅的龙头股。

实际上，如果投资者想要介入某个板块，不论什么时候，选择龙头股都是最安全、最有希望实现赢利最大化的方式（相对同板块其他品种而言）。在整个板块行情中，龙头股先板块之动而动，后板块之落而落。投资者即使追高买入，仍然会获得丰厚的回报。

## 7.11　只看当前业绩，不看未来发展

很多新股民在分析股票的基本面时，经常会出现一个误区，就是只看当

前业绩，不看未来发展。

炒股，炒的不是当前或者历史的数据，而是对未来的预期。就用大家常用的市盈率指标来说，静态市盈率，也就是当前的市盈率，只能作为投资参考，而不能作为买卖依据。例如，某只股票当前股价为 10 元，每股收益是 1 元，那么市盈率为 10 倍，投资者可能觉得这个股票很有投资价值。可半年后该股业绩一落千丈，每股收益一下子变成了 0.1 元，那么如果股价已经跌到了 5 元的话，市盈率就变成了 50 倍，毫无投资价值了。

在上例中，如果投资者已经预先判断该股未来业绩将有大幅的下滑，那么就不会被“10 倍市盈率”诱骗入场。

换个角度，如果一只股票真有价值的话，那么这个股票的价格不太可能会跌到让大家轻轻松松就发现投资价值的地步，除非是在大熊市人气非常低迷的情况下，否则如果有这种天上掉馅饼的好事，早就有主力机构抢破头了。

## 7.12　选择自己不熟悉的股票

很多新股民选择股票时，经常是临时起意，看到某只股票好，顾不上多方面地了解这只股票，就头脑一热地买进了。殊不知，市场行情变幻莫测，这只股票的股价一出现大的起伏，投资者就会陷入彷徨失措之中。涨了，不知道是该卖还是该留；跌了，不知道是该止损割肉还是继续坚持。这样长期下来，往往就是糊里糊涂地挣钱，也糊里糊涂地赔钱。当然，大多数情况下，以后者居多。

投资者在买入一只股票之前，应该对这只股票的基本面、技术面都有一个全面的了解。不同的投资者可以有不同的侧重点。对于技术分析型投资者而言，对技术面应该有详细、全面、深入的研究，对基本面则大概有所了解即可。而对于价值分析型投资者而言，就需要更侧重于行业分析、公司经营分析等。

# 第 8 章

# 新手需遵循的5个操盘原则

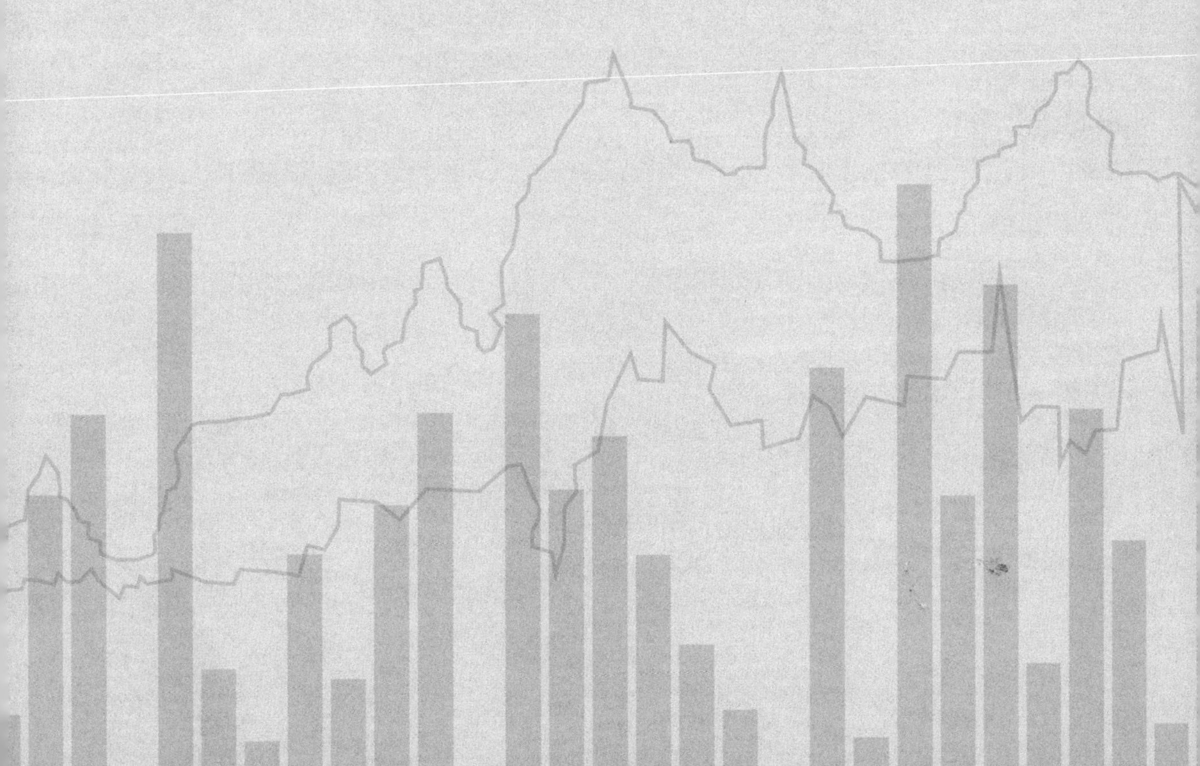

投资者都希望以最小的风险换取最大的收益，但在实际的投资中却往往不能如愿以偿。理智的投资者如果能正确认识并预测风险，有效地防范各种可能发生的风险，就能使自己的收益得到保障。防范风险最好的方式就是要学会正确的投资方法。新手投资者一定要了解并遵循基本的操盘原则。

## 8.1 做好交易计划

在买入股票前，投资者要制订交易计划，做好出现判断错误和意外情况时的应对方案，以便在不利情况下尽量减少损失。

完整的交易系统，是指由投资者个人或在他人帮助下设定的一系列买入和卖出股票的条件集合。一个完整的交易系统应该包括买入理由、交易计划、交易实施等几方面要素，如图 8 -1 所示。

**1. 确定买入理由**

买入理由也就是投资者认为股价会上涨的理由。投资者只要想买入股票，肯定有自己的理由。有的理由是客观的，有逻辑的；有些理由则是非常主观的，单凭想象的；个别投资者还会靠小道消息选择股票。在这里不去评说对错，只是建议刚刚进入股市的投资者最好使用那些自己经过客观、理性的分析得出的结论作为买入理由。

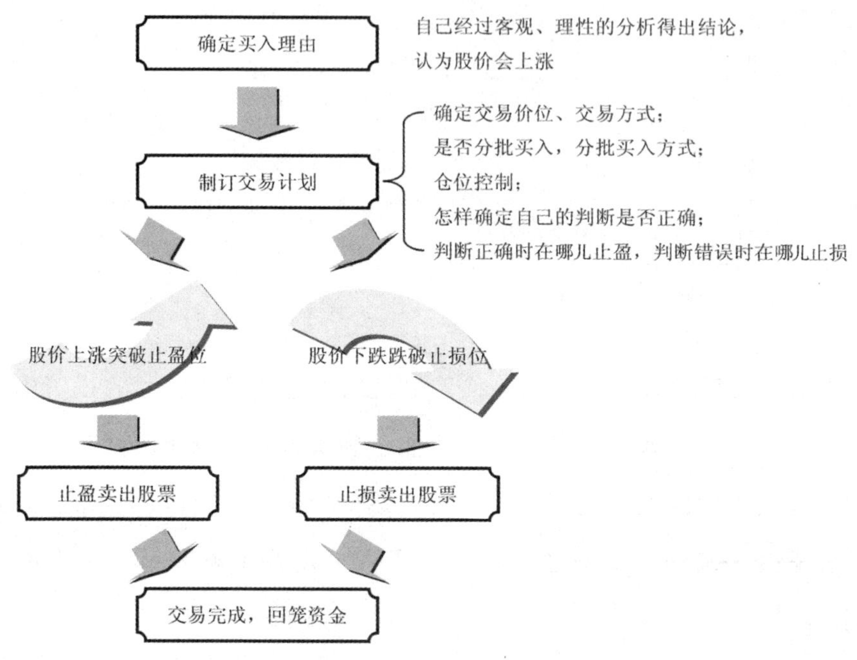


图 8－1　股票买卖交易系统

### 2. 制订交易计划

确定买入股票后，投资者应该先制订一份详细的交易计划，按照计划买入股票。一般的股票交易计划应该有几个方面的内容：在什么价位、以什么方式入场；是以挂单等待的方式，还是追高买入；一共分几次买入；每次买进的时候需要满足什么条件。

此外，投资者在买入股票前还应该想清楚在买入后，如何知道自己的买入理由是正确的；判断方向正确时在什么价位止盈；判断方向错误时又在什么价位止损。

### 3. 交易实施

买入股票后，随着股价涨跌，投资者应该严格执行在交易前制订的止损位和止盈位计划。股价上涨突破止盈位时应该卖出股票，股票下跌跌破止损位时也应该卖出股票。

## 8.2　合理控制仓位

很多新入股市的投资者都喜欢全仓买卖，这样做会带来很多弊端，具体如图 8 – 2 所示。

**全仓就会放松警惕**

全仓后，会非常期望股市上涨，看不清风险，放松警惕，就可能被套

**全仓就没有了抓热点和逢低补仓的资金**

全仓后，就算发现再好的投资热点，也没有钱继续买入，同时也失去了逢低补仓的好机会

**全仓就会恐惧**

全仓后，一有利空，大盘或股价一下跌，投资者就心惊肉跳，六神无主。如果手里还有资金，反倒可能因为股价下跌而高兴，因为可以逢低买入

图 8 – 2　全仓买卖的弊端

对于新手来说，控制仓位是一门学问。合适的仓位与股票的走势、股票的特性、止损策略、买入时间等都有关系。

1. **仓位和走势**

投资者可以将股票或大盘的走势分为三种：横盘、上涨和下跌。

在股票或大盘横盘时，意味着上涨和下跌都有可能。平均仓位大致可以为 50% 。

如果股票或大盘上涨，可以酌情增加平均仓位，上涨越明显，平均仓位越高。牛市中可以将仓位增加到 80% 或者更高。

当股票或大盘下跌时，要酌情减少平均仓位，下跌越厉害，仓位越低。熊市里应该将仓位减少到 20% 或者更低。

2. **仓位和股性**

每只股票的特性都是不一样的。有的股票波动剧烈，有的股票波动平缓，

还有的股票平时很难波动，一有特殊行情就会大幅涨跌。对于不同的股票，投资者交易时应该确定不同的仓位水平。

对于波动大、股性活跃的股票，在K线图上，相邻两天的价格重叠比较多，无论是上涨还是下跌，都有做短线的机会，仓位波动可以大一些。

相反，对于股性不活跃、波动小的股票，没有做短线的机会，那么在上涨时，可以锁住仓位不动，或逐步增仓，而在下跌时应该坚决空仓。

3. **仓位和止损策略**

投资者决定自己的仓位水平时，还应考虑不同的止损策略。而止损策略又是根据投资者的操盘策略决定的。

例如短线交易中，可以把止损位定为全部资本的2%，如果投资者预计股票的最大跌幅为5%，那么仓位就定在40%（2% ÷5%）左右。

在长线交易中，可以把止损位定为全部资本的20%，如果投资者预计股价的最大跌幅为30%，那么仓位就定在67%（20% ÷30%）左右。

4. **仓位和买入时间**

我国股市实行T+1交易制度，买入的股票不能在当天卖出，但卖出后可以当天买入。这意味着上午买入的股票要承担更大风险。因此，投资者确定仓位时，应该结合自己的买入时间。

上午即使出现了好的买入时机，也要适当控制仓位，等下午再继续加仓；如果下午出现买入时机，则可以适当增加仓位。

无论在上午还是下午出现卖出时机，都要坚决减仓卖出。

对于股市新手来说，严格按照以上几条确认仓位水平可能是一件困难的工作，不过这是炒股控制风险的必备工作之一。通过长期交易实践后，投资者就会逐渐养成控制仓位的习惯，可以游刃有余地控制仓位。

## 8.3 分散投资，规避风险

在投资者对股市行情还不能准确把握时，如果将全部资金一次性投入买入某只预计会上涨的股票，那么当这只股票的价格大幅度上涨时，可以获得十分丰厚的利润，但如果股价下跌，就会蒙受较大的损失。为了防范这种风险，投资者可以采取分散投资法。

当投资者同时买入多只股票时，即使某只股票出现重大变故，股价暴跌，投资者手中还有剩余的股票可以稳定持有。单只股票的暴跌不会对整体收益产生太大影响。

投资者在分散投资时有几个原则可以作为参考，如图 8－3 所示。

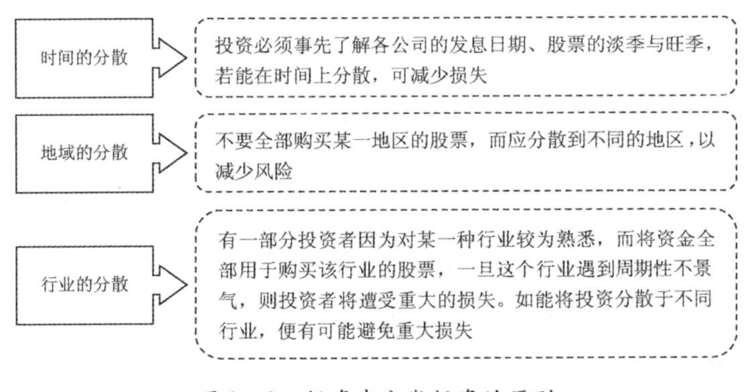


图 8－3　投资者分散投资的原则

此外，投资者在买入股票时，应该注意的是要合理分散投资，并不是过度分散投资。投资者一定要控制好自己持有股票的数量。当持有股票过多时，不但无法达到分散风险的目的，反而可能因为自己精力有限，没办法兼顾，而使投资的风险加大。

## 8.4　分笔买入和卖出

在买入时，将买单分成几笔交易；在卖出时，将卖单分成几笔交易。这种方法对股市新手来说更为保险。

具体来说，分笔买入就是在某一价位时买入第一批股票，在股价上升到一定价位时买入第二批，以后再在不同价位买入第三、第四批等。在此过程中，一旦股价下跌，投资者可立即停止投入，也可根据实际情况出售已购股票。

分笔卖出的做法是在某一价位时卖出第一批股票，在股价下跌到一定价位时卖出第二批，以后再在不同价位卖出第三、第四批等。在此过程中，一旦股价上升，投资者可立即停止卖出，也可根据实际情况买进股票。

分笔买卖法通过多次买进和卖出实现，因此在买卖时投资者可以提早入场交易。当股价下跌到某一低点时，只要出现上涨迹象，投资者就可以试探性地买进，即使买进后股价继续下跌，投资者仍可买进，以摊低平均建仓价格。

同样，当股价涨至某一高点时，投资者也不必舍不得卖出。只要一出现看跌迹象，投资者就可以先卖出少量股票。即使之后股价继续上涨，投资者仍能通过不断卖出而获利，故而不会错失良机。

如图 8－4 所示，2022 年 5 月，康众医疗（688607）股价在经过一波下跌后在低位企稳。6 月 1 日，股价在低位反弹，放量突破 20 日均线。这时市场整体空头氛围还比较强烈，为规避风险，投资者可以少量买入。

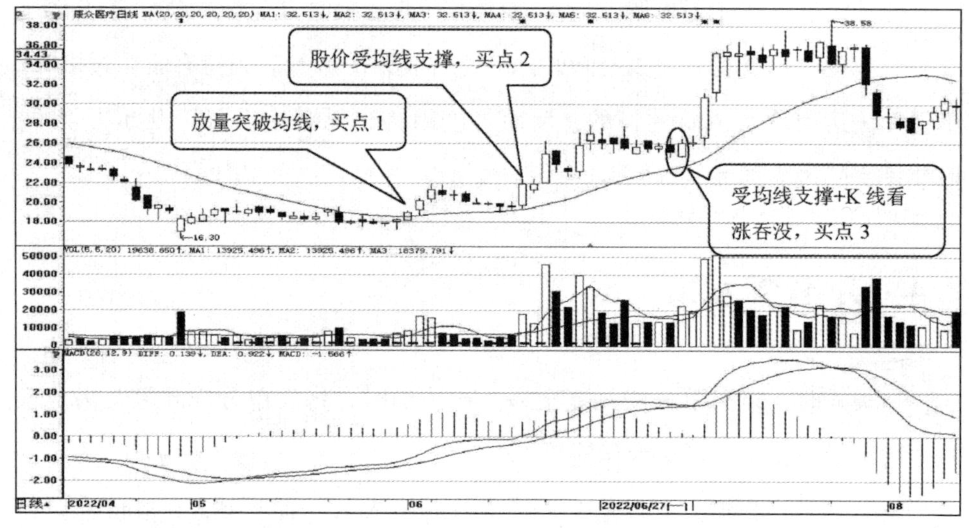


图 8－4　康众医疗日 K 线

6 月 16 日，股票冲高回落后受到 20 日均线支撑再次放量上涨。这是明显的上涨趋势确定的信号，投资者可以加重仓买入股票。

从 6 月 24 日开始，股价再次冲高回落，缓缓平移，成交量逐步缩减。这是典型的上涨趋势中的回调。7 月 6 日，股价回调到 20 日均线附近受到支撑，同时 K 线形成看涨吞没形态，说明股价很快要继续上涨，延续之前的上涨趋势，投资者此时可继续加仓至满仓。

如图 8 –5 所示，2022 年 12 月中旬，四环生物（000518）股价经过一波上涨后再创新高，但从 MACD 指标上看，其上涨动能越来越疲弱，形成了 DIFF 线与股价顶背离形态。发现这个信号，投资者可以先适当卖出部分股票减仓。

随后该股开始下跌。12 月 19 日，当股价跌破上涨趋势线时，投资者可以继续卖出剩下的股票以规避风险。

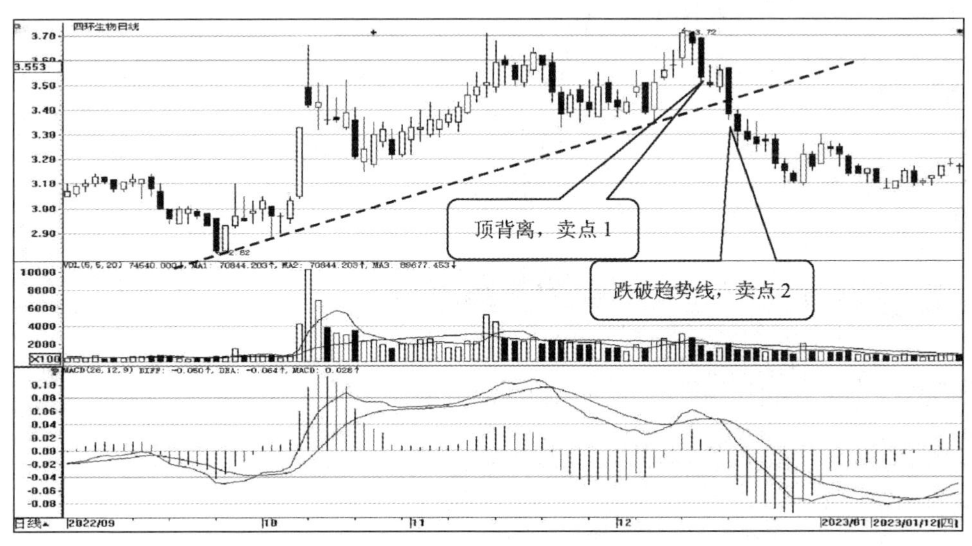


图 8 –5　四环生物日 K 线

## 8.5　设置严格止损位

止损是指当某项投资的亏损达到预定数额时，投资者就要及时斩仓出局，以避免形成更大的亏损。其目的就在于投资失误时把损失限定在较小的范围内。

常用的止损方法有以下三种。

1. **固定比例止损**

固定比例止损是指以一定比例强制性止损，其所采取的方式是以固定的比例设置止损位。

如图8－6所示，2023年2月20日，阳谷华泰（300121）股价突破12.20元。投资者如果在此价位买入股票，同时按照向下浮动10%的比例设置止损位，则止损位应该设置在10.98元的位置。4月21日，股价在盘中跌破了10.98元，此时投资者应该卖出股票止损。

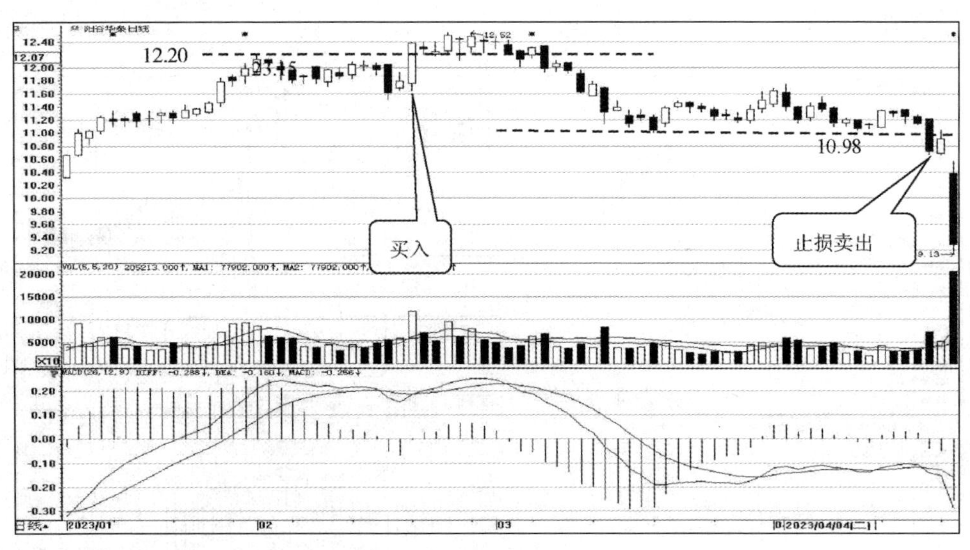


图8－6　阳谷华泰日K线

在使用固定比例止损的方法时，投资者要根据股票的股性和当前的市场行情来决定固定比例。

因此，固定比例止损是一种强制性止损。投资者在使用此法时，可以先使用较少的资金运作，但一定要坚持下去。这样不仅可以锻炼投资者的心理素质，还能锻炼投资者的执行能力。

## 2. 浮动止损

浮动止损又称"追踪止损"，就是追随股票最新的最高价设置止损位，只随股价朝仓位有利方向变动而触发，是在进入获利阶段时制定的策略。

如图 8－7 所示，2023 年 7 月 5 日，锦富技术（300128）股价突破 4.60 元的重要阻力位。投资者如果此时买入股票，可以将止损位向下浮动 10%，即 4.14 元的位置。

随后随着股价持续上涨，每次股价创出新高时，投资者都应该重新计算止损位。7 月 12 日，股价创出高点 6.06 元，此时投资者应该将止损位上浮至 5.454 元［6.06 ×（1－10%）］。

7 月 21 日，股价下跌后在盘中跌破了 5.454 元，此时投资者应该卖出持有的股票止损。

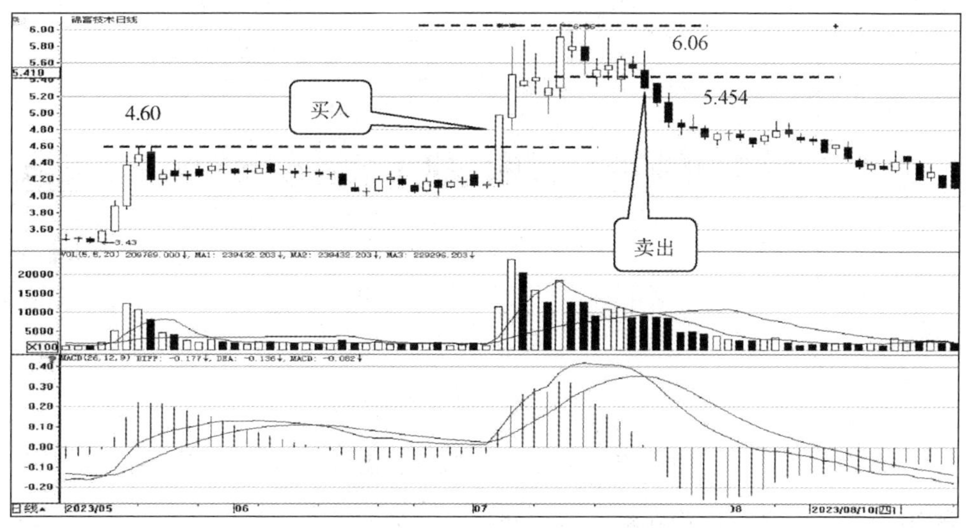


图 8－7　锦富技术日 K 线

浮动止损是一个非常好用的交易工具，尤其在价格变动大的情况下，可以保证投资者获得足够多的盈利。如在上例中，投资者虽然最后止损出局，但账户上仍然是盈利的。

这种止损方法的缺点是比较烦琐，投资者设定止损位后，每次股价创出新高，都要重新计算止损位。

3. **指标止损**

指标止损是指投资者利用前期对股价有支撑作用的趋势线、均线等指标，进行止损操作。

如图 8－8 所示，2022 年 4 月底至 8 月下旬，瑞凌股份（300154）股价在持续上涨过程中，多次在同一条上升趋势线附近获得支撑上涨。如果投资者在此过程中逢低买入股票，可以将这条趋势线作为自己的止损线。2022 年 8 月 31 日，股价彻底跌破了上升趋势线，此时投资者应该卖出股票。

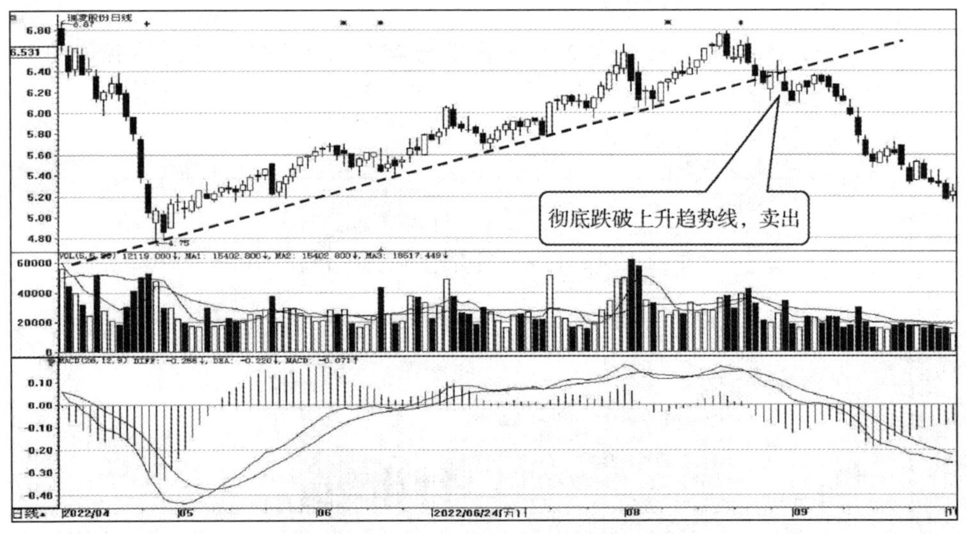


图 8－8　瑞凌股份日 K 线

如图 8－9 所示，2023 年 1 月 3 日，汉得信息（300170）股价向上放量突破 20 日均线，之后股价在均线上方站稳，表明上涨趋势彻底形成。之后，在该股股价持续上涨过程中，其 20 日均线多次对股价形成支撑作用。投资者如果在这个过程中买入股票，可以将 20 日均线作为向上浮动的止损线。

4 月 6 日，股价跌破了 20 日均线，此时投资者应该将手中的股票卖出止损。

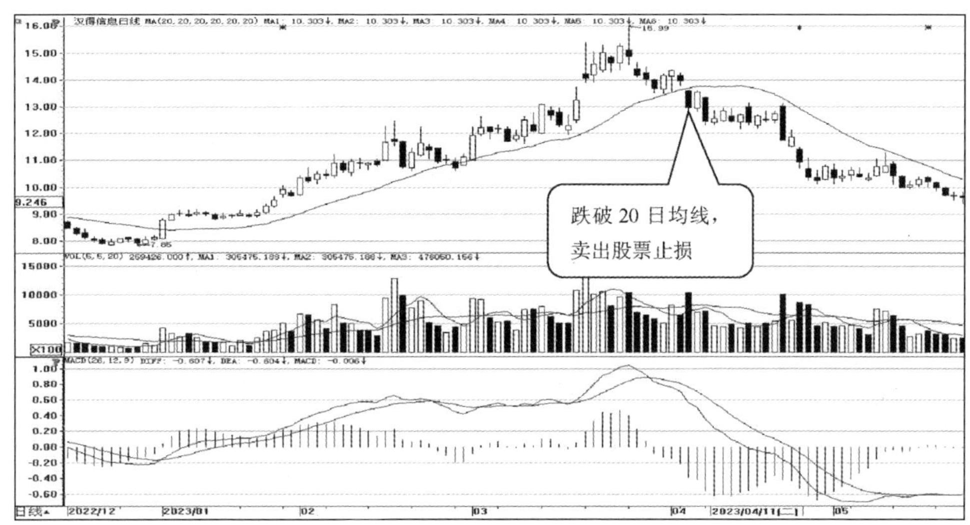


图 8－9　汉得信息日 K 线

指标止损法综合了之前两种止损法的优点。首先，该方法不是机械地设置止损位，而是将止损位向上浮动。这样投资者就不至于失去之前已经获得的收益。其次，该方法不需要投资者反复计算，只要划定一条趋势线或者选定一条曲线就可以了。

不过，该方法也有明显的缺陷。这种趋势线只对部分股票有效。很多股票在波动过程中，投资者很难找出一条合适的趋势线或者均线作为止损线，这时就只能借助之前两种止损方法了。

# 第 9 章

# 新手获取炒股信息的6个渠道

## 9.1　获取权威的政策信息

政府网站是最权威的信息发布渠道，也是投资者需要重点关注的信息渠道。首先，国家的经济政策、行业政策、货币财政政策等变动，无不对股市的整体运行以及个股的涨跌产生重要的影响。其次，为确保信息的权威性与准确性，越是重大的信息，投资者越要追本溯源，在这些信息的最初发布渠道查看，而不是单纯依靠一些转载的信息来进行分析。

投资者应关注综合类新闻网站的信息。提到综合类的新闻网站，投资者可能首先想到的就是新浪、搜狐等。建议投资者关注人民网，它是一个重要的综合类新闻网站，其内容丰富，而且具有权威性。

投资者还应该关注相关部门的门户网站。例如，中国人民银行、国家金融监督管理总局、中国证券监督管理委员会、上海证券交易所、深圳证券交易所、北京证券交易所等官网发布的有关货币信贷政策、市场监管制度、交易规则变化等信息，这些对股市运行都将产生直接的影响。

## 9.2　提前获取上市公司公告信息

### 9.2.1　公告信息早知道

持有某只股票的投资者，肯定会非常关心这只股票的公告信息。在普通的财经网站、证券类报纸等信息渠道中，投资者只有在当天开盘前才能看到最新的上市公司公告。但通过上海证券交易所和深圳证券交易所的网站，投资者在前一天晚上就可以看到公告内容。

### 9.2.2 交易规则请记清

参加任何活动都要了解规则，如果运动员在不知道比赛规则的情况下就贸然参加比赛，失败就是很自然的结果。新股民参与股票交易，自然需要了解并熟知市场的交易规则，比如股票是如何成交的，股价是如何确定的，在什么情况下股票会退市，什么情况下又可以恢复上市，为什么有的股票会临时停牌，等等。这些交易规则在交易所的网站上都可以看到。

## 9.3 及时获取财经信息

目前在国内有不少专门的财经网站，它们提供的信息集中于经济、金融、理财等领域。这类网站中比较有代表性的例如和讯网。和讯网是国内创立较早的专业财经网站。经过多年的发展，和讯网在不断丰富完善财经资讯和理财服务的同时，围绕中高端客户提供多元化服务，成为一个提供财经资讯、投资理财工具、金融数据产品的互动网络平台。

投资者在这类网站上可以看到与投资有关的最新资讯，包括股票、外汇、房地产、保险、期货、黄金、创业板、股指期货等各种产品的最新资讯。另外，投资者还可以在一些网站学到上述产品的基础知识。

## 9.4 获取基本面信息与技术面信息

在获取企业的基本面信息和技术面信息方面，炒股软件是较为快捷的信息获取渠道之一。

### 9.4.1 快速获取基本面的信息概要

在炒股软件的“F10 资料”中（在股票界面下点击“F10”键即可进

入），关于该上市公司的各种基本面信息被分门别类整理好，投资者可以很方便地看到自己想要的信息。

图 9－1 是大智慧炒股软件中浦发银行（600000）在 2023 年 9 月 11 日的 F10 资料。投资者可以看出，关于浦发银行的基本面的重点信息在“操盘必读”“财务透视”“主营构成”“行业新闻”“大事提醒”“八面来风”等模块中呈现。尤其在“操盘必读”中，将该股的最新财务指标、最新公告等基本面信息集中在一起，方便投资者快速阅读。

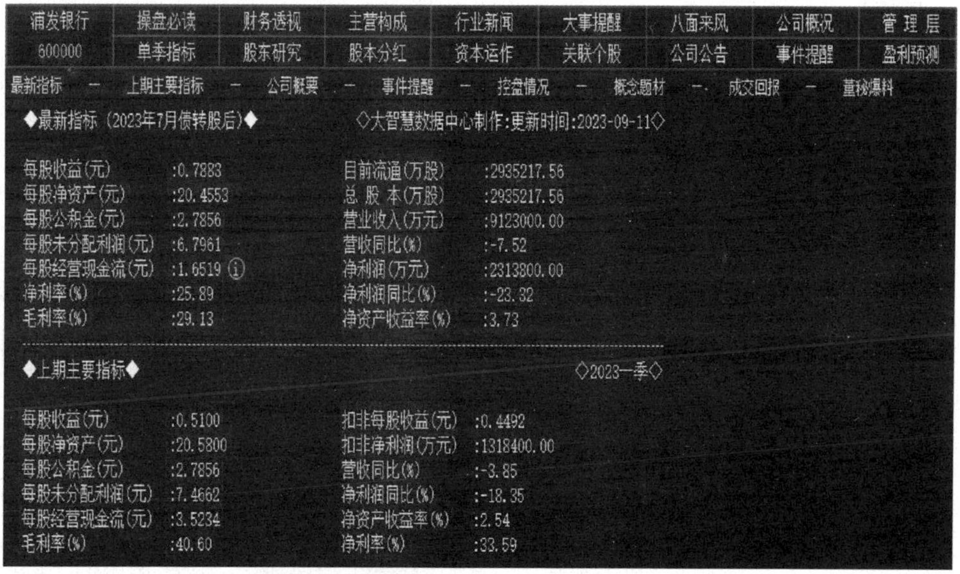

| 浦发银行 | 操盘必读 | 财务透视 | 主营构成 | 行业新闻 | 大事提醒 | 八面来风 | 公司概况 | 管 理 层 |
| --- | --- | --- | --- | --- | --- | --- | --- | --- |
| 600000 | 单季指标 | 股东研究 | 股本分红 | 资本运作 | 关联个股 | 公司公告 | 事件提醒 | 盈利预测 |

最新指标 — 上期主要指标 — 公司概要 — 事件提醒 — 控盘情况 — 概念题材 — 成交回报 — 董秘爆料

◆最新指标（2023年7月债转股后）◆　　◇大智慧数据中心制作:更新时间:2023-09-11◇

| | | | |
| --- | --- | --- | --- |
| 每股收益(元) | :0.7883 | 目前流通(万股) | :2935217.56 |
| 每股净资产(元) | :20.4553 | 总 股 本(万股) | :2935217.56 |
| 每股公积金(元) | :2.7856 | 营业收入(万元) | :9123000.00 |
| 每股未分配利润(元) | :6.7961 | 营收同比(%) | :-7.52 |
| 每股经营现金流(元) | :1.6519 | 净利润(万元) | :2313800.00 |
| 净利率(%) | :25.89 | 净利润同比(%) | :-23.32 |
| 毛利率(%) | :29.13 | 净资产收益率(%) | :3.73 |

◆上期主要指标◆　　◇2023一季◇

| | | | |
| --- | --- | --- | --- |
| 每股收益(元) | :0.5100 | 扣非每股收益(元) | :0.4492 |
| 每股净资产(元) | :20.5800 | 扣非净利润(万元) | :1318400.00 |
| 每股公积金(元) | :2.7856 | 营收同比(%) | :-3.85 |
| 每股未分配利润(元) | :7.4662 | 净利润同比(%) | :-18.35 |
| 每股经营现金流(元) | :3.5234 | 净资产收益率(%) | :2.54 |
| 毛利率(%) | :40.60 | 净利率(%) | :33.59 |

图 9－1　大智慧中浦发银行“F10 资料”界面截图

不过，炒股软件中的“F10 资料”，只包含基本面信息的摘要，并非全部的基本面信息。例如，在“F10 资料”中只提供近几期上市公司财报中重要的财务指标，并不是全文公布，可能会遗漏一些重要的基本面信息。因此对于重要的财务报告、公司公告，投资者还是应该到交易所网站或者专业的财经网站上寻找，仔细阅读全文，防止错过重要信息。

## 9.4.2 通过看盘获取各种技术面信息

一只股票的技术面信息包括当天分时走势、K 线形态、均线、成交量信息、技术指标等方面，这些在炒股软件中均可以非常直观地看到。

图 9－2 是 2023 年 9 月 11 日大智慧的个股盘面信息。投资者可以看到实时挂单信息、实时成交信息、K 线、均线、成交量、技术指标（本例中为 MACD 指标）这些技术面信息。投资者可以根据这些技术面信息判断股价趋势，把握买卖时机。

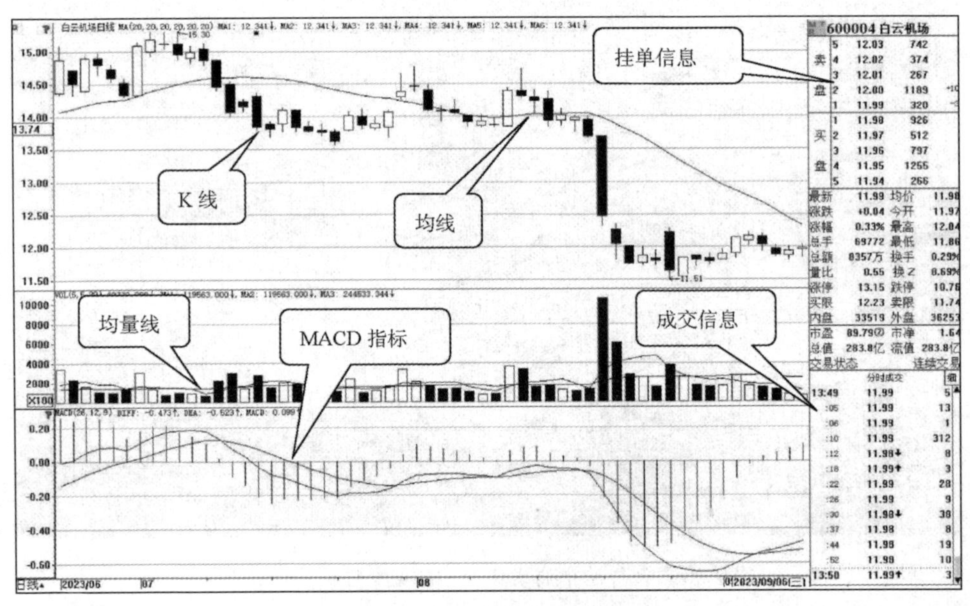


图 9－2 大智慧的个股盘面信息

# 9.5 博采众家之长——知名财经公众号

股市中的学问，浩如烟海，任何投资者都不能故步自封，而是应该多看、多听，了解新信息，学习新知识。了解其他投资者如何想、如何做也非常重要。

一些财经公众号成为投资者学习、借鉴的好地方。投资者不应拘泥于技术分析或者价值分析，而应博采众长，为我所用。

投资者在浏览财经公众号时，需要注意核心逻辑，应将主要关注点放在作者的思路、理念和分析方法上，而不能过于关注行情分析、股票推荐这些内容。

投资者须知，理念、方法、技巧才是应该学习的。对于当前行情的分析和判断，投资者还是应该以我为主，建立属于自己的研判体系，拥有属于自己的买卖原则，不能人云亦云，将希望都寄托在别人身上。

## 9.6　充分交流的平台——股票论坛

股票论坛是形形色色的投资者聚在一起聊天论股的地方。投资者可以去一些股票论坛转转，看看当前的热点话题是什么，大家都在关心什么板块，热门帖子都有哪些，或者适当参与某个话题的讨论，等等。

投资者逛股票论坛可以有以下几个方面的收获。

1. **欣赏佳作**

在股票论坛中，那些点击率高或者加为精华的帖子，很多是佳作。这些帖子或者观点独到，或者内容深刻，浏览这些帖子，投资者会不断地吸收他人所长，弥补自身之短，达到提高炒股水平的目的。

2. **跟踪高手**

在很多股票论坛中都会有股市高手活跃。他们或是价值投资高手，或擅长技术分析，或以短线投机为主。不论是哪种风格，他们共同的特点是有自己的分析和交易体系，在市场中磨炼多年，对市场有着自己独特的理解。

这些高手往往有高深的理论和技巧，或者有丰富的市场实战经验。新股民关注这些高手，认真阅读他们的文章，向他们学习，可以帮助自己快速了解市场，快速融入市场。

### 3. 了解市场热点与人气

当某个板块或是个股出现第一个涨停，或是刚成为市场的炒作热点时，马上就会有大量投资者在股票论坛上进行讨论。如果投资者在盘面上没有发现热点品种，也可以通过股票论坛来发现。

另外，在论坛上，有不少投资者会在一起讨论和预测下阶段的热点板块是哪个。通过这些讨论，可以开拓思路，拓宽眼界，发现自己以前没有注意到的板块和品种。

# 第 10 章

# 新手短线操作的5个技巧

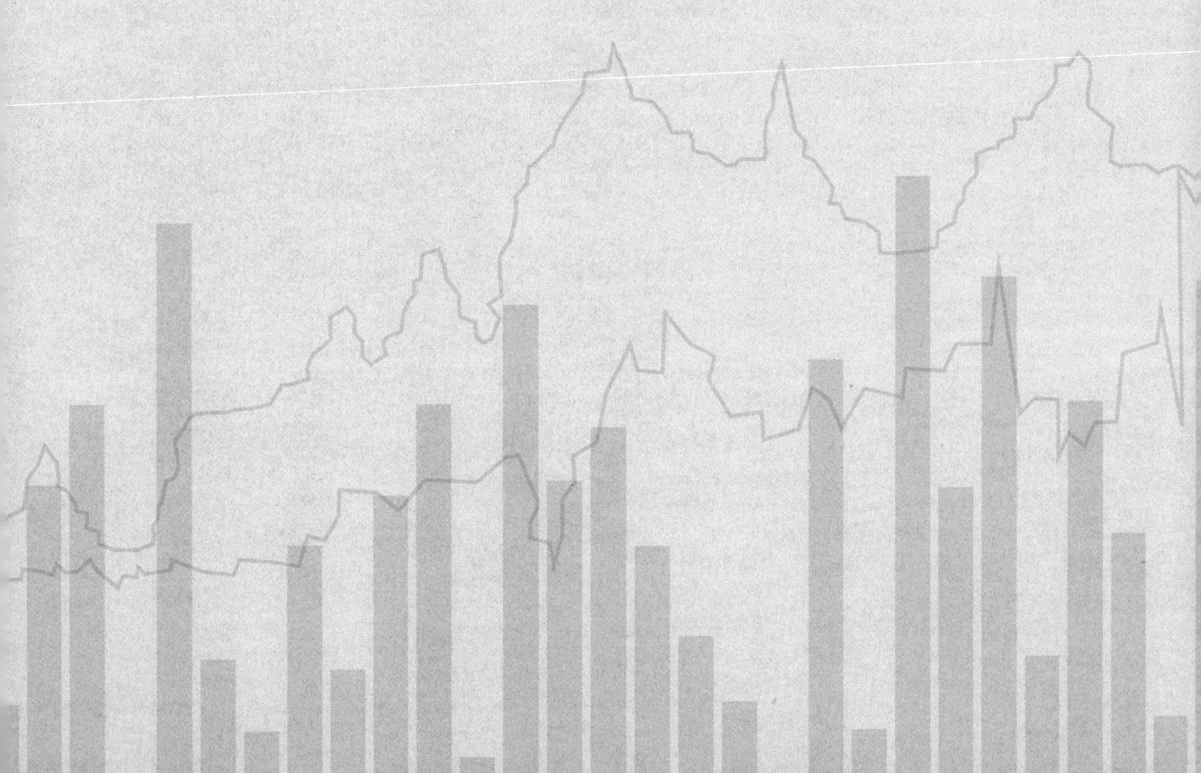

## 10.1　技巧 1：操作板块联动股

板块联动是指同一类型的股票常常同涨同跌的现象。当同一板块中的多只股票均大幅上涨时，该板块的其他股票往往也会受其影响，出现大幅上涨的行情。这时投资者就可以选择同板块中其他还没有被炒作过，但股价已经出现了上涨迹象的股票买入。

科学划分板块是投资者利用板块联动效应选择股票的前提。从不同的角度出发，投资者可以将市场上的股票划分为不同板块。例如按照行业可以分为银行板块、地产板块等；按照地域可以分为上海板块、海南板块等；按照炒作题材可以分为物联网板块、锂电池板块等。通常情况下，同一只股票往往同时属于多个不同的板块。

如图 10－1 所示，2022 年 10 月至 12 月，酒店旅游行业开始复苏，诸多利好共同推动该板块股票大幅上涨。其龙头股西安旅游（000610）从 10 月开始连续向上，出现了一波较大的上涨趋势。

如图 10－2 所示，观察到以上信息后，投资者可以积极介入酒店旅游板块中的其他类似股票。如西安饮食（000721），10 月至 12 月，股价也出现一波较大的上涨趋势，涨幅比西安旅游还要大。

如图 10－3 所示，如果投资者没能在 10 月买入西安旅游和西安饮食，还可以在酒店旅游板块中寻找其他机会。如云南旅游（002059），该股自 10 月中旬开始上涨，尽管上涨势头较弱，但在整个板块的带动下，整体涨幅依然不小。

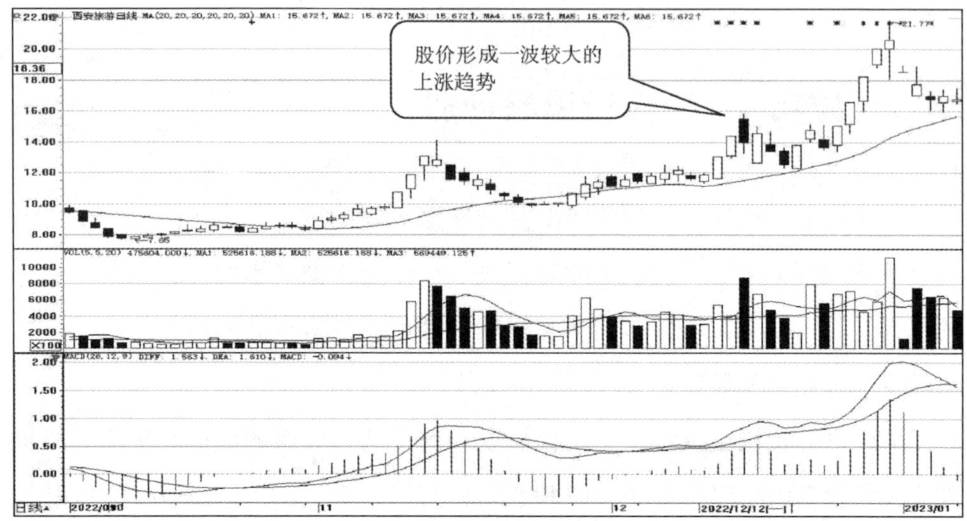


图 10－1　西安旅游日 K 线

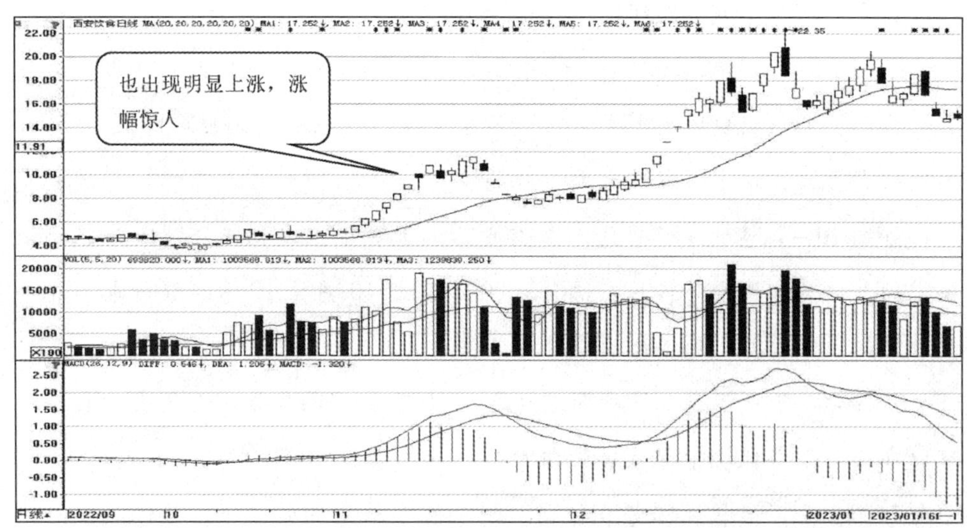


图 10－2　西安饮食日 K 线

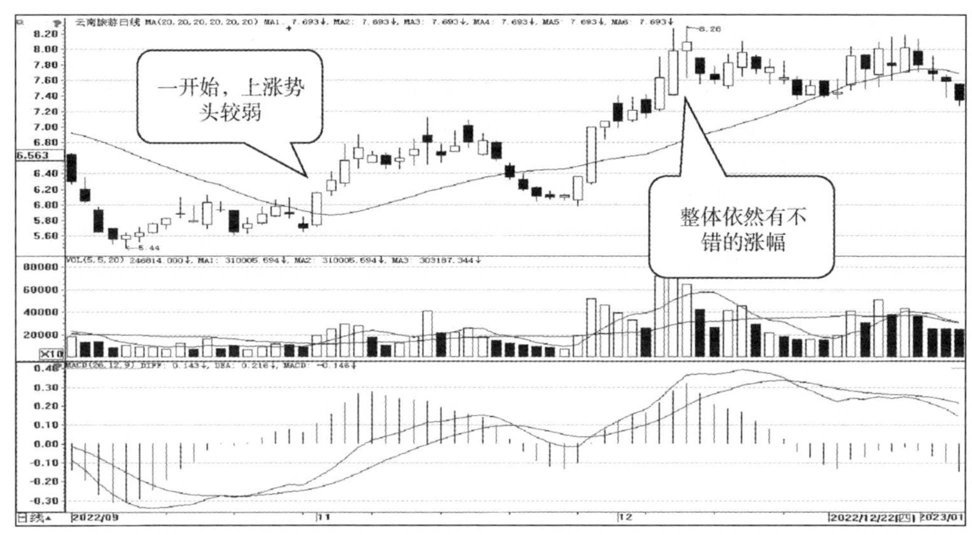


图 10－3　云南旅游日 K 线

1. 板块联动效应有基于基本面和基于市场两种。如当锂电池行业发生利好时，整个汽车板块上市公司股价都会持续上涨，显示出联动效应。这就是基于基本面的板块联动。某只股票因为重组题材股价上涨，带动其他没有重组题材的同行业股票也上涨，这就是基于市场的板块联动效应。

2. 在实际操作时，基于基本面的板块联动效应较强，可能会持续较长时间。而基于市场的板块联动效用较弱，甚至往往会被主力当作出货的时机。

## 10.2　技巧 2：看涨幅排名追牛股

投资者可以通过涨幅榜来查看沪深两市涨幅排名靠前的股票。一只股票如果能进入涨幅榜，说明它在整个市场上都是十分强势的股票，未来这种强势可能还将继续。投资者可以选择这种股票买入。

涨幅榜上的股票最终能够演变为牛股的概率较大，但并不是所有进入涨幅榜的股票最终都会变成牛股。为了能够更好地选出牛股，投资者还需要进一步对涨幅榜的信息进行分析。例如，当涨幅榜上有多只股票都属于同一个板块时，就说明这个板块已经成为市场上的热点。此时投资者选择该板块中的强势股票投资就可以有更大把握。

常用的进入涨幅排名的快捷键如下：

沪深京 A 股涨幅排名：60 + Enter。

上证 A 股涨幅排名：61 + Enter。

全部 A 股综合排名：80 + Enter。

上证 A 股综合排名：81 + Enter。

如图 10－4 所示，在当日涨幅榜排名的前 20 只股票中，有 7 只股票都是医药股。这说明医药板块是当日整个大盘上涨的龙头。而这些排名在前列的股票，又是板块的龙头。因此投资者可以积极选择这几只股票追高买入。

| 序号 ★ | 代码 | 名称 ●☼ | 最新 | 涨跌 | 涨幅↓ | 换手率 |
|---|---|---|---|---|---|---|
| 1 | 300255 | 常山药业 ☼ | 6.40 | +1.07 | 20.08% | 10.80% |
| 2 | 300731 | 科创新源 | 23.56 | +3.93 | 20.02% | 17.91% |
| 3 | 300194 | 福安药业 R | 4.70 | +0.75 | 18.99% | 22.53% |
| 4 | 301297 | 富乐德 R ☼ | 30.10 | +4.54 | 17.76% | 74.52% |
| 5 | 301007 | 德迈仕 R ☼ | 21.95 | +2.64 | 13.67% | 55.08% |
| 6 | 300199 | 翰宇药业 R | 10.47 | +1.25 | 13.56% | 16.26% |
| 7 | 688606 | 奥泰生物 R | 58.75 | +6.69 | 12.85% | 12.43% |
| 8 | 300499 | 高澜股份 R | 15.04 | +1.66 | 12.41% | 21.21% |
| 9 | 301313 | 凡拓数创 R | 49.44 | +5.34 | 12.11% | 65.86% |
| 10 | 000813 | 德展健康 R | 3.49 | +0.32 | 10.09% | 2.43% |
| 11 | 600839 | 四川长虹 R | 4.59 | +0.42 | 10.07% | 8.95% |
| 12 | 600725 | 云维股份 | 3.17 | +0.29 | 10.07% | 1.16% |
| 13 | 002355 | 兴民智通 R | 7.44 | +0.68 | 10.06% | 21.51% |
| 14 | 000766 | 通化金马 R | 9.42 | +0.86 | 10.05% | 7.38% |
| 15 | 002165 | 红 宝 丽 R | 4.71 | +0.43 | 10.05% | 16.66% |
| 16 | 000851 | 高鸿股份 R ☼ | 6.91 | +0.63 | 10.03% | 9.41% |
| 17 | 605365 | 立达信 ☼ | 18.32 | +1.67 | 10.03% | 24.49% |
| 18 | 002166 | 莱茵生物 R | 8.12 | +0.74 | 10.03% | 14.80% |
| 19 | 600719 | 大连热电 ☼ | 8.12 | +0.74 | 10.03% | 10.23% |
| 20 | 002281 | 光迅科技 R | 31.85 | +2.90 | 10.02% | 7.38% |

图 10－4　沪深京 A 股涨幅排名（20230912）

1. 除了观察板块联动效应，投资者还可以留意个股的量能变化。如果在股票进入涨幅榜之前，个股在盘面上出现了明显有资金介入的迹象，则股票有望进入强势上涨的行情。

2. 如果某只股票受到个股消息面的刺激而突然上涨，即没有板块联动效应，之前也没有大量资金介入的迹象，则这种强势行情可能会难以持续。对于这种强势股票，投资者需要谨慎操作。

## 10.3　技巧 3：操作创新高的次新股

次新股是指那些上市一年以内，没有进行过分红送股，并且没有被市场主力明显炒作迹象的股票。次新股具有基本面良好、筹码分布状况容易判断的特点。

当新股上市后，大量专门“打新”的散户或者机构都会尽快将手中的股票卖出。与之相对的，就会有大量投资者买入股票。一旦新股上市后股价持续下跌，这些过早买入的投资者就会被套牢在高位，从而在高位形成一个巨大的套牢盘。

未来股价见底，开始上涨行情后，如果能突破前期高点，就意味着之前的套牢盘已经被完全解放，所有在股票上市后买入股票的投资者都已经处于盈利状态，而且上方已经没有任何套牢盘存在。这对投资者信心是极大的鼓舞，未来股价将持续上涨。

如图 10－5 所示，2022 年 9 月 30 日，博菲电气（001255）开始上市交易。上市当日，该股以 23.72 元开盘后涨停，之后又出现连续 3 个涨停板。2022 年 10 月 13 日，该股创出 41.69 元的高点后开始下跌，众多在 10 月 13 日买入股票的投资者被套牢在高位。从图中还可以看出，该股前期涨停多为

"一字涨停"，成交量极低，大部分成交集中在10月13日。这说明前期跟风的投资者大部分被套。

该股从41.69元下跌到30元附近开始企稳。2022年11月初和12月初，股价两次反弹到前期高点处遇阻下跌，这说明前期上方套牢盘压力巨大。

2023年2月9日，博菲电气的股价才突破了刚上市时形成的高点。这说明所有在开盘时买入该股票的投资者都已经解套，未来股价上涨不会遇到套牢盘的压力，此时投资者可以积极买入股票。之后，股价再创新高。

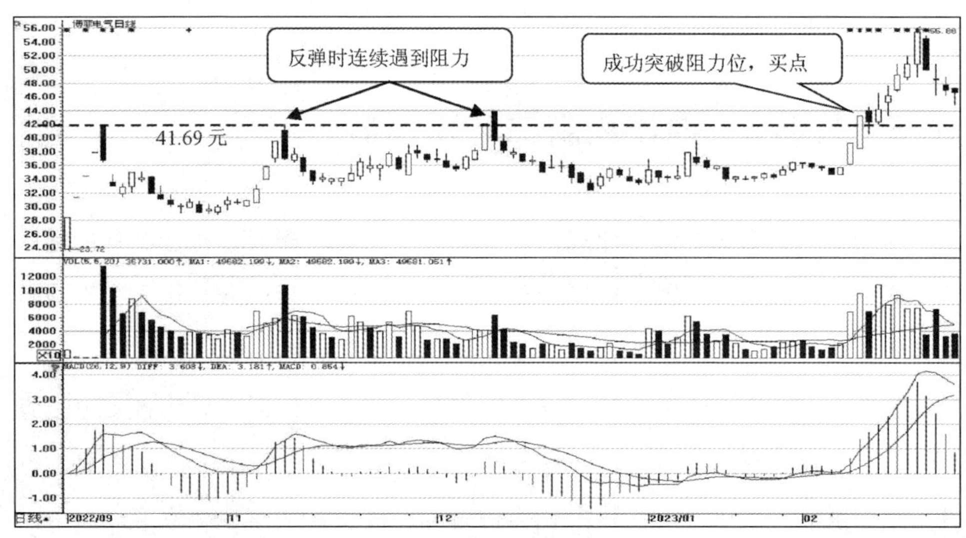


图10－5　博菲电气日K线

## 实战经验

1. 股票上市之初的高点可能在其上市的第一个交易日就出现，也可能在其刚刚上市的几个交易日内出现。

2. 股票上市之初的最高价会对未来股价上涨形成很强的阻力作用。为了把风险控制在最低程度，投资者最好等某个交易日的收盘价高于这个价格再断定该阻力位已经被突破。有时只有上影线创出新高，收盘价没有形成突破，则不能被当作有效的看涨信号。

## 10.4 技巧 4：操作长期横盘后放巨量上涨个股

短线黑马股启动之前，常常处于横盘整理的行情之中。此时，股价波动幅度小，每个交易日的成交量也较小。当突然出现大阳线，且伴随着成交量的大幅放大时，是走势发生改变的信号，这种走势可能意味着短线强势股走势出现，是投资者选股买入的信号。有时，放量上涨后还会有一个回抽确认的过程，也是重要的短线买点。

实践中，该买点的难点在于对“长期横盘”的认定，因为在大涨走势出现前，前期的横盘可能看起来震荡幅度并不小。通常，只要 K 线以小阴小阳线的方式持续震荡，不出现超过 5% 的涨跌就可以认定为仍在横盘。

如图 10－6 所示，2023 年 3 月 9 日，张江高科（600895）在横盘整理一段时间后放巨量上涨。此后，该股走出涨停走势，表示市场即将出现一波黑马股启动走势。投资者要注意在 3 月 9 日放量大阳线出现时买入。3 月 15 日，

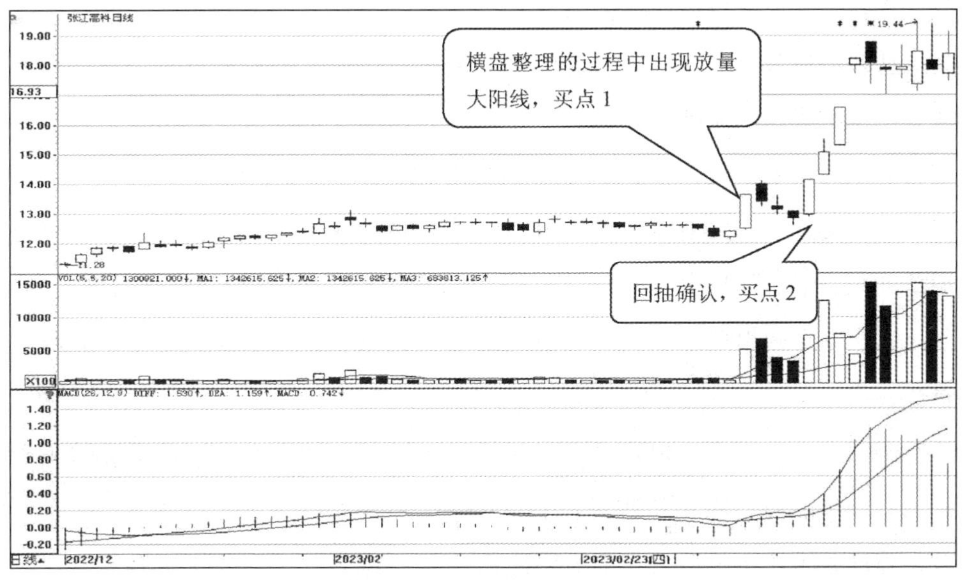


图 10－6　张江高科日 K 线

股价回抽确认后再次上涨，投资者可以适当加仓。

1. 长期横盘是一种比较强烈的看涨信号，此时胆大的投资者还可以在横盘期间入场。

2. 行情一旦发动后，通常遵循“横有多长，竖有多长”的规律。

## 10.5 技巧5：操作连续涨停的热点股

在上涨行情中，如果市场上的买方力量极度强势，就会形成一段股价连续涨停的行情。每个交易日无论开盘价是多少，收盘价最终都能达到涨停板价格。

连续涨停的股票表明买方极度看好后市，积极买入股票。如果随着股价的上涨，成交量持续放大，说明有投资者逢高卖出，但同时有更多投资者追高买入，未来上涨行情还将继续。

如果随着股价上涨，成交量持续萎缩，同时K线图形成带有下影线的阳线，则说明买入动能已经比较有限，此时的涨停只是因为持股的投资者普遍惜售造成的。未来这种上涨行情很难持续太长时间。

对这类连续涨停个股，前期没有入场的投资者不必心急，可以耐心等待股价冲高回落后的机会。通常，这类个股冲高回落后都要经历一段震荡行情，然后再次向上，出现第二波较大的上涨走势，投资者可以在股价回落企稳后伺机买入。

如图10－7所示，2023年第一季度开始，受到扭亏为盈、改名成功等一系列利好消息的刺激，广西能源（600310）股价持续上涨。5月22日至25日，该股甚至还出现连续4个涨停板。

5月30日，该股冲高回落，之后持续震荡。6月21日，股价无法再创新低，同时 K 线形成看涨吞没的看涨形态。它表明第二波上涨走势即将启动，买点出现。

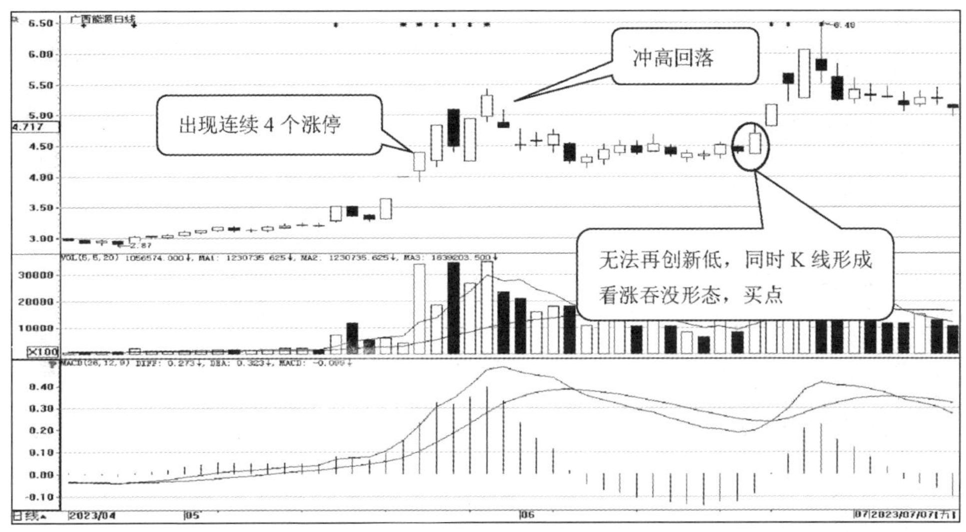


图 10－7　广西能源日 K 线

1. 如果连续上涨后出现连续涨停行情，则这种涨停往往能够持续较长的时间。

2. 连续涨停的行情结束后，如果 MACD 指标第一次出现的红柱逐渐变短后并没有翻绿，红柱再次变长，则未来股价继续上涨并出现涨停的概率较大。

3. 在牛市中，若强势板块中出现连续涨停的龙头股，投资者就可以积极追涨买入。其后续上涨空间往往会非常广阔。

# 第 11 章

# 新手中长线操作的5个技巧

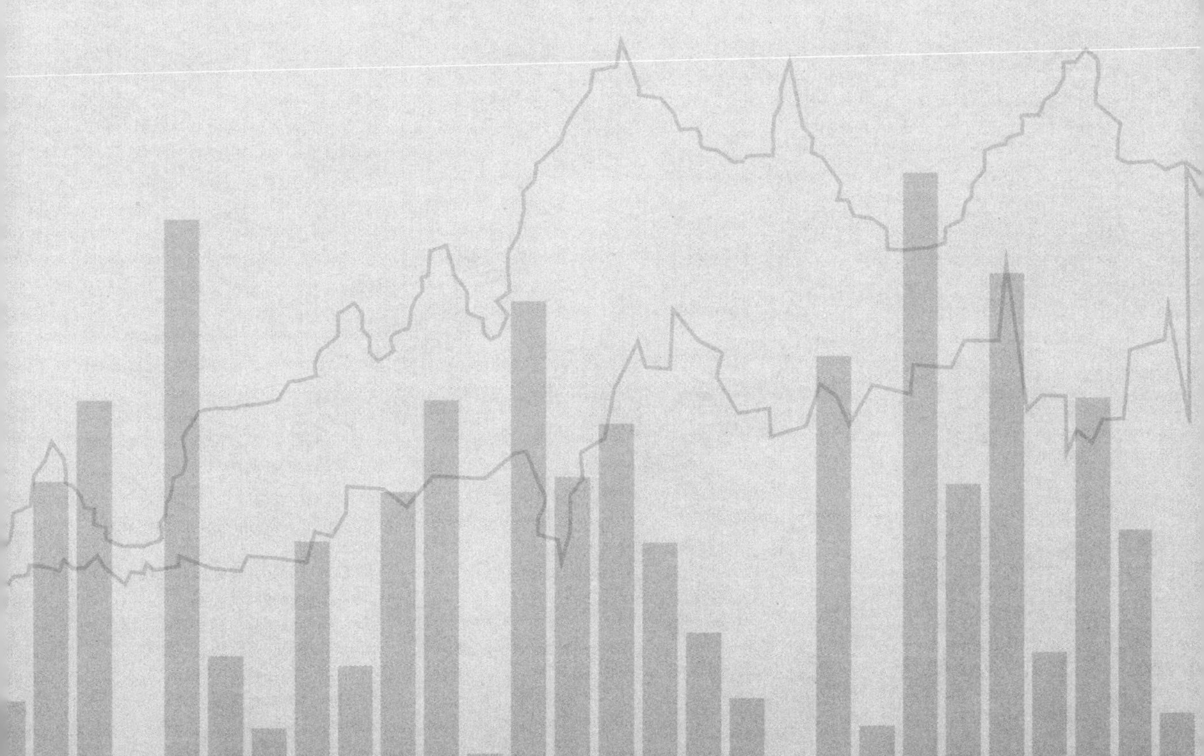

## 11.1　技巧 1：选择高收益的公司

股价本质是投资者的集体心理共识，这些共识有很多种，在市场上并行而不悖。

市场上最基本、最常见的共识是，从长期来看，上市公司持续保持高水平收益会带动其股价持续上涨。因此，如果投资者想要长期持有一只股票，可以选择那些以前和现在业绩不错，并且未来还将持续稳定增长的公司投资。这类股票往往能够成为市场上的长牛股，即便暂时下跌将来也有可能出现报复性上涨。

在实战中，投资者可以用净资产收益率、每股收益等财务指标来衡量上市公司的真实价值，下面以农业银行为例加以说明。

农业银行（601288）是一家经营区域覆盖全国乃至全球的综合性金融服务集团，是中国金融体系的重要组成部分。公司以商业银行业务为核心，提供各种公司银行和零售银行产品和服务，同时开展金融市场业务及资产管理业务，业务范围还涵盖投资银行、基金管理、金融租赁、人寿保险等领域。

公司良好的业务发展态势反应在财务指标上，公司净资产收益率连续多年都保持在 12% 以上，每股收益基本每年保持在 0.5 元以上。

在这种情况下，投资者可以对该股进行中长线操作。只要公司保持这样的增长势头，找到一个适当的时机买入，就可以一直持股待涨。

如图 11 - 1 所示，2022 年 10 月，伴随着大盘的下跌，农业银行（601288）也出现一波明显的下跌走势，股价从 2.88 元附近跌到最低价 2.70 元。面对这种下跌，中长线投资者可以趁机吸纳，持股待涨。

从 2022 年 11 月开始，在大盘大幅向上的背景下，该股也走出一波较大的上涨趋势。股价从 2.70 元附近上涨到最高 3.97 元，涨幅达到 47%，远超同期大盘涨幅。

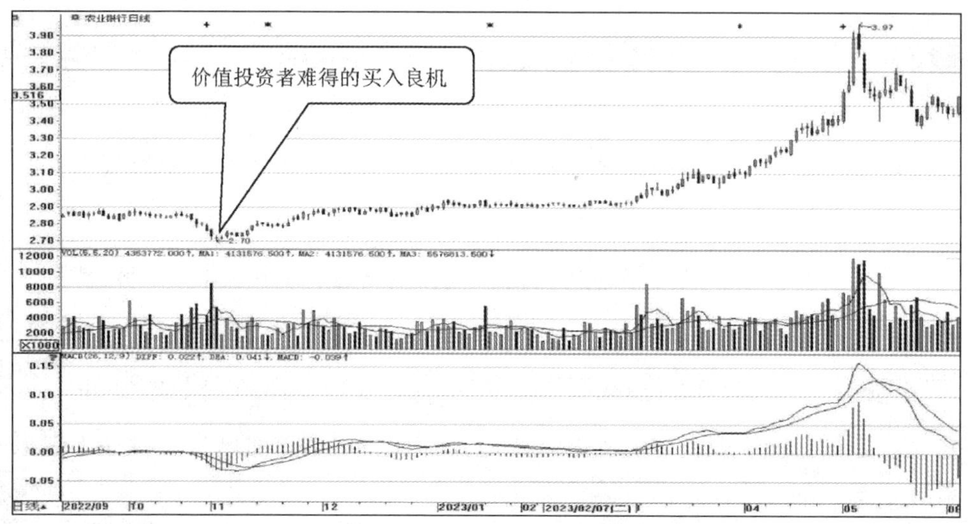


图 11－1　农业银行日 K 线

实战经验

1. 如果想选择这类绩优股进行长线投资，投资者可以耐心等待买入机会。一般来说，在持续熊市的尾端，多数股票都已经严重超跌，其投资价值也就会显现出来，此时正是投资者逢低买入股票的机会。

2. 对于一些业绩很差的垃圾股，即使其在短期内扭亏为盈，或者业绩大幅增加，投资者也应该保持谨慎，仔细查看公司的盈利能力是否真的有了根本性的改变。

## 11.2　技巧 2：选择具有"护城河"的公司

巴菲特用"护城河"来比喻上市公司的竞争力。上市公司的"护城河"可以抵御竞争对手的攻击，就如同保护城堡的护城河一样。

公司的“护城河”来自其对消费者的消费垄断优势。这种垄断优势可能来自很多方面，其中最有效的是公司品牌效应对消费者的垄断。当一家公司依靠自己的品牌优势拥有大量忠实的消费者后，这种优势就很难被改变。即使公司推出新产品或者抬高产品售价，也不会对销售产生太大影响。得益于这种消费垄断优势，公司将持续稳定地获得超额收益。

如图 11－2 所示，片仔癀（600436）是我国医药行业的杰出代表，经过多年发展，在市场上已经树立了很强的品牌优势。其他同行业的公司在短时间内很难动摇片仔癀的品牌优势。这种优势将会成为公司的“护城河”，在很长时间内持续为公司带来巨大收益。

投资者可以看到，在 2022 年 10 月的下跌行情中，该股股价跌至较低的位置。这时股票的投资价值凸显出来，投资者可以在这时买入股票。之后片仔癀出现一波较大的上涨趋势。

2022 年 11 月底，该股经过一波下跌走势后企稳但没创新低，投资价值凸显，这也是中长线投资者的买点。之后该股持续上涨。

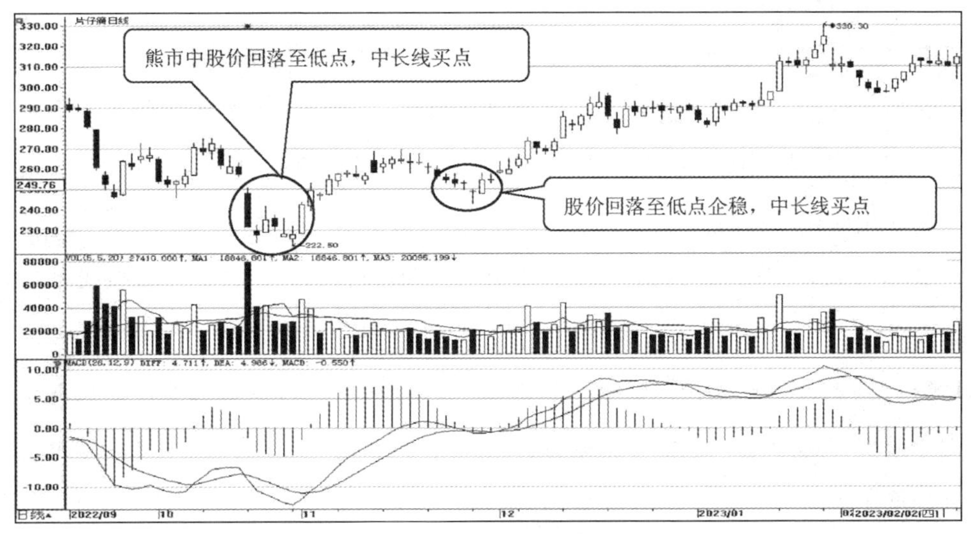


图 11－2　片仔癀日 K 线

实战经验

1. 拥有“护城河”的股票的股价也往往较高。投资者可以耐心等待，当熊市到来，股价大幅下跌后再买入股票。

2. 除了品牌垄断优势外，公司的“护城河”还可能来自行政垄断或者技术垄断，但这都不是最佳的方式。如拥有行政垄断优势的水电煤气等行业虽然不会面临竞争者的冲击，但是其产品售价也受到严格调控，难以依靠这种优势来获利。技术垄断同样如此。当一家公司拥有了生产某项产品的专利技术后，虽然短期能大幅获利，但随着技术革新，这种盈利能力难以持续。

## 11.3 技巧 3：选择低市盈率个股

市盈率是股票市价与其全年每股收益的比值。市盈率指标能够把股票的价格和企业盈利能力结合起来，可以更好地反映股票价格高低。

不同行业的市盈率水平会有所不同。对于整个市场来说，市盈率在 20 ~ 40 时可以被认为是处于正常的水平。当市盈率降低到 10 左右时，说明市场已经被严重低估，此时往往是长期底部的形成区，也是买入股票的时机。当市盈率超过 50 时，说明市场已经被严重高估，此时往往就是长期的顶部区域，也是卖出股票的时机。

如图 11 - 3 所示，2022 年 7 月至 10 月，招商银行（600036）股价大幅下跌至 26 元附近。根据该股的财务数据，2022 年第一季度，该股的每股收益为 1.43 元。虽然不能直接以这个数值乘以 4 来预测全年的每股收益，但投资者想一想就可以知道，以招行在银行业的服务水平，年末每股收益出现增长是大概率事件。

2021 年年末，该股的每股收益为 4.61 元。投资者可以假定 2022 年年末该股的每股收益仍为 4.61 元，那么该股的市盈率只有 5.7 左右。由此可知，

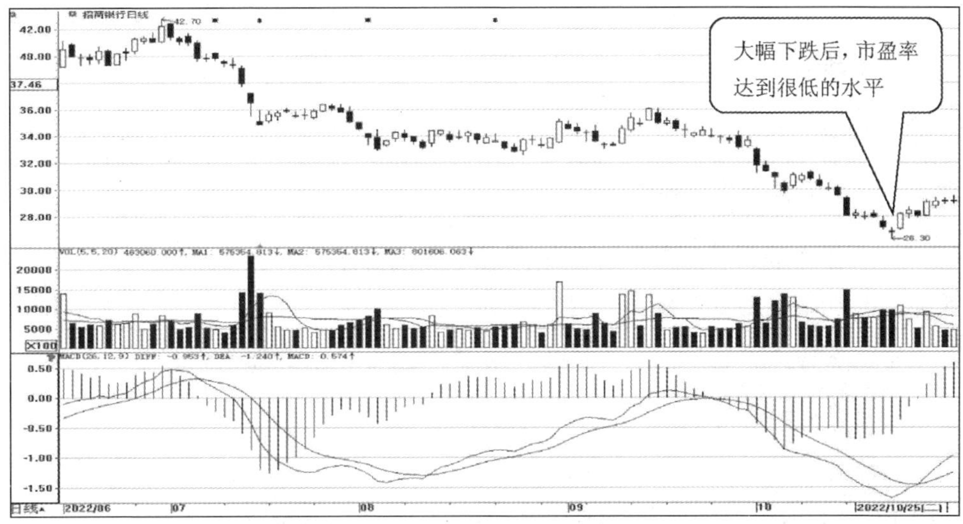


图 11－3　招商银行日 K 线 1

该股的市盈率水平是相当低的。投资者根据这个信息，可以买入该股。

如图 11－4 所示，2022 年 11 月至 2023 年 1 月，招商银行股价持续上涨，股价上涨幅度超过 60%，前期买入的投资者将获利巨大。

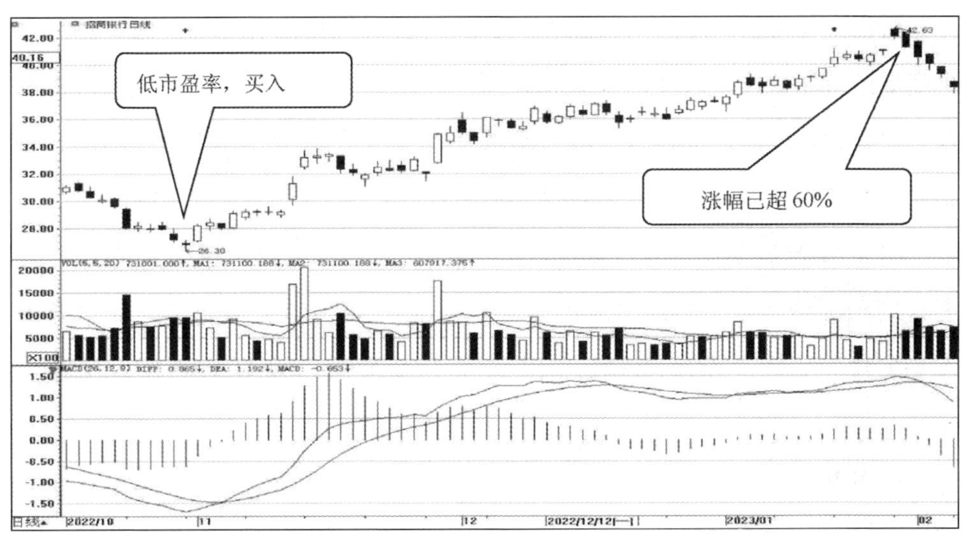


图 11－4　招商银行日 K 线 2

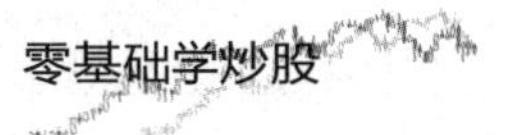

1. 因为公司的每股收益指标每季度才更新一次，所以利用市盈率选股只适用于投资者进行中长线操作。

2. 投资者应该用发展变化的眼光看待市盈率指标。市场上的某些高科技股票，其市盈率可能会极高，甚至是负数，但是因为公司成长性很强，未来盈利可能会持续大幅增加。因此这类股票即使市盈率较高，同样是投资者进行中长线投资的良好选择。

## 11.4 技巧4：选择所在行业受到冷落的优质股

不同行业的景气度往往不同，有一些行业在一段时间内持续受到市场的冷落，这样的行业的股票往往人气低迷，很多投资者倾向于卖出这类股票。

通常，暂时受到冷落的行业中的股票的价值往往出现低估。而一旦行业再度受到市场追捧，这样的股票将在短期内快速恢复均衡价位，优质股的涨幅会尤其大。因此，投资者可以重点关注那些受到冷落行业中的优质股，在其受到市场冷落时伺机买入，持股待涨。

2022年前三季度，我国旅游酒店行业陷入困境，众多公司都是在苦苦支撑。在这样的背景下，旅游酒店板块个股受到市场普遍冷落，股价普遍表现不佳。从第三季度开始，市场行情开始回暖，该行业个股出现较大涨幅。

如图11－5所示，作为国内大型旅游产品和服务的综合运营商，众信旅游（002707）在2022年2月至12月的走势生动体现了行业景气程度对股价的影响。

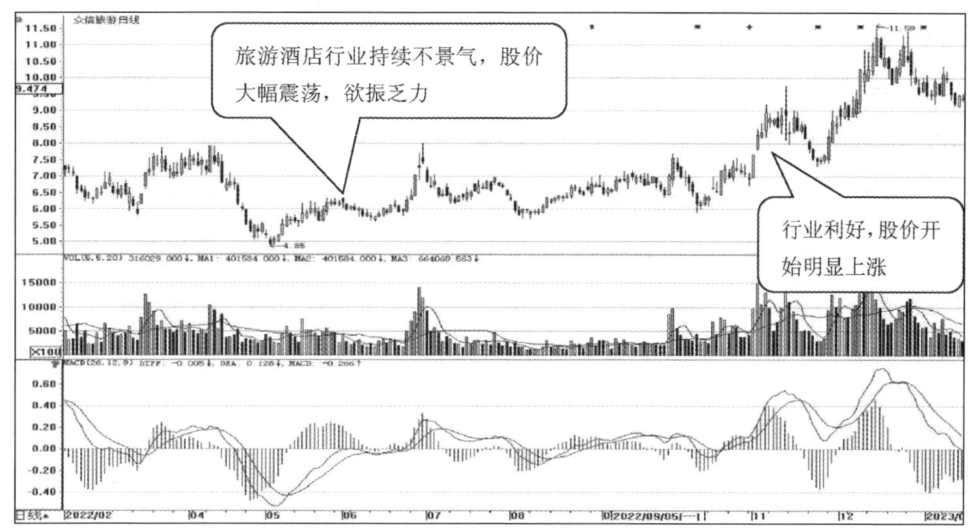


图 11－5　众信旅游日 K 线

1. 随着新技术的发展，不同行业之间的差别越来越大，有的行业即便暂时受到冷落但早晚会爆发，而有的行业却会长时间沉寂。所以，选择受到冷落的行业时也要有过人的眼光。

2. 投资者从自己熟悉的行业开始，一个个排查、分析、总结，找到最合适的投资标的。

## 11.5　技巧 5：选择在熊市中被“错杀”的优质股

熊市往往会伴随着经济的停滞不前甚至衰退，因为对经济的预期比较悲观，很多公司的资产被严重低估，这时投资者能够用非常好的价格买到非常优质的资产。相反，当经济回暖时，公司的估值会回到合理的位置。随着股价上涨，投资者就很难再找到价格合理的投资标的了。

因此，在熊市里投资，成功是大概率事件。如果查看一只股票或大盘的历史走势，投资者不难看出股票市场上的牛市和熊市有以下特点：熊市和牛

市相互交替，而且二者的变化与经济发展周期几乎一致。

大胆地在熊市里进行投资，买入价值被低估的股票，投资者就可以静待股价返回合理的估值区间。

如图 11－6 所示，一心堂（002727）股价先是追随上证指数走出了下跌走势，且跌幅远超大盘，最大跌幅已经超过 55%。而该股净资产收益率连续 10 年都在 13% 以上，属于稳定增长型个股，熊市中的大幅下跌属于"错杀"。因此，投资者可在股价连创新低时伺机买入。

投资者在熊市中买入该股后，该股股价略晚于大盘开始回升，一底比一底高。

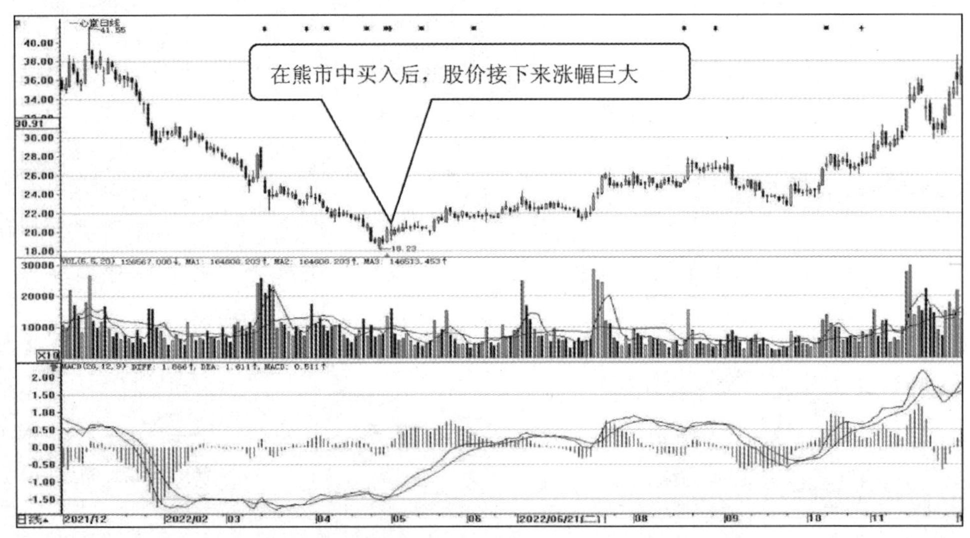


图 11－6　一心堂日 K 线

## 实战经验

1. 熊市中个股几乎是不分良莠全线下跌，在这个过程中出手特别考验人的勇气和策略，投资者在动手前要做好计划。

2. 熊市中买入被"错杀"的优质股后，股价往往还会下跌，有的跌幅还很大。此时只要买入理由还成立，投资者要耐心持股，因为该策略（左侧交易法）出现这种情况是正常的。